CONSUMER PARTY:
참여할 것인가? 밀려날 것인가?

머리말

우리는 이제 전례없이 빠르게 변화하는 소비시장과 직면하고 있다. 디지털과 아날로그 공간이 결합하고 그 속에서 다양한 시장들이 재편되고 있는 상황이 우리가 직면하고 있는 현실이다. 그러나 우리나라는 아직도 산업 전체가 제조업 구조에서 변화하지 못하였다. 소비자에 대한 접근 방식이 낡은 것에 대한 문제인식은 있으나 뚜렷한 확신은 없는 상태라는 것이다. 이 책은 기본적인 것은 유지하면서 점진적인 변화를 제안하고 있다.

이 책을 준비하면서 단편적이고 체계적이지 않은 정보 과잉으로 혼란을 겪고 있는 마케팅 실무자와 후속세대에게 앞으로의 마케팅커뮤니케이션의 방향과 산업의 변화에 대해서 제시하고 싶었다. 정보 과잉으로 확신을 갖지 못하고 자신의 체계를 세우지 못하여 제자리를 맴돌고 있는 많은 단편적인 사례들을 제시함으로써 기본적인 이해를 돕고자 시작하였다.

분명한 사실은 우리는 이제까지 접하지 못한 소비자들의 행동을 접하고 있으며, 과거의 마케팅 원리들은 수정되어야하는 상황이라는 것이다. 그러나 여기서 주의해야할 것은 소비자의 소비 방향이 새로운 것이 아니라 표현하는 방식이 달라졌다는 것이다. 이제는 소비자와 진정성을 가지고 그들과 소통하며, 그들이 인지하지 못한 것까지 미뤄 준비하는 시대 즉, 소중한 것을 만들고 지키는 시대인 것이다.

이를 위해서 5개 챕터를 통해 접근하고자 하였다. 첫 번째 챕터에서는 소비자들에 대한 이해를 위해 접근하는 방식과 진화의 형태에 대해서 국내외 사례를 제시하며 접근하고자 하였다. 소비자의 욕망이 드러나는 방식과 어떻게 욕망을 충족하며 움직이는 것에 대해서 살펴보고 그들에게 다가가는 방식에 대해서 정리를 해보았다.

두 번째 챕터는 앞서 변화한 소비자들에게 접근하는 방식에 대해 커뮤니케이션 전략을 중심으로 정리하였다. 특히 관심, 인게이지먼트를 조직하고 접근하는 방식에 대해서 정리함으로서 접근전략을 제시해 보았다.

세 번째 챕터에서는 이제는 소비에 있어서 빠질 수 없는 경험을 구성하고 만드는 과정에 대해 사례를 통해 구체화 하였다. 또한 소비자들이 단순하게 소비를 하는 것에 의미를 두는 것이 아니라 자신만의 경험으로 다시 재구성하여 확산하는 내용을 제시하였다.

네 번째 챕터는 앞서의 챕터에서의 소비자의 니즈와 마케터의 전략 그리고 연결을 통한 소비자의 재구조화 속에서 융합미디어의 플랫폼화에 대해서 정리하고자 하였다. 마지막 챕터는 앞서의 개념들 속에서 새롭게 나타나고 있는 신융합 서비스와 결합하는 방식에 대한 정리를 통해서 앞으로 산업의 변화 방향에 대해서 심도 깊게 제시하였다.

이 책에서 논의되는 내용들은 단순하게 사례들을 분석하기 보다는 기존의 마케팅커뮤니케이션의 틀에서 변화해야 하는 부분과 변화하지 않는 부분들을 제시하였다. 그리고 이것들이 어떻게 소비자들과 상호작용해서 변화하는지를 마케팅 중심으로 인문, 문화, 예술 부분으로 확산함으로서 이해를 돕고자 하였다.

이 책이 준비되는 동안 많은 도움을 준 인천가톨릭대학교 배은지연구원, 전민희, 정성목, 김성훈 에게 깊은 감사함을 전한다. 아울러 책이 나오기까지 많은 것을 배려해주신 서울경제경영의 김은중사장님, 편집진 등에게도 감사함을 전한다. 마지막으로 책이 나오는 동안 많은 격려와 지원을 해준 유현정, 신승원, 신지원에게 감사함을 전하고 이 책이 출판되는 기쁨을 나누고 싶다. 마지막으로 영원한 스승이시며, 멘토이신 한양대학교 조병량교수님과 심성욱교수님께 감사의 말씀을 드린다.

2019년 6월

신일기

차 례

CHAPTER 4

새로운 소비자 커뮤니케이션 변화

CHAPTER 5

새로운 세상

CHAPTER 1

소비자 그들은 무엇을 원하는가

1. 소비자의 단순 구분은 시대착오적 함정이다.
2. 고객 3.0: 소비를 위한 순수한 군중
3. 소비자 패스워드 페르소나의 이해
4. 소비자들이 원하는 디지털 경험은 그들을 다시 어떻게 진화시키는가

1 소비자 단순 구분은 시대착오적 함정이다.

1) 라이프스타일 본질과 그 적용 1

오늘날 다양한 미디어의 발달과 소비시장이 성숙되고 소비자의 가치, 의식수준, 선호가 다양화되면서 많은 마케터들은 소비자의 가치와 가치구조체계에 주목하고 있다. 이는 가치가 인간행동의 잠재적이고 역동적인 영향력과 행동의 기준을 제공하기 때문이다. 즉, 한 소비자가 갖고 있는 가치의 중요성은 그가 추구하는 활동, 관심 그리고 인간의 사고 양식 등 문화적·심리적 현상을 대변하기 때문이다. 이에 소비자의 내제된 가치나 욕구에 대한 심층적인 이해를 가능하게 해주는 하나의 접근 방법이 바로 라이프스타일(Life style)이다.

처음으로 명백하게 라이프스타일을 정의 내린 Lazer교수는 1963년에 "라이프스타일이란 시스템적 개념으로 전체 사회나 부분의 집합적이고 광범위한 의미에서의 특색 있는 생활양식을 뜻한다. 이러한 라이프스타일은 특정 문화나 특정 집단의 생활양식을 표현하는 독특한 구성 요소와 질에 관련이 있으며, 사회생활의 역동성에서 발견되고 표출된 패턴을 구체화한 것이다."라고 정의하였다. 즉, 라이프스타일은 문화, 가치, 자원, 상징(symbol), 허가, 제재(sanction) 등이 정형화된 결과로서 구매하는 제품, 사용하는 상징체계, 소비하는 방법에 사회의 생활양식이 반영된다는 것을 의미한다. 이런 측면에서 "개인의 라이프스타일은 그 사람의 행동, 관심, 의견에서 나타난 바와 같이 세상을 살아가는 패턴"이라고 말하고 있다.

최근에는 사회 경제적 성숙과 미디어의 혁신을 통한 글로벌화로 인해 라이프스타일은 더욱 세분화되었고 과거의 세분 시장마다 고유한 유형이 나타나고 있는 상황이다. 이러한 라이프스타일을 구현하는 것은 가치인식이 상이하기 때문인데, 가치란 성공, 안정성, 행복 등과 같이 사람들의 폭넓은 삶의 목적이나 필요라고 정의되고 있다. 또한 행동과 사건의 평가나 선택을 안내하며, 상대적인 중요성에 의해 순서를 정하는 목적 상태에 대한 믿음이나 행동으로 정의했다.

이러한 가치는 태도와는 구별된다. 전자가 포괄적인 개념이라면 후자는 특정 상황이나 구체적 대상에 초점을 맞추기 때문이다. 즉, 가치는 태도를 인도하며, 태도는 가치가 구현된 것이라고 할 수 있다. 따라서 소비자는 가치 실현을 위해 제품을 구매하고 소비자들이 중요시 여기는 가치를 중심으로 시장은 세분화할 수 있다.

라이프스타일은 특정 개인이나 특정 집단의 문화, 가치관, 생활양식 및 행동양식으로서 이러한 정형화된 문화, 가치관, 생활양식 및 행동양식은 라이프스타일을 구성하면서 특정제품이나 서비스의 구매 및 재화의 소비에 영향을 끼친다. 개인과 가족의 생활관 또는 가치관의 변화는 곧 소비생활과 소비행동의 변화를 가져오게 되었다. 무엇보다도 개인의 개성과 가치가 중요시되고 수용됨으로써 고유한 특징을 가진 개성이 풍부한 개인들이 다양한 라이프스타일을 보여주게 된 것이다.

최근 라이프스타일 시장의 새로운 변화로 인해 아우르는 트렌드는 '쉬운, 수월한, 편안한, 용이함' 등이다. 소비자들은 쉽게 접하고 이용하길 바라며, 일시적인 기분에 의한 소비, 자신을 위한 소비를 중시하게 되었다. 또한, 건강, 여행 등을 위한 소비보다는 요리 · 맛집, 의류 · 패션, 문화, 유흥에 소비하려는 욕구가 강해졌다. 뿐 만 아니라 제도적으로나 문화적으로 직장과 가정, 일과 삶의 균형을 중시하는 변화가 일어났으며 이에 따라 주 52시간으로 단축하는 내용의 개정이 통과되면서 '일과 삶의 균형'에 대한 관심이 증가하였다. 인간의 창의력과 심리적 잠재력을 발휘하고 문화를 창조해 낼 수 있는 삶의 영역으로 여가생활의 문제가 강조된 것이다. 이제 소비자들은 바쁜 일상 속에서 시간 절약과 편리함을 추구하게 되었으며 이러한 욕구증가에 따라 디지털을 이용하는 라이프스타일의 형태도 변화하게 되었다.

라이프스타일 유형	Profile Summary
Digital Single	30대, 1인 가구 계층에서 많이 나타나는 라이프스타일로, 생활의 편리함과 업무의 효율성을 증대시키기 위해 최소한의 경제적 목적으로 디지털 디바이스/미디어를 활용하는 성향이 강함. 또한, 스마트폰을 통한 금융 활동도 활발한 편임.
Content-holic	소셜 미디어 애착 성향이 뚜렷하게 나타나며, TV, 영화와 같은 동영상 콘텐츠 및 도서(e-Book) 콘텐츠 등의 디지털 콘텐츠 소비가 두드러지는 라이프스타일. 디지털 디바이스/미디어의 적극적 활용으로 디지털화 지수가 가장 높음.
Heavy Digitalizer	디지털 라이프스타일에 대한 욕심과 애착이 매우 강한 유형으로, 디지털 디바이스/미디어 중(重) 이용자라고 할 수 있을 만큼 관심이 매우 많음. 디지털 콘텐츠 소비 및 인터넷 쇼핑 활동도 가장 활발하게 나타남. 반면, 디지털로 인해 받는 스트레스도 가장 많음.
Digital Distance	40-50대에서 많이 나타나는 라이프스타일로 디지털과는 거리가 멀며, 디지털 디바이스/미디어로 인해 일상생활 패턴의 변화가 생기는 것을 기피하기 때문에 적극적으로 찾아 이용하려고 하지 않음. 디지털 음악 콘텐츠 이용은 활발한 편임.
Need-base	필요시에만 생활의 편리함을 위해 디지털 디바이스/미디어를 이용하는 평균적인 라이프스타일을 지닌 유형으로 특징적인 모습과 니즈가 없는 중간자적 성향을 나타냄.
Dynamic Potential	스마트폰을 통한 디지털 커뮤니케이션 활동에 매우 적극적이고 활발한 유형으로 이를 통한 사회적 관계 구축과 유지에 관심이 많음. 또한, 디지털 얼리어답터 성향이 강하고 활용도 활발하여 향후 디지털 중심 세대로 발전할 가능성이 큼.

〈그림〉 2017년도 라이프스타일의 유형

(출처: DMC미디어, 2017 디지털소비자의 디지털라이브스타일 분석 보고서)

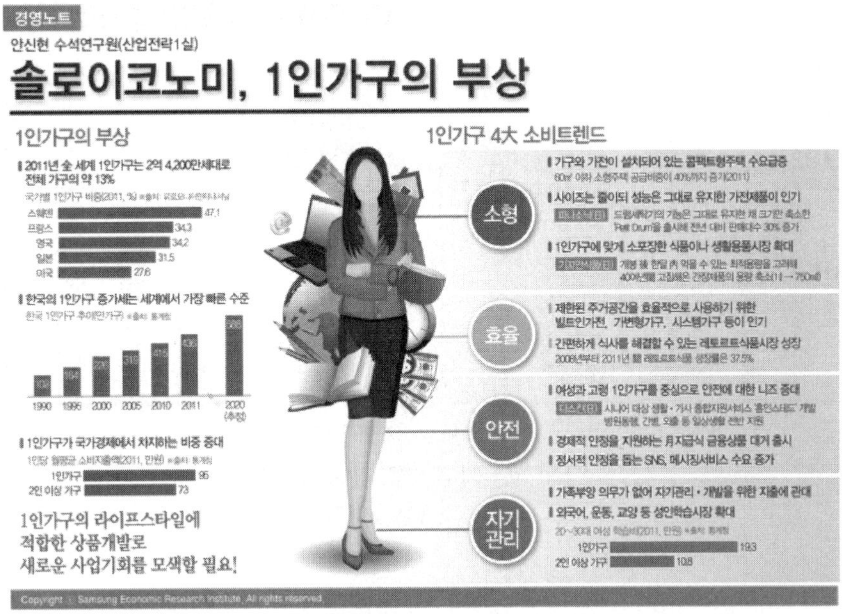

〈그림〉 사회변화에 따른 새로운 가구의 등장과 라이프스타일의 변화

(출처: 삼성경제연구소)

또한 1인 가구의 증가가 급증하면서 혼밥, 혼술 등을 혼자 즐기는 생활양식이 새로운 소비 문화로 급부상하고 있다. 이들은 경제적 자신을 위한 소비에 집중하는 특징을 나타내고 있으며 이들은 단순한 가구 구조의 변화를 넘어 향후 사회경제적으로 가장 중요한 소비 주체가 될 것으로 전망되고 있다. 통계청(2017.10 기준)에서 발표한 자료에 따르면 1인 가구는 2000년 222만 가구에서 2017년 562만 가구로 152.6% 증가하는 추세를 보이며 오는 2035년이 되면 1인 가구가 총 약 760만 가구로 3가구 중 1가구(34% 가량)가 1인 가구가 될 것으로 예상된다. 따라서, 마케터는 1인 가구를 새로운 소비 대상으로 분류하여 인식할 필요가 있으며, 이들 집단의 특성을 면밀히 파악하고 이해하여 1인 가구 내 다양한 고객군 분류와 니즈에 맞는 마케팅을 기획해야한다.

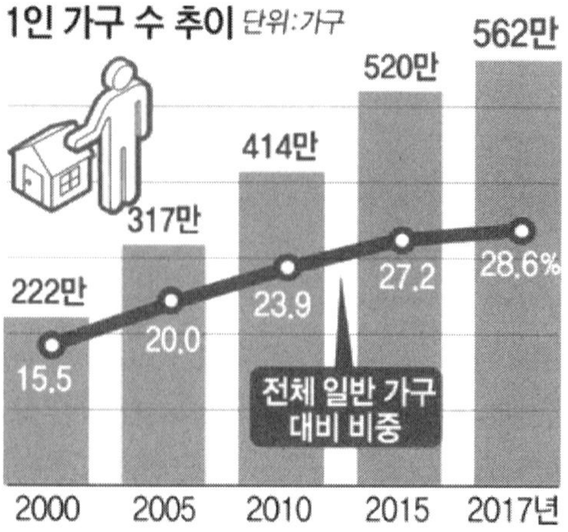

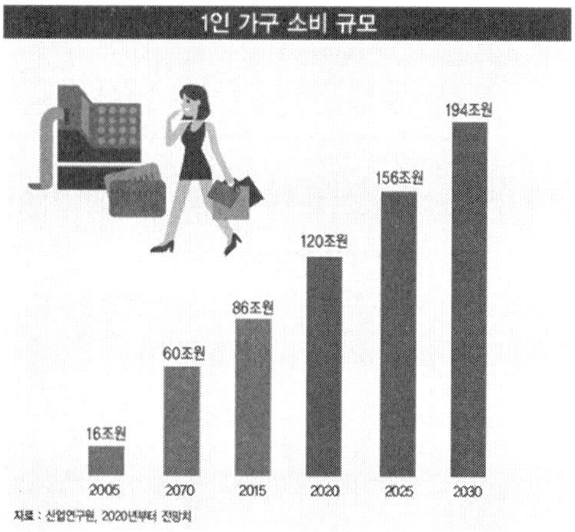

〈그림〉 1인 가구 비율 및 소비 규모
(출처: 통계청, 2017)

이처럼 소비자의 라이프스타일을 살펴보는 것은 주요한 소비 집단의 특성을 파악할 수 있는 것으로 마케팅 담당자들에게 라이프스타일은 마케팅 전략상 중요한 의미를 지니고 있다. 각각의 라이프스타일을 고객 집단별로 분석하여 각 집단의 라이프스타일이 그 구성원의 생활양식이나 구매행동에 어떤 영향을 미치며 그 결과로 구성원 개개인의 생활양식과 구매행동이 어떠한 상관관계를 갖고 있는가를 통해 세분시장을 발견하고 그에 대한 마케팅 전략을 수행하는 것이 라이프스타일 마케팅 전략이다. 자세히 말해 라이프스타일 분석은 효과적인 시장세분화의 기준을 제공하고 소비자들의 행동 차이를 인구통계학적 요인이나 사회경제적 요인들만으로 충분히 설명하지 못하는 부분을 설명할 수 있도록 하며, 회적 동향을 예측하는데 도움이 될 수 있다. 그러한 예측은 제품이나 서비스 개발에 이용될 수 있다.

라이프스타일의 변화와 세분화에 따라 마케팅은 소비자의 의견과 행동을 주목하여 다양한 전략을 창출함으로써 새로운 패러다임을 맞이하게 된 것이다. 이는 소비자의 기대를 충족시키는 것이 이외에도 타인이 전달해주는 정보에 관심사를 기울이는 소비자를 인식하여 독창적인 마케팅으로 차별화된 브랜드를 창출시켜야만 한다.

2018 소비 트렌드를 볼 때 최근 소비자들은 소유보다는 “경험”을 소비하는 것을 더 가치있게 여기고 있음을 확인할 수 있다. 정서적 즐거움이 매장 내에서 소비자들의 쇼핑 행동에 중요요소로 자리잡음으로써 단순히 재화의 거래만이 이루어지던 장소에서 생활 영위의 공간의 장소로 가치가 변하였고, 엔터테인먼트 중심의 체험환경을 조성하는 것으로 무게중심이 이동하고 있다. 즉, 단순한 재화의 소비가 아니라 문화를 소비하는 트렌드가 확산되고 있으며 이는 공간 안에서 그 “장소”에서만 즐길 수 있는 즐길거리를 조성하는 것이 중요해지고 있다.

이러한 여가활동의 변화에서 주목할 점은 소비자들이 감정이나 기분에 따라 소비하는 유희적, 쾌락적인 '감성소비'로 변화하고 있다는 것이다. 이는 소비활동을 의무적인 행위로 인식하지 않고 쇼핑 자체를 즐기려는 경향으로 볼 수 있다(유민태, 박태원. 2015).

"책은 안보지만 도서관은 간다"... 도서관 마케팅 봇물

박소정 | 승인 2019.02.07 10:00 | 댓글 0

성인 10명 중 4명, 연간 독서량 0%
도서관 콘셉트 복합 공간은 증가... 인스타그램 업로드 인기

〈그림〉 코엑스 별마당 도서관 이용 행태
(출처: BrandBrief, 2019)

그 사례로 신세계 스타필드의 '별마당 도서관'을 살펴보면, 소유보다 경험을 체험하기 위해 사람들이 방문하는 것을 확인할 수 있다. 즉, 책을 사러가는 공간이 아닌 문화를 소비하러 가는 공간으로 인식한다는 것이다. 이 공간에 방문한 사람들은 독서량과 상관없이 도서관과 책을 활용하여 SNS에 인증샷을 올리는 등의 행위를 하며 다양한 체험 경험을 하고 있다. 즉, 모바일을 활용하여 단순하게 인터넷을 이용하여 여가활동에 대한 정보만 습득하던 행위에서 취미활동, 여가활동 정보를 이용하고 공유하고 체험하는 형태를 띄고 있다. 이처럼 소비자의 라이프스타일을 분석하는 것은 도시의 공간을 새롭게 해석하는 새로운 시각을 제공할 뿐만 아니라 독특한 문화적 표현과 정체성을 파악할 수 있는 전략이다. 도시 내의 특징적 문화 어메니티이자 행사의 집합체라고 할 수 있다. 즉, 사람들의 생활방식을 파악함으로써 그들의 가치관 특징을 파악하고 이에 따른 마케팅이 이루어져야한다.

2) 라이프스타일 본질과 그 적용 2 - 미디어 이용행동

광고는 마케팅에 도입된 라이프스타일 개념을 가장 광범위하게 적용시킬 수 있는 분야이다. 광고내용을 전달하는 매체로서 대중매체를 이해할 때 광고담당자의 주된 관심은 최소의 비용으로 표적 집단에 정확한 도달과 가능한 한 많은 잠재적인 소비자들에게 접근하는 방법을 어디에서 발견할 것인가 하는 것이다. 이에 대한 접근법으로서 주로 사용된 방법은 다양한 인구사회학적 집단들이 매체를 얼마나 이용하고 있으며 상이한 가치나 태도를 지닌 집단들의 대중 매체 이용은 어떠한가를 찾아내는 것이 주요 목적이었다. 그리고 이들의 가치나 태도에 따라 광고물에 대한 인식은 어떠한가 등이며 각 매체들이 이 집단들에게 어느 정도로 메시지를 전달할 능력이 있는가를 중심으로 매체에 의한 광고효과를 측정하는 것이었다.

이러한 목적을 달성하기 위해 시청행태와 개성/라이프스타일의 그간 연구에서 개인의 TV시청 행태와 개성/라이프스타일 간의 상관관계를 분석한 결과 TV 프로그램 수용자들은 개성/라이프스타일 특성에 있어 상대적으로 이질적이라는 결과를 얻어왔다. 건강을 중요하게 여기는 사람들은 TV 다큐멘터리를 좋아하고, 가족의 건강이나 복지의 내용에 치중된 기사를 담은 잡지를 애호한다고 하였으며, 또 다른 한편으로 브랜드를 중요시하는 사용자로 분류된 소비자는 패션전문 채널을 즐겨 보는 것으로 나타났다. 따라서 세분화된 시장별로 표적 집단을 선정하여 그들이 자주 즐겨보는 프로그램을 파악하고 그들의 선호하는 프로그램 콘텐츠의 양식을 이해한다면 프로그램의 전·후 및 PPL 광고를 삽입하여 좀 더 효율적인 광고를 집행할 수 있다는 것이다.

또 하나의 큰 흐름은 뉴미디어의 등장으로 기존 매스미디어와 비교하면, 그 중에서 미디어 속성과 관련한 10가지 차이점을 도출 할 수 있는데 다음과 같다. 대인커뮤니케이션의 정도(interpersonal), 미디어의 상호작용성(interactivity), 메시지 흐름(message flow), 메시지 속도/시간(pass time), 정보원에 대한 지식(source knowledge of the audience), 친근성(intimacy), 피드백 가능성(feedback), 통제성(ability to control), 동시성(sychronicity) 그리고 매체 사용의 용이성(facility)등이다.

이를 라이프스타일 개념으로 하나로 축약시키면, 수용자 중심의 정보수용을 통해 자신의 라이프스타일을 더욱 강화할 수 있는 미디어 환경이 조성되었으며, 특별히 강력한 정보내용이 아닌 한 이용하고 있는 미디어 카테고리 내에 정보를 진입시키는 방식 자체가 어려워진다는 것을 예상해 볼 수 있다. 또한 소비자들은 특정한 공통의 목표를 위해 소통하고 참여하는 콘텐츠를 만들 수 있는 공간을 제공하면서, 단순히 커뮤니케이션 통로를 넘어서는 역할을 한다. 즉 그들의 관심에 관한 프로그램을 선택적으로 볼 수 있으며, 그것에 관해 관련있는 사람들과 커뮤니티를 만드는 것이다.

① 요리관련 TV 프로그램 사례

▶1인가구의 증가, 장기 불황과 내수 침체로 인해 소비가 위축되면서 가정 간편식을 선호하기 시작함. 1인가구를 타겟으로 짧은 요리시간을 제한하여 간단하게 먹을 수 있는 음식을 소개함으로써 정보원의 역할을 수행하고 있음

② 힙합 장르 관련 TV 프로그램 사례

▶ 방송 콘텐츠를 넘어 하나의 놀이성을 띈 콘텐츠로 10,20대를 타겟으로 놀이 문화를 제공함으로서 소셜네트워크를 이용하는 젊은 층을 중심으로 커뮤니케이션을 형성함. 뿐 만 아니라 이슈가 되는 랩퍼들과 협업을 통한 스토리있는 광고를 넣음으로서 하나의 콘텐츠를 생성해냄

③ 육아/가족 관련 TV프로그램

▶ 사회의 문제(워킹맘 등)를 아이들의 천진난만함으로 환기하고 어리숙한 아빠가 아이와 함께 성장하는 모습을 보며 힐링을 받음으로서 남성육아의 모습을 보여줌

〈그림〉 다양한 라이프스타일 세분화 강화하는 전문 채널

따라서 앞으로 마케팅전략의 핵심은 소비자와 자사 브랜드의 접점을 확보할 것인가와 최대한 회피가 발생하지 않도록 자연스럽게 접할 수 있도록 하는가가 관건이 될 것이다. 이러한 측면에서 수용자에 대한 라이프스타일에 대한 분석이 더욱더 중요해지는 시기라고 할 수 있다. 이러한 라이프스타일에 대한 접근을 위한 방법으로 AIO(Activities, Interests, Opinions)조사를 들 수 있다. AIO조사는 소비자 라이프스타일을 분석하는 방법들 중 마케팅이나 소비자 행동분석 측면에서 가장 널리 이용되는 방법으로 라이프스타일을 일상의 활동(Activities), 주변의 사물에 대한 관심(Interests), 사회적 문제에 대한 의견(Opinion)등 3가지 차원에서 측정하여 그 유형을 분류한다.

〈표〉 AIO 조사 대상 항목

활동(Activities)	관심(Interests)	의견(Opinion)	인구통계적 변수들
일 (work)	가족 (family)	자신 (themselves)	나이 (age)
취미 (hobbies)	가정 (home)	사회적 이슈 (social issues)	교육 (education)
사회적 사건 (social events)	직업 (job)	정치 (politics)	소득 (income)
휴가 (vacation)	커뮤니티 (community)	사업 (business)	직업 (occupation)
오락 (entertainment)	레크리에이션 (recreation)	경제 (economics)	가족규모 (family size)
클럽회원 (club membership)	패션(fashion)	교육 (education)	거주지 (geography)
커뮤니티 (community)	음식(food)	제품 (products)	도시규모 (city size)
쇼핑 (shopping)	미디어 (media)	미래 (future)	지리
스포츠 (sports)	성취 (achievements)	문화(culture)	라이프사이클의 단계 (stage in life cycle)

(출처 : Plummer, J.T.(1974), "The concept and application of Life Style segmentation," *Journal of Marketing*, 38(Jan.), 34.)

라이프스타일을 분석하려면 적절한 라이프스타일 변수를 설정하고 질문 조사를 하거나 심리 측정이나 태도 측정을 사용하여 자료를 얻은 후, 요인 분석(factor analysis) 및 군집분석(cluster analysis)으로 라이프스타일 유형을 추출하고, 전형적인 프로필(profile)을 정립하여야 한다.

〈그림〉 라이프스타일에 부합하는 브랜드 전략 강화필요

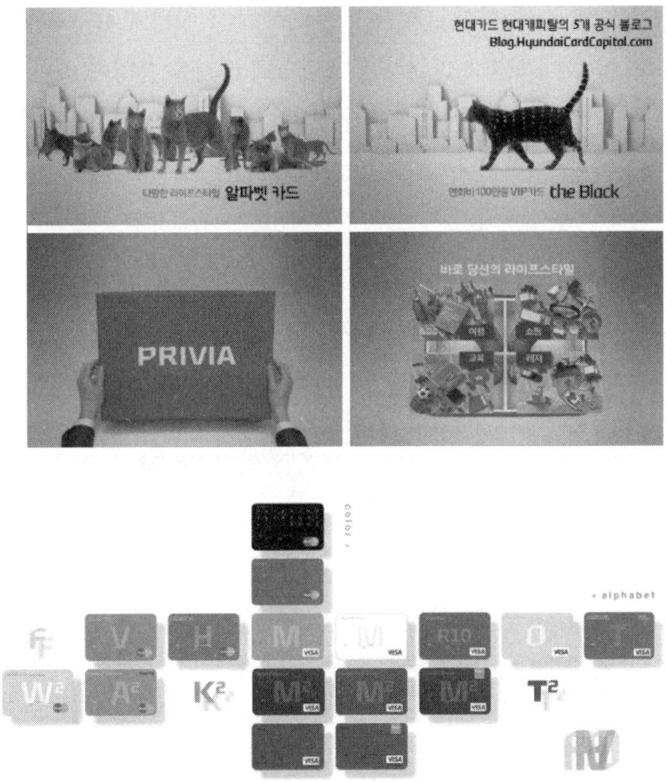

〈그림〉 현대카드의 소비자 라이프스타일별 마케팅
(출처: 현대카드 블로그)

우리가 흔히 보게 되는 라이프스타일의 전형으로 스타마케팅을 활용하는 것이 그간의 전략이었다. 그러나 스타는 하나의 아이콘으로서 지침이나 방향성을 제공하는 데는 유용하나 구체적인 행동을 하기 위한 정보제공자로서의 역할은 제한적이며, 기업브랜딩의 전략 차원에서도 스타 한명이 보유한 라이프스타일의 확장범위는 제한적이다.

향후 보다 성공적인 소비자의 공감과 만족을 이끌어 내가 위해서는 추상적인 소비자의 라이프스타일을 더욱더 강화하고 드러낼 수 있도록 하는 라이프스타일의 발굴과 미디어 콘텐츠를 제작하여 라이프스타일을 구현하는데 이용할 수 있도록 그에 맞는 특화 브랜드전략을 수행해야 할 것이다.

이를 위해서는 라이프스타일에 따른 소비자 세분화와 그들의 선호하는 미디어별 특성화된 운용이 필요하며, 인터넷, 모바일 등의 매체로 기업의 준비한 다양한 라이프스타일 콘텐츠에 접근할 수 있도록 하는 방식이 강화되어야 하고 기존의 온·오프라인에 분포되어 있는 다양한 전문가 혹은 준전문가의 집단들과의 네트워크 강화가 필요하다.

결국 이는 라이프스타일에 대한 분석을 기본으로 해서 이들의 욕구와 지식의 방향을 위한 시나리오를 세우고 이를 매체별로 안내하는 개념으로 성격을 분명히 해야 할 것으로 보인다. 따라서 보다 광고는 추상적이나 라이프스타일을 드러내는 상징성이 높으며, 수용자가 세부적인 정보를 원할 때 언제, 어디서나 다양하고 세부적인 정보에 이를 수 있는 이원화 전략이 더욱더 요구되는 시기인 것이다.

3) 소비자, 소비에 대한 이해를 통한 광고전략

■ 소비자의 소비 인식변화를 읽어야 한다

오늘날 소비자의 지출의 필수 소비재를 제외한 **임의 소비재**의 증가가 두드러지고 있다. 임의 소비재의 소비는 needs가 아닌 wants에 의한 소비로 각각의 유형별로 접근하면 크게 실리적 구매, 탐닉적 구매, 라이프스타일 구매, 희구적 고급품 구매 등으로 나눌 수 있다.

〈그림〉 실리적 구매 : 에어팟

실리적 구매, 반드시 필요한 것은 아니고 삶을 더욱 의미 있고 중요하게 만드는 것으로 인식되는 제품을 구매하는 것으로 실질적이고 기능적인 요소를 가지고 있다. 이 제품의 구입을 통해 자신의 삶이 보다 개선되고, 제품의 기능이 나의 능률이나 생활에 보다 강한 충족을 제공해 줄 것이라는 확신이 동반될 때 구매로 연결되게 된다.

〈그림〉 탐닉적 구매 : 고가의 화장품

(출처: 티스토리, 2018)

탐닉적 구매, 다소간 부담을 느낄 수 있지만 경미한 생활 사치품을 구매하는 것을 말한다. 다소 사치스럽지만 양심의 가책을 줄 정도로 비싼 것은 아니어서 소비자들의 정서적 만족을 제공하는 특성을 가지고 있다. 예를 들어 고급 로션, 목욕 용품, 고급 식재료, 테이블 · 장식품 등이 예가 될 수 있다.

〈그림〉 라이프스타일 구매 : 자동차, 시계

라이프스타일 구매, 꼭 필요해서 구매하는 제품이 아니라 자신의 라이프스타일을 통한 정체성을 드러내기 위한 목적으로의 실용성을 가지고 있다. 예를 들어 자동차, 펜, 시계, 홈시어터 등의 라이프스타일 고급품들이 이에 해당되는데 이러한 고급품들은 기본적인 기능을 넘어서서 비약적인 만족감을 준다.

〈그림〉 희구적 고급품 : 명품 브랜드 제품

희구적 고급품 구매, 희구적 고급품은 대개 오리지널 예술 작품, 앤티크제품, 골동품, 보석, 명품가방들까지도 범주에 넣어 볼 수 있다. 이는 라이프스타일 고급품과 마찬가지로 희구적 고급품도 대개 브랜드와 연관이 있다. 소비자들은 희구적 고급품을 구매할 때는 자신이 누구이며, 어떤 열망을 가지고 있고, 무엇을 대표하는 사람인지 등을 표현하려는 경향이 있다.

이러한 임의 소비의 증가와 변화는 소비자의 3가지 트렌드의 변화로 설명해 볼 수 있다. 먼저 물건의 구매에서 **경험 구매로의 변화**를 들 수 있다. 실질적인 시장에서의 변화를 예를 들면, 우리나라의 베이비붐세대의 경우 경제적 안정과 은퇴를 앞두고 그간 잃어버린 인생을 보충하기 위해서 사물을 소비하는 데서 관심을 돌려 경험과 자기개발, 그리고 건강에 대한 갈망이 나타나고 있다. 이를 반영하는 국내의 사례의 경우 등산, 자전거, 캠핑용품 시장의 급격한 성장으로 제품을 소유·소비하는 개념에서 제품을 구입함으로서 지속적인 경험을 소비하고자 한다.

그렇다면, 이러한 경험중심으로 전환되고 있는 베이비붐 세대를 비롯한 소비자의 경우 이들의 생각을 제품을 포지셔닝 함으로써 성공을 꾀할 수 있을 것이다. 이와 같이 향후의 마케팅전략은 제품의 물질적 특징과 혜택을 넘어서 자사의 제품의 소비자의 경험을 지지해주고 향상시켜 줄 수 있을 것인지 구체적인 상황까지도 사고해야 해야 한다.

■ 브랜드 커뮤니케이션의 전략적 역할에 주목해야 한다

〈그림〉 제품위주의 광고전략: 다이슨 청소기

그간 브랜드는 자사 브랜드에 대한 높은 인지도와 긍정적인 브랜드 이미지 형성을 통해 구축된 브랜드 자산을 경쟁 우위 확보의 수단으로 인식하게 되고, 과거 기업의 시장경쟁력을 유지하는 주요 요인은 제품들 간의 기술 격차였으나, 현재의 대부분 경쟁사들이 유사한 품질의 제품을 생산할 수 있는 능력을 갖추게 됨에 따라 강력한 브랜드의 구축이야말로 모방할 수 없는 마케팅 수단으로 주목 받고 있다. 또한 강력한 브랜드는 고객의 충성도와 높은 수익을 발생시키고, 경쟁사들의 공격으로부터 기존의 선도적 시장위치를 계속 유지할 수 있게 해준다고 인식하고 있다. 본질적으로 이러한 브랜드의 역할과 가치는 변화하지 않는다.

그러나 앞서의 소비자의 소비 트렌드에 대한 변화를 고려해 볼 때 과거의 제품 중심의 마케팅 커뮤니케이션 전략에 대한 유효성에 대한 검토가 필요할 것으로 보인다. 소비자들은 실리적인 소비와 더불어 과시적인 소비를 모두 가지고 있는 극단화된 소비경향을 가지고 있다. 밥값보다 비싼 커피값을 지불하고 있으며, 급여의 두세 배에 달하는 가방을 구입하고, 그러나 알뜰한 제품을 구입하기 위해서 많은 시간을 투여해서 제품 구입을 고민하는 등의 양분화된 소비 경향을 보여주고 있다.

이는 결국 소비자가 제품을 어떤 대상으로 인식하여, 앞서의 실리적, 탐닉적, 라이프스타일, 희구적 고급품에 포함되게 하는가에 중심을 두고 접근해야 할 것이다. 이는 마케팅 커뮤니케이션을 통해서 가능할 것으로 보이며 이를 위해서 그간의 쇼윈도에 진열하는 방식의 제품 전략들은 재고가 필요할 것으로 보인다. 이러한 현재의 마케팅 환경에서는 소비자에게 제품을 감각적으로 소구시킬 수 있는 브랜드 체험 위주의 마케팅 전략이 중요시 되어야한다.

〈그림〉 제품을 통한 경험의 제공 : 노스페이스의 '슈퍼에어다운' 캠페인
(출처: 이노레드 공식 블로그, 2018)

브랜드 체험이란 브랜드가 소비자에게 인간적인 특성이 녹아 있는 감성적인 가치를 전달하는 것으로, 이를 통해 감각적 체험, 감성적 체험, 인지적 체험, 행동적 체험, 관계적 체험, 광고 시청을 통한 시연(simulation)을 체험하도록 하는 것이다. 이러한 감각적 소구는 수용자의 경험영역을 역동화 시키는 감성적 소통체계를 추구한다고 할 수 있다. 이러한 감각적인 경험 영역의 역동화를 위한 전략으로 각광받고 있는 커뮤니케이션 전략으로서 스토리텔링(Storytelling)광고 전략을 들 수 있다

브랜드에 스토리를 넣어 사람들의 관심과 흥미를 유발시키고 이를 판매 촉진으로 연결시키는 것이 '스토리텔링 마케팅'이다. 스토리텔링 마케팅은 '소비자의 마음의 점유율'을 높이는 수단이다. 브랜드 이미지를 디자인하는 스토리가 담긴 제품은 품질이나 디자인이 뛰어난

상품보다 소비자의 주목을 끌 수 있고, 소비자에게 가치 있는 것으로 평가될 수 있다. 이는 제품 고유에 내재된 스토리를 통해 브랜드 차별화를 이룰 수 있기 때문이다.

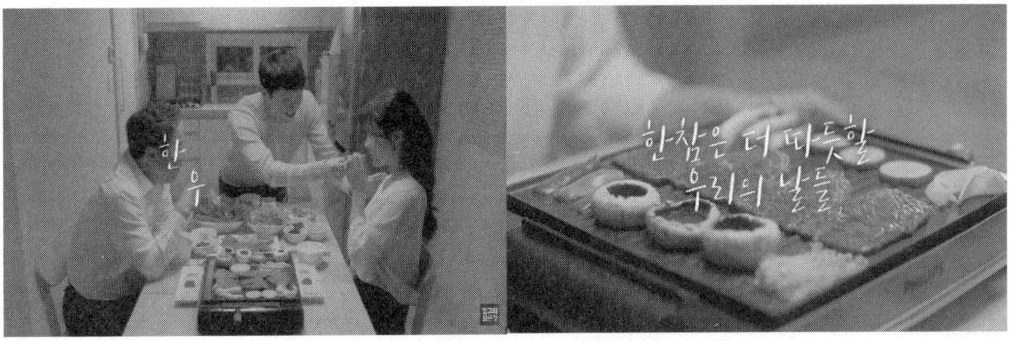

〈그림〉 스토리텔링을 통한 브랜드 광고전략: 롯데마트
'한참은 더 따뜻할 우리의 날들'

예를 들어 롯데마트의 경우 한우데이에 맞춰 한우를 홍보하기 위한 광고를 기획하였다. 공개 이후 중국 최대 소셜미디어 '웨이보'에 '눈물 흘리게 되는 가슴 따뜻한 한국광고'로 올랐고 실시간 검색어 11위를 기록했다. 뿐 만 아니라 확인된 조회수만 1200만건으로 유명 웨이보 사용자 팔로워를 합산하면 7320만명으로 이후에도 지속적으로 공유됐다. 이 광고의 스토리텔링은 특별한 날에 항상 고기 반찬을 준비했던 어머니에게 "고기 반찬의 의미가 무엇이었는가"라는 질문을 시작으로 가족애를 잔잔하게 담아낸 것이다. 즉, 소비자의 감성적 체험을 자극하는 광고로 수많은 네티즌에게 찬사를 받은 스토리텔링형 광고라고 볼 수 있다.

이처럼 광고에서의 스토리텔링 전략은 소비자의 경험적 차원의 요소들과 스토리텔링을 통하여 브랜드 스토리, 브랜드의 중요가치, 브랜드 가치 제안 등을 상호 소통하고자 한다.

이로 인해 광고의 소구방법이 기업과 제품의 전략적 정보를 제공하고 브랜딩을 구축하는 경제적 가치 기반의 일차적 기능에서 벗어나, 스토리 기반의 스토리텔링 장치를 활용하여 소비자의 감각적 체험과 정서적 경험에 소구하는 소비자의 공감각적 기능을 자극하는 영역으로 확장하여야 한다.

2 고객 3.0: 소비를 위한 순수한 군중

1) 웹 2.0시대의 고객 커뮤니케이션 이해

마케팅 커뮤니케이션에서 브랜드가 차지하는 비중은 날로 커지고 있다. 브랜드는 소비자의 개성이나 사회적 지위를 나타냄으로써 특정 브랜드에 대한 소비자의 호감을 유도하고 이는 **브랜드 충성도(Loyalty)**로 이어지기도 한다. 이렇게 형성된 브랜드 충성도는 기업이 보유하고 관리할 수 있는 자산(Equity)으로 받아들여지고 있다. 자사 브랜드에 대한 소비자의 충성도를 확보하게 되면 기업은 마케팅 비용을 절감할 수 있고, 가격 경쟁에서도 유리한 위치를 선점할 수 있다. 이러한 브랜드에 대한 가치와 가치 인식의 확산으로 인해 모든 기업인들은 브랜드 인터랙티브 매체를 통한 활동들이 두드러지고 있다. 전 세계의 인터넷 사용 인구가 약 18억명에 달하는(Internet World Stats, 2010) 상황에서 웹 사이트는 신속하고 저렴하며 시장 환경에 유연하게 대처할 수 있는 효율적 마케팅 도구로 간주되고 있다. 이는 상업적 웹 사이트가 신규 소비자들은 지속적으로 창출하고 기업의 매출 신장을 촉진시키는 중요한 마케팅 커뮤니케이션 수단으로 활용되고 있음을 뜻한다. 최근 다양한 기술의 변화를 통해 웹 2.0을 넘어 웹 3.0이 등장하였다. 그러나 아직까지 웹 2.0에 대한 이해나 웹 2.0에서의 마케팅 활동을 통한 브랜드화에 대해서 정확하게 이해하지 못하고 있는 것이 현실이다.

〈표〉 웹 2.0과 웹 3.0의 특성 비교

	웹 2.0	웹 3.0
시기	2000~2010	2010~2020
상호작용	read & write	read, write & execute
키워드	참여, 공유, 개방	상황인식(context)
정보 이용자	인간	인간, 기계
정보권력	대형화 집중화	분산(필요한 정보만 선별)
콘텐츠 이용행태	이용자가 생산, 유통, 소비 모두를 담당	지능화된 웹이 원하는 콘텐츠 제공 → 개인별 맞춤
검색	여러 사이트에 있는 자료 개방(open API)	이용자 맞춤형 검색
기반 기술	브로드밴드, 서버관리	시맨틱 기술, 상황인식, 클라우드 컴퓨팅
대응 단말	PC와 모바일 일부	PC, 모바일, 시계와 같은 액세서리 등 다양

(출처: 김택천(2009b), Bratt(2009), 스트라베이스(2009)를 바탕으로 재구성)

웹 2.0은 특정한 기술을 말하는 것이 아니라, 플랫폼으로써의 웹을 의미한다. 웹 2.0은 이용자들이 정보를 직접 제작하거나 가공하고 유출할 수 있는 플랫폼의 역할을 담당하고 있다. 즉, 웹 2.0은 이용자 중심의 서비스로, 정보나 콘텐츠를 누구나 직접 이용할 수 있는 인터넷 환경을 제공하여 주었다. 이처럼 인터넷을 이용하는 모든 사람들에게 개방, 공유, 참여가 자유로운 형태의 서비스를 제공했다면 최근 이를 넘어 정보를 개인별로 상황에 맞게 생성, 가공해주는 맞춤형 서비스로 진화된 것이 웹3.0이다. 이러한 서비스의 확산으로 인해 소비자들의 온라인과 오프라인 경계가 허물어졌고 맞춤형 정보 및 직관적인 경험을 제공함으로써 차별화된 경험 위주의 스타일로 변화를 가능하도록 한 것이다.

웹 2.0의 특징으로, 개방성, 전 방위적 연결성, 참여지향 및 상호작용성을 강조하고 있다. 어떤 누구도 데이터를 소유하지 않고, 모든 인터넷 환경에서 모든 사람들이 데이터를 사용할 수 있는 플랫폼을 제공한다. 따라서 웹 사이트에 올리거나 서비스되는 모든 데이터를 이용자가 자신의 편의에 따라 자유롭게 이동하거나 수정하여 활용이 가능하다. 또한 웹 2.0으로 향상된 연결성(connectivity)은 생태계형 웹에서 사람과 정보는 타 요소들과 연결되지 못 하면 생존이 불가능하다. 따라서 정보와 정보 간의 연결성(informational connectivity) 및 사람과 사람 간의 사회적 연결성(social connectivity)이 자연스럽게 강화될 수밖에 없는 것이다. 마지막으로 정보가 개인의 참여와 이용자 간 상호작용에 의해 생성되며, 이용자들이 직접 제작하는 콘텐츠(user created contents)와 이용자 집단의 능동적인 참여와 공유를 통해 새로운 가치를 창출하는 '집단지성(collective intelligence)'이 매우 중요한 특징이다.

웹 2.0의 특성은 참여, 공개, 대화, 커뮤니티, 연결의 크게 다섯 가지를 들 수 있다. 소셜미디어는 관심 있는 모든 사람들의 기여와 피드백을 촉진하여 직접 참여하게 함으로써 미디어와 수용자의 개념을 불명확하게 한다. 이는 누구나 소셜미디어에 참여할 수 있도록 공개되어 있으며, 투표, 피드백, 코멘트, 정보 공유를 촉진함으로써 콘텐츠 접근과 사용에 대한 장벽이 거의 없다는 것을 의미한다. 또한 전통적인 미디어가 콘텐츠를 일방적으로 수용자들에게 전달하는 반면, 소셜미디어는 쌍방향적인 커뮤니케이션이 이루어진다는 특징이 있다. 또한 소셜미디어는 빠르게 커뮤니티를 구성하고 커뮤니티에서 공통의 관심사에 대해 이야기하도록 한다. 그리고 대부분의 소셜미디어는 다양한 미디어의 조합이나 링크를 통한 연결을 특징으로 한다.

〈표〉 웹 2.0의 미디어 유형

	서비스 유형	해외 사이트	국내 사이트
커뮤니케이션 모델	Blog	Blogger, LiveJourneal, Open Diary, TypePad, WordPress, Vox, ExpressionEngine	포털 블로그, 이글루스, 티스토리
	Micro blog	Twitter, Plurk, Jaiku	미투데이, 토씨, 플레톡
	Social networking	Bebo, facebook, LinkedIn, Myspace, Orkut, Skyrock, Hi5, Ning,Elgg,FriendFeed (집적 기능)	싸이월드, 아이러브스쿨
	Event networking	Upcoming, Eventful, Meetup.com	
협업 모델	Wikis	Wikipedia, PBwiki, wetpaint	
	Social bookmarking (or tagging)	Delicious, stumbleUpon, Google Reader, CiteULike	마가린, 네이버 북마크
	Social News	Digg, Mixx, Reddit	다음 뷰
	Rewiew & Opinion sites	epinions,Yelp, City-data.com epinions.com	디시인사이드. 아고라
	Community Q&A	Yahoo! Answers, WikiAnswwes, Askville, Google Answers	네이버지식iN, 네이트 Q&A
콘텐츠 공유 모델	Photo sharing	Flickr, Zooomr, Photobucket, SmugMug	
	Video sharing	YouTube, Vimeo	판도라TV, 엠군
	Live sharing	Ustream.tv, Justin.tv, stickam, bizbuzztour.com	아프리카
	Audio and Music sharing	imeem, The Hype Machine, Last.fm, ccMixter	벅스뮤직
엔터테인먼트 모델	Virtual worlds	Second Life, The Sims Online, Forterra	누리엔
	Game sharing & play	Miniclip, Kongregate	

(출처: 최민재, 2009, 소셜미디어의 확산과 미디어 콘텐츠에 대한 수용자 인식연구 한국언론정보학회 정기학술대회)

소셜미디어는 또한 개인들의 자기표현 욕구와 쌍방향적 커뮤니케이션 욕구의 증대에 힘입어 발전하였으며, 온라인상에서의 다른 사람과 유대관계를 통한 정보 공유뿐 아니라 조직 형성을 통한 사회적 활동까지 가능하게 하는 등 현대 사회의 중요한 요소로 자리 잡아 가고 있다.

웹 2.0과 관련된 연구에서 코지네츠(Robert V. Kozinets)교수가 제안한 커뮤니티에 관련된 정도(social ties tocommunity)와 소비행동에서의 자기중심성 개념의 정도에 따라 구성원의 특성이 구경꾼, 가담자, 열성가, 내부자의 형태로 나누어진다는 주장을 하였다.

① **구경꾼(Tourist)**: 커뮤니티에 대한 관계 정도가 약하며 활동에 대해서 많은 흥미를 갖고 있다(자주 인과적인 질문을 포스팅 한다).

② **가담자(Mingler)**: 커뮤니티에 대한 강한 사회관계를 갖고 있는 반면에 소비행동에 대해서 적은(최소)흥미를 갖고 있다

③ **열성가(Devotees)**: 소비행동에 대해서 많은 흥미를 갖고 있지만 온라인 커뮤니티에 대한 애착은 거의 없다.

④ **내부자(Insiders)**: 온라인 커뮤니티와 소비행동에 대해서 강한 관계를 갖고 있으며 커뮤니티에 계속 머물고 자주 방문한다.

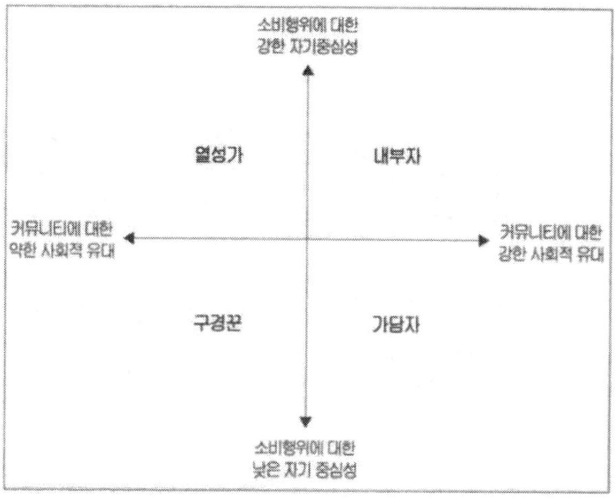

〈그림〉 온라인 커뮤니티에서의 구성원의 유형

(출처: 이호영(2008), 웹 2.0시대 디지털 콘텐츠의 사회적 확산경로 연구, 정보통신정책연구원, 84~85)

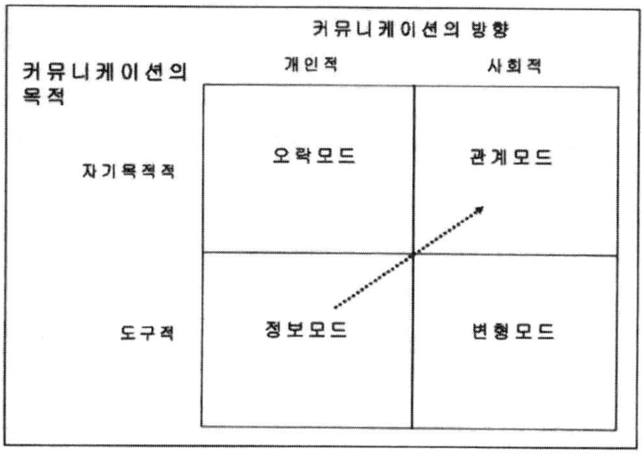

〈그림〉 온라인 커뮤니티에서의 상호작용 모드

(출처: 이호영(2008), 웹 2.0시대 디지털 콘텐츠의 사회적 확산경로 연구 정보통신정액연구원, 84~85)

또한 Kozinets(1999)가 제시한 웹상의 상호작용에 발현 형태를 커뮤니케이션의 목적과 커뮤니케이션의 방향성에 따라 오락모드, 정보모드, 변형모드, 관계모드로 발전과정을 거친다고 주장하였다. 이는 개인의 이용 동기와 커뮤니티의 방향이 개인적 목적 추구 지향이 강한 형태의 커뮤니티와 사회적 목적 지향이 강한 커뮤니티에 따라 이용자의 태도와 행동지향에 영향을 줄 수 있다는 것이다. 이는 웹 2.0 환경의 기업의 커뮤니케이션 전략에 시사하는 바가 크다고 볼 수 있다

또한 웹 2.0에 대한 참여정도를 기준으로 소비자들을 크게 6가지로 분류할 수 있는데, 개별 참여 정도에 따른 집단분류를 정리하면 다음과 같다.

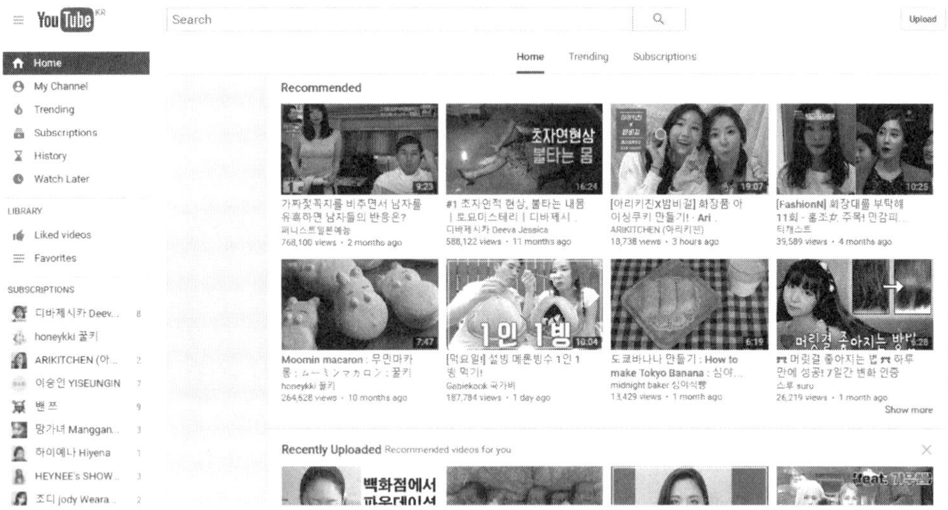

〈그림〉 유튜브

① **창작자형(Creators)**: 이 그룹에 속한 소비자들은 홈페이지를 제작하고 블로그를 관리할 뿐만 아니라 유튜브(Youtube) 같은 사이트에서 동영상도 업로드 한다. 이들은 주로 평균 연령이 39세인 젊은 성년 남녀 이다. 이들 중에서도 14%가 3가지 활동을·다하고 19%가 2가지 활동을 한다.

〈그림〉 Amazon

② **비평가형(Critics)**: 이 그룹에 속한 소비자들은 블로그에 댓글을 달거나 Amazon같은 사이트에 등급을 매기고 리뷰를 한다. 이들은 창작자들보다 나이가 조금 많다. 비평가형 중에서는 2/3가 등급을 매기고 리뷰를 하지만 전체 집단에서는 22%만 블로그에 댓글을 달거나 웹사이트의 콘텐츠 등급을 매기거나 리뷰를 한다. 또한 이들의 40%가 창작자이기도 하다.

③ **수집가형(Collectors)**: 이 그룹에 속한 사용자들은 북마크를 사용하거나 RSS를 구독한다. 이 그룹은 주로 남성들이 차지하고 있다. 이들 중에 2/3가 북마크를 하고 절반 이상 RSS를 구독한다.

〈그림〉 Instagram / Facebook

④ **관계확장형(Joiners)**: 이 그룹에 속한 사람들은 Instagram 혹은 Facebook과 같은 소셜네트워킹 사이트를 사용한다. 이 그룹은 평균 연령이 가장 어린 소셜테크노 그래픽스그룹이다. 이들은 다른 소셜컴퓨팅 활동을 할 가능성이 가장 많다. 56%가 블로그를 읽고 30%가 블로그에 게시글을 쓰고 관리한다.

〈그림〉 아이튠즈 팟캐스트

⑤ **관전자형(Spectators)**: 이 그룹에 속한 사람들은 블로그를 읽고 팟캐스트를 즐기며 다른 사람이 제작한 동영상을 본다. 이들은 다른 사람에 의해서 제작된 소셜콘텐츠의 가장 주요한 관중들이다. 이들 대부분은 가구수입이 적은 성년 여성일 경우가 많다. 강조해야 할 것은 창작자들도 관전자일 수 있지만 많은 관전자들이 창작자가 되지 못한다는 점이다.

⑥ **비활동형(Inactives)**: 이 그룹에 속한 사람들은 아무 소셜컴퓨팅 활동도 하지 않는다. 이들은 평균 연령이 50세가 넘는 노년층이고 여자일 가능성이 크다. 이들은 자신을 리더라고 생각하지 않고 친구들에게 자신이 관심을 갖는 제품에 대해서 거의 이야기하지 않는다. 소셜테크노그래픽스를 분석하려는 사람들은 우선 전체집단을 몇 가지 군집(segment)으로 묶을 수 있다. 예를 들어 마케터들은 모든 사이트의 방문자들을 나이별 군집으로 묶어 소셜테크노그래픽스를 분석할 수 있다.

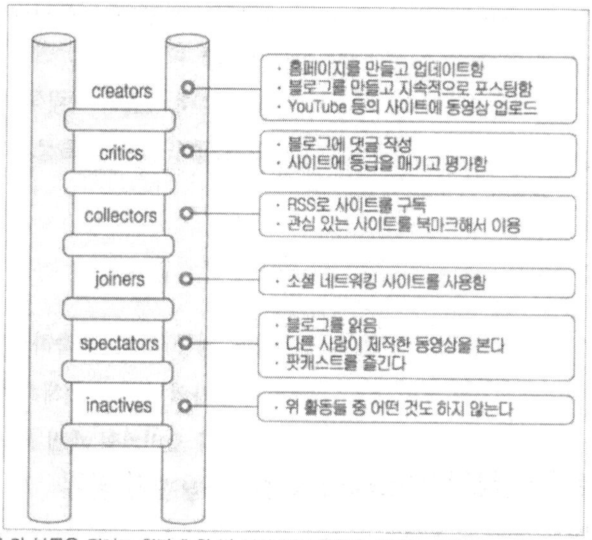

* 각 부문은 적어도 한달에 한 번 이상 해당 활동에 참여한 사람들을 포함하고 있음

〈그림〉 웹 2.0의 사용자 그룹

웹 2.0의 패러다임에서 핵심은 기업이 보다 효과적으로 소비자와 원활하게 소통하고 장기적인 관점의 관계와 신뢰를 형성하는가에 초점을 맞춘다. 오랜 기간에 걸쳐서 사이트의 방문자와 고객이 누구이고 어떤 행동을 하고 기업에게 어떤 가치를 제공하는가를 이해하는 것은 웹 2.0에서의 브랜드 구축에 핵심적 역할을 수행한다. 이는 장기적인 기업가치의 재고 뿐만 아니라 축적된 자료를 통한 기업의 단기적인 매출목표에 대해서도 활용이 가능하다. 장기간에 걸쳐 고객의 행동과 선호도를 이해하고 평가하기 위해서는 기업과 고유한 개인 소비자 간의 상호작용에 대한 측정과 기록이 중요하고 이러한 온라인 행동의 증감, 사용자그룹의 변화에 대한 행동프로파일의 구성은 장기적인 기업브랜드 구축에 중요한 자산이 되며, 향후 기업의 의사결정에 중요한 평가 지표로서의 가치를 제공할 수 있다. 따라서 웹 2.0 시대에서의 브랜드 구축을 위한 전략을 제시하자면 다음과 같다

- 사용자를 신뢰하고 공동 개발자로서 간주하여 참여를 유도한다.
- 집합적인 지식을 활용해야 한다.
- 고객의 자발적 셀프서비스를 격려한다.
- 가볍고 접근하기 쉬운 유저 인터페이스, 어플리케이션, 비즈니스모델을 채택해야한다.
- 커뮤니티나 사회적 네트워크 역할을 하는 모든 SNS에서의 공간을 지속적으로 모니터링 한다.
- 소셜 단위의 마이크로 미디어를 운영해 기업이 자체적 미디어를 통해 공식적 메시지를 제공한다.

• 소셜미디어의 커뮤니티 단위의 오피니언리더의 특성과 행동성향을 파악하여, 기업과 관련된 활동에 대한 후원과 참여를 유도한다.

웹 2.0시대에서 기업의 브랜드를 성공적으로 구축하기 위해서는 기업은 상호작용성을 중심으로 웹 방문자와 방문자의 향후 행동, 잠재적 방문자의 행동을 총체적으로 측정하고, 이런 과정을 통해 만들어진 고객 중심의 데이터의 면밀한 분석을 통해 보다 소비자와 개별 커뮤니티집단에 맞춤화된 관계마케팅을 시도하고 관계의 확장과 지속화에 노력을 기울여야 할 것이다.

2) 소셜미디어 커뮤니티의 비즈니스 모델의 특징과 평가

일반적으로 가상 커뮤니티는 전자적 매체를 통해 관심과 욕구를 공유하는 사람들의 집단으로 정의된다. 가상 커뮤니티와 같이 소셜미디어 커뮤니티는 무선매체를 통해 관심과 욕구를 공유하는 사람들의 집단이다. 모바일 기기와 스마트폰 등의 어플리케이션의 성장은 소셜미디어의 폭발적 성장과 유선인터넷의 인스턴트 메시지 방식이 모바일로 전이되면서 형성된 결과이다. 커뮤니티는 자기 증식적(self-generating) 콘텐츠를 생성하고 사용자간의 상호작용으로 성장해 나갈 수 있다.

소셜미디어 커뮤니티는 전통적인 웹기반의 커뮤니티와 세 가지 측면에서 다른 양상을 보이고 있다.

첫째, 소셜미디어 커뮤니티는 스마트 폰, 타블릿과 같은 모바일 단말기를 통해 접속할 수 있다. 따라서 커뮤니티에서 좀 더 즉각적인 커뮤니케이션이 가능하도록 만든다.

둘째, 소셜미디어 커뮤니티 플랫폼은 사용자들에게 2.5 및 3세대 모바일 네트워크를 통해 확장된 커뮤니케이션 서비스를 제공한다. 모바일 서비스는 ubiquitous access(유비쿼터스 접속), instant execution(즉시 실행), personal trusted rusted devices(개인 신뢰 단말기), location related service(위치기반서비스)로 구성된다.

셋째, 소셜미디어 커뮤니티는 기존의 가상 커뮤니티에 비해 다른 사용 패턴을 보여주고 있다. 과거 커뮤니티는 특정 주제(연예, 스포츠, 사회적 이슈 등)를 중심으로 가치관을 공유하는 회원이 모여 공동 주제에 관해 정보를 축적하고 게시판을 통해 의사소통을 한다. 커뮤니티에서 수집된 정보는 각 회원이 주제와 관련된 다양한 활동을 수행하는데 판단기준(가치관)이 된다.

반면, 소셜미디어 커뮤니티는 개인 모바일미디어 사용자가 중심이기 때문에 인터넷의 주제(topic) 중심 커뮤니케이션보다는 개인적인 목적에 중점을 두고 지역의 친구들과 채팅과 같은 즉각적인 상호작용의 도구로 사용한다. 즉, 소셜미디어 커뮤니티는 가까운 친구나 동료, 자녀들과 접촉하기 위해 SNS와 같은 방식을 사용하고 있으며, 동료 집단이나 친구 그룹같이 작은 규모로 혹은 자신과 관심과 목적이 부합되는 일체의 다수와 거대규모로 모바일 서비스를 통한 커뮤니케이션의 커뮤니티이다.

이러한 소셜커뮤니티는 언제 어디서나 자기중심의 대화를 즐길 수 있기 때문에 개인이 이동하는 장소와 정황(목적, 시간, 이동방향, 일시성 등) 등의 특성이 두드러지는 위치기반 콘텍스트커뮤니케이션(location & context based communication)으로 변모하고 있다. 최근 등장하고 있는 위치한 지역 근방의 맛집 정보, 생활정보, 교통정보, 놀이정보, 숙박정보 등이 제공되고 사용자들이 리뷰를 작성할 수 있는 형태의 서비스를 그 예라고 들 수 있다.

■ 소셜 커뮤니티 비즈니스 모델

소셜커뮤니티 서비스를 제공하는 방식에는 네 가지가 있다. 첫째, 자유로운 peer-to-peer (동료간) 커뮤니티를 위한 커뮤니티 서비스의 지원, 둘째, 개인 고객 기반의 커뮤니티 플랫폼과 서비스의 이행, 셋째, 독립적이고 전국적인 커뮤니티 플랫폼의 제공을 지원, 넷째, 기존 가상 커뮤니티에 “mobilizing(이동성)”의 특성을 제공하는 것이다.

스마트폰 사용자는 아직 서비스에 대해 브랜드로서 모바일 네트워크 운영사를 이해하고 있지 않기 때문에 기존 유선상에서 지명도 있는 파트너를 선택하는 것이 적절한 사업을 영위하는데 유용하다.

Berridge가 2002년 제안에 따르면 수익원천을 기준으로 사용료(월사용료), 가입비(월 가입비 및 회비), 광고료(개인광고, 기업광고 등), 라이센스(기술 라이센스, 콘텐츠 라이센스) 등으로 구분할 수 있다. 장르별로 보면 네트워크 사업자(접속망만 제공), 어플리케이션사업자(네트워크 게임, 커뮤니티 플랫폼, IM · LBS2 · MIM 등 솔루션 제공), 콘텐츠사업자(커뮤니티형 콘텐츠 제공), 복합형 사업자(네트워크, 어플리케이션, 콘텐츠의 복합 운영)으로 구분할 수 있다. 또한 소셜커뮤니티 사이트가 비즈니스와 결합하는 즉, 커뮤니티 사이트가 만들어내는 가치가 기업의 수익에 연결되기 위해서는 커뮤니티 사이트에 모이는 사람의 동기와 커뮤니티 사이트의 구조에 따라 커뮤니티 사이트의 비즈니스 모델을 만들 수 있다고 하였다.

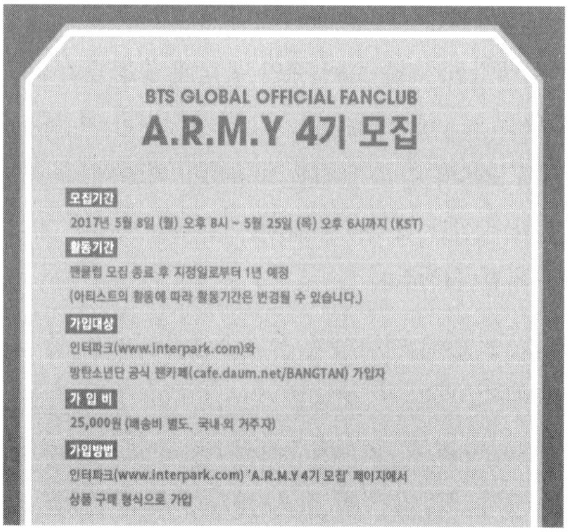

〈그림〉 과금형 모델 사례 - 방탄소년단 팬카페

① 과금형 모델

커뮤니티에 모이는 사람들이 커뮤니케이션 그 자체를 목적으로 모이는 경우이다. 커뮤니티의 회원이 되기 위해서는 엄격한 자격심사를 받아야 하는데 회원이 되기 전에 이미 공통의 조건(매개항목)을 가지고 있는 것이 요구된다. 현행의 트위터나 페이스북의 경우에서는 완전한 개방형태의 커뮤니티를 가지고 있으나, 특정목적으로 고도화된 커뮤니티로의 생태 세분화가 일어날 것으로 예상된다. 고부가 가치의 정보를 제공하는, 예를 들어 입시에 대한 고급정보, 증시에 대한 정보 등과 같은 형태의 커뮤니티의 경우 커뮤니티 그 자체가 수익을 제공하는 구조를 가질 수 있다. 커뮤니티에 속하는 회원(유저)자신이 회비를 지불하는 등으로 운영자에게 수익을 가져다준다. 더욱이 직접 회비를 지불하는 형태는 아니라도 회원대상 배너광고나 메일에 부착된 광고를 승인하는 혹은 단순히 양해하는 것이 아니라 적극적으로 지지하는 것으로 커뮤니티의 운영자가 수익을 얻는 것을 용인한다. 이러한 모델을 "과금형 모델"이라고 부른다.

이 폐쇄적인 커뮤니티의 특징은 회원의 높은 충성도(귀속의식)와 정보의 공유가치(공유의식)이다. 여기서는 커뮤니티에서 커뮤니케이션 그 자체에 가치가 있으며 이것이 커뮤니티 운영자가 적은 수익을 얻을 수 있는 것에도 동의하는 이유이다.

〈그림〉 제공형 모델 사례 - 모바일게임

② 제공형 모델

커뮤니케이션 그 자체에 가치가 있는 커뮤니티 가운데서도 참가의 조건으로 제한이 거의 없는 경우도 있다. 가입할 때에 현실 사회에서의 권위나 신용을 명시하는 것을 요구하지 않고 "오는 사람 거부하지 않는다."는 것이 이 모델의 특징이다. 커뮤니티에 가입을 희망하는 사람에게는 이 게임의 플레이어가 되는 것이 요구된다. 아마존의 "서평 커뮤니티"도 이 모델의 하나인데 커뮤니티의 멤버가 되는데 필요한 자격은 없으며 현실의 사회에서 권위나 신용을 명시할 필요도 없다. 다만 책을 읽고 간단한 서평을 쓰는 것만이 공통의 매개체로서 요구된다. 이러한 모델을 "제공형 커뮤니티"라고 한다. 그러나 회원은 커뮤니티 운영자에 대해 활동하는 장의 제공자로서의 가치를 인정하게 되며 이렇게 인정된 가치가 비즈니스의 원천이 되는 것이다. 이 커뮤니티의 특징은 유연성에 있다. 커뮤니티를 구성하는 조건이 완화된 것으로 관리의 어려움은 의외로 적다.

〈그림〉 성과형 모델 사례 - 일본 화장품 웹사이트 '@cosme'

③ 성과형 모델

앞의 두 모델과 달리 커뮤니케이션 그 자체에 가치를 두지 않는다. 커뮤니티 사이트에서 이루어지는 커뮤니케이션에 따라 달성되는 목적에 가치가 있다. “@cosme”와 “공상생활” 등이 이에 해당된다. 커뮤니티의 운영자는 커뮤니티 내의 커뮤니케이션 활성화에 주력하는데 그 결과 커뮤니티가 목적으로 하는 가치를 얻을 수 있기 때문이다. 예를 들면 일본의 가장 큰 메이크업 후기 커뮤니티의 경우 “@cosme”에서는 “다양한 화장품등의 상품에 대한 소비자의 평가” 혹은 “공상 생활”에서는 “소비자가 원하는 지금 존재하지 않는 상품의 디자인이나 사양” 정보 등이다. 이 모델을 “성과형 커뮤니티”라고 부른다. 컴퓨터 소프트웨어 세계에서는 리눅스 개발에 관련된 커뮤니티도 이 모델과 같다. 이 커뮤니티도 커뮤니케이션이 그 목적이 될 수도 있는데 커뮤니티에서는 항상 목적이 수단화되고, 수단은 목적화 될 수 있기 때문이다. 이 커뮤니티에서는 사용자가 가입할 때 엄격한 사전심사를 받을 필요가 없으며 가입조건은 거의 없다. 그러나 가입 후에 커뮤니티의 목적에 맞는 진지한 활동(커뮤니케이션)이 요구된다. 이 모델에서는 비즈니스와 결합하는 커뮤니티의 가치는 산출물 그 자체이다.

〈그림〉 지원형 모델 - 노니 제품 방송

④ 지원형 모델

지원형 모델은 실제사회에서 실제로 존재하는데 근거하고 커뮤니케이션의 결과를 목적으로 하는 커뮤니티이다. 여기서 커뮤니티는 실제 존재하는 실사회의 보완적인 역할을 담당한다. 그리고 커뮤니케이션의 결과에 따라 커뮤니티 주변에 존재하는 실제 비즈니스에 수익을 가져다주는 모델이다. 이를 “지원형 커뮤니티”라고 부른다. 예를 들어 각종 공중파 및 종편 건강관련 프로그램에서 거론된 건강식품 노니가 많은 화제가 되어 거래가 활발해진 경우가 있다. 이 경우 커뮤니티의 생산자와 소비자가 보다 깊은 커뮤니케이션으로 쌍방의 신뢰를 구축해 간다. 그 결과는 생산자에 의해 제공된 제품의 품질을 보증하게 되어 이것이 실제 사회의 비즈니스(여기서는 제품의 판매라는 비즈니스)에 의해 큰 가치를 가져다준다. 여기서 말하는 큰 가치란 반드시 높은 가격을 의미하는 것은 아니며 생산자와 소비자 사이의 신뢰관계에 의한 브랜드 가치를 산출하는 것을 말한다.

최근 부상하고 있는 소셜미디어에 대한 세간의 관심은 폭발적이다. 향후 어디까지 소셜미디어가 발전해 나갈 것인가에 대해서 많은 관심을 갖고 있다. 그러나 앞으로는 소셜미디어의 변화의 속도에서 시선을 옮겨, 비즈니스적 가치와 가능성에 대한 부분에 관심을 두어야 할 것으로 생각된다. 관계의 확장만으로는 곧 한계가 올 것이며, 이를 위한 기업의 접근법으로 커뮤니티의 모니터링과 소셜커뮤니티의 제공에 대한 측면으로 시선을 옮겨야 할 것이다. 이러한 소셜커뮤니티의 핵심적 목적과 욕구에 중심을 둔 소셜커뮤니티 사업의 전개만이 향후 소셜미디어 시대에 부합하는 마케팅 전략의 수립과 이용자의 만족과 지속적 관계 지속이라는 마케팅 성공을 이끌 수 있을 것이다.

3) 소셜미디어를 통한 고객 관계 맺기 전략

트위터는 2009년에 1,400%의 놀라운 성장을 기록했다. 트위터에 쓰는 게시물 한 개를 트윗(tweet)이라는 단위로 표시하는데, 2007년의 하루 트윗 건수는 5천 건이었으나 2010년에는 하루 5천만 건으로 폭발적으로 늘었다. IT 문화원 원장 김중태는 트위터에서 하는 일은 크게 세 가지로 규정하였다. 가장 중요한 일은 자신이 쓰고 싶은 글을 쓰는 트윗하기다. 다음으로 자신이 관심을 가지는 사람들이 쓴 트윗을 읽는 붙따르기(Following)다. 이렇게 글을 읽고 쓰다가 소셜네트워크가 형성되기 시작하면 차츰 사람들과 함께 답글을 달면서 관계를 확장해 나가기 시작한다. 쓰고, 읽고, 답글을 다는 세 가지가 사실상 트위터 활동의 대부분을 차지하는 것이다. 처음 시작할 때는 자신을 알아주는 사람이 없기 때문에 자신이 따르는 이(팔로잉) 숫자가 자신을 따르는 이(팔로어)보다 많기 마련이다. 그러나 점차 정보성 있는 사람으로 소문이 나면 자신을 따르는 이가 늘기 마련이다. 기본적으로 트위터의 관계는 느슨한 관계다. 양자가 서로 1촌을 맺는 형태가 아니라 한 쪽이 일방적으로 상대방의 글을 구독하는 형태이기 때문이다. 이 때문에 서로 부담이 덜하다. 만약 자신이 호기심을 느껴 구독하던 사람이 마음에 안 든다면 언제든지 언팔로우(unfollow) 기능으로 구독 명단에서 빼면 된다. 또한 블록(block)이라는 기능이 있는데 이는 내 글을 보지 않았으면 하는 사람이 나를 구독할 때 내 글을 구독하지 못 하도록 하는 기능이다.

〈그림〉 트위터에서의 붙따르기(Following)

이러한 소셜미디어 공간에서 자발적인 관계 형성에 관한 사례로 최근 '방탄 현상'이라는 말이 나올 정도의 사회문화적 영향력을 지닌 방탄소년단(BTS)를 들 수 있다. 방탄소년단은 2018년 기준 전 세계 트위터 언급량 1위를 차지하였다. 트위터를 통해 자신이 좋아하는 연예인의 소식을 가장 빠르게 전해들을 수 있으며 이들과 상호작용을 통해 유대관계를 이어가는 장점을 지니고 있기 때문이다. 이러한 장점을 지닌 트위터를 통해 팬들은 자신이 추정하는 연예인과 관계를 맺고 있다고 생각하게 되고 이를 통해 연예인을 따르는 팔로어들이 확산되어가는 것이다. 트위터는 대화형 플랫폼을 넘어 공론의 장의 역할을 수행하게 되었다. 이를 통해 방탄소년단은 적극적인 커뮤니케이션을 하여 전 세계적으로 영향력을 행사한 사례라고 볼 수 있다.

〈그림〉 방탄소년단(BTS) 트위터 영향력

이러한 트위터의 특성은 소셜미디어 공간 안에서 자발적이고 자연적인 관계의 형성 유지 발전이 가능하여 현실세계의 모든 시간적 공간적 제약을 뛰어넘는 자신만의 관계 네트워크를 형성할 수 있다는 장점을 가지고 있다. 이러한 장점에 힘입어 트위터와 페이스북으로 대변되는 소셜미디어의 이용자는 급격하게 증가하고 있고, 자신이 구축한 네트워크에서 세상에 대한 정보를 얻고 자신의 문제의 솔루션을 제공하는 공간으로서 트위터를 이용하고 있다.

이러한 자율적이고 개방적인 소셜미디어는 개인마케팅이 필요한 연예인, 스포츠스타, 정치인에서부터 고객관리와 홍보를 목적으로 하는 기업 그리고 취재와 보도를 하는 언론인까지 사회 전반의 다양한 분야에서 트위터 이용이 확산되고 있다. 정보화 사회가 도래하면서 사람들은 더욱 간편하고, 빠른 서비스를 찾는 경향이 강해졌고, 또한 그러한 서비스로 이동하는 기회비용 또한 크게 줄어들었다. 정부차원에서도 트위터를 활용하여 전자정부시스템의 공지사항이나 민원서비스 처리 결과 등을 실시간으로 전달하여 변화하는 국민들의 매체 이용환경에 빠르게 대응한다면 기존의 전자정부서비스의 이용률도 더욱 높일 수 있을 것으로 기대한다.

〈그림〉 파워블로그와 메타블로그 - 현재는 폐지된 네이버의
'파워블로그' 제도와 국내 등록 가능한 메타블로그들

그렇다면 이러한 소셜미디어를 영리 비영리 마케팅에 맞게 이용할 수 있을까? 소셜미디어는 피라미드 구조의 지인네트워크를 통해 정보를 빠르고 쉽게 전달할 수 있고, 관심과 친분을 기반으로 신뢰를 형성할 수 있다는 특징이 있다. 최근에 많은 기업들이 소셜미디어를 이용하여 능동적 소비문화와 쌍방향 의사소통을 추구하는 고객을 대상으로 다양한 마케팅활동을 수행하고 있다. 소셜미디어를 이용한 마케팅 방법 중 하나가 파워블로그와 메타블로그를 이용하여 제품에 대한 온라인 입소문을 확산시키고, 제품을 판매하는 것이다. 파워블로그는 블로그 사회에서 인지도가 높고 브랜드가 구축되어 있으며 활발한 활동을 하고 방문자수가 많은 블로그를 의미한다. 메타블로그는 블로그들의 집합체이며, 특징이나 방향성에 따라 블로그 포털 또는 블로그 허브로 나뉜다. 대다수의 블로거들은 파워블로그와 메타블로그에서 일상적인 대화와 더불어 제품이용후기, 제품추천, 제품평가 등의 경험정보를 서로 공유하며, 자신의 블로그와 이웃 블로그에 전파하기도 한다. 이와 같이 파워블로그 및 메타블로그 이용자들은 정보공유와 대화를 기반으로 관계를 정립하고, 관계를 기반으로 한 신뢰를 바탕으로 제품콘텐츠를 공유하고 확산하고 있는 것이다. 이에 비추어 볼 때 파워블로그와 메타블로그에 대한 이용자들의 신뢰는 바이럴마케팅에서 매우 중요한 역할을 하고 있는 것이다(김유정, 김혜영, 2010).

그렇다면 파워블로그와 메타블로그가 어떻게 이용자들로부터 신뢰를 얻을 수 있는가? 파워블로그와 메타블로그는 관계와 신뢰를 기반으로 하는 소셜미디어이기 때문에 이용자들은 파워블로그와 메타블로그에서 사회적 교환 관계나 사회적 인간관계가 정당하게 이루진다고 지각할 경우 이들 블로그를 신뢰하게 될 것이다. 사회적 교환 및 인간관계에서의 정의가 신뢰와 관련된 불확실성을 제거하고 불확실성으로 인해 발생될 수 있는 불안과 불편함을 약화시키기 때문이다(Van den Bos and Lind, 2002).

현재 국내의 유수의 기업들의 소셜미디어 사회에 대비하여 마이크로 블로그 등을 운영하며 대응을 하고 있다. 기업 마케팅에서 소셜미디어의 궁극적인 목적은 소비자와의 직접적인 커뮤니케이션을 통하여 해당 기업에 대한 우호적 평판의 확보와 관계를 확립 유지함으로서 직접적 마케팅의 수행을 목적으로 하고 있다. 그러나 현실을 살펴보면 대부분의 기업의 경우 팔로어를 확보하는 데에 어려움을 겪고 있으며, 팔로어를 확보하더라도 매우 낮은 팔로잉으로 그 활동이 매우 저조하며, 사실상 고객과의 소통과 관계 구축에 실패하고 있는 것을 확인할 수 있다. 그 예로 국내 Olleh KT의 경우 고객들이 기대하는 기업 트위터를 이해하지 못해 소통의 실패를 초래하였으며, 이를 개선하기 위한 방안으로 위키를 도입하였으나. 목적이 변질되어 확산에 실패한 사례라고 볼 수 있다.

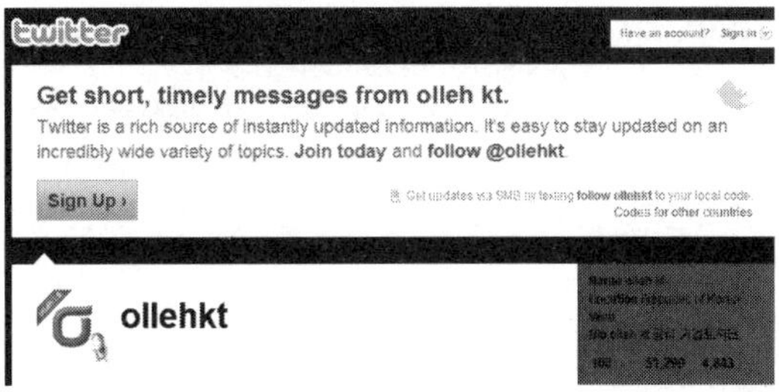

〈그림〉 올레 kt의 트위터 내 커뮤니케이션 활동

이는 기본적으로 소셜미디어의 확산에 특성(참여, 공개, 대화, 커뮤니티, 연결)들에 대한 이해의 부족으로 소셜미디어를 통해 이루고자 하는 목표의 부재에 의한 경우와 혹은 이해는 하고 있어도 이를 위한 기업의 목적을 수행하기 위한 역량이 부족한 것으로 볼 수 있다. 예를 들면 기업에 대한 관심이 많은 고객 팔로어가 기업에 대한 제안이나 궁금증들을 했을 경우 이들에 대한 응답의 시간이 즉시적이지 않을 경우, 고객의 RT율(retweet)이 일어나지 않을 가능성이 높으며 이는 기업의 고객에 대한 무관심 몰이해로 해석되어 부정적인 메시지가 개별 고객 팔로어에서 그와 관계된 다른 여러 네크워크로 퍼져나가서 부정적 기업인식이 확산되는 경우가 일어날 수 있다. 이는 그간 국내외의 많은 기업의 사례를 통해 확인 할 수 있었다.

소셜미디어를 통한 마케팅에 있어서 소셜스트림에 대한 이해와 정보의 타임라인에 대한 기업의 이해가 있어야 한다는 것을 증명하는 사례로 소셜네트워크상의 팔로어들의 대화들은 관계의 접근이면서 동시에 정보의 접근통로로 기업의 기존 조직 수준에서의 폐쇄적 의사결정을 통한 답변에 의존한다면 그 관계망은 손상되어 폐쇄되거나 혹은 오염되어 다른 네트워크 단위로 퍼져 나갈 수 있다는 점을 명심해야 한다. 기업의 개방적인 수준의 정보 공유와 조직내부의 정보 공개와 답변에 대한 실무자 차원의 가이드라인이 형성되어 있지 않는다면, 소셜미디어를 통한 기업 활동은 다소 미루는 것이 현명할 것이다. 고객들은 기업과의 유기적인 관계를 원하며, 공개를 원한다. 제한적인 정보의 공개, 신속하지 못한 대응, 고압적인 응대 태도에 따라 고객 불편 행동을 네트워크상에 펼칠 가능성이 급격하게 높아진다. 따라서 향후 소셜미디어를 통한 기업 활동의 전개에 있어서 선행되어야하는 것은 내부 커뮤니케이션망의 정비와 구성원들의 가치의 실현이 일어나야 한다. 이는 향후 소셜미디어를 통한 기업 활동에 있어 가장 중요한 선행 구축 사항이 되어야 한다.

〈그림〉 SKT의 트위터 내 커뮤니케이션 활동

소셜미디어를 통한 기업 활동에 있어서 가장 고민이 될 수 있는 사항은 어떻게 하면 소셜미디어 상의 팔로어들과 소통 네트워크를 형성하여 확보할 수 있을지에 관한 방안을 구축하는 것이다. 또한 우리의 고객이 어떠한 니즈를 가지고 있는가? 일 것이다. 이를 실현하기 위한 방법에 대해서 접근해보면, 과거 전통적인 형태의 매스미디어를 통해 고객의 관계 맺기를 유도하고 프로모션을 실행하는 방식은 더 이상 해결책이 되지 못한다는 것을 알게 된다.

기업이 소셜미디어의 매체적 강점을 극대화한 방식의 고객 관계 맺기를 하기 위해서는 사고의 전환이 필요하다. 그 사례로 글로벌 스포츠 브랜드 뉴발란스(New Balance)의 라이프스타일 인플루언서를 활용한 마케팅 전략이 많은 시사점을 제공한다고 볼 수 있다.

〈그림〉 뉴발란스(New Balance)와 인플루언서 커뮤니케이션 활동

뉴발란스우먼스 코리아(New Balance)는 인스타그램을 이용한 소셜미디어의 특성을 이해한 관계 맺기 전략을 구사하였다. 뉴발란스우먼스 코리아는 쉐보레와 콜라보 이벤트를 진행하였는데 SNS에서 활발하게 활동하는 20명의 라이프스타일 인플루언서를 선발하여 한달 간 뉴발란스 강남 플래그쉽 스토어에 위치한 뉴발란스 우먼스 스튜디오에서 스포츠 수강 및 스파크 시승 기회를 제공하였다. 이벤트 기간 중 스파크와 함께하는 라이프스타일을 인스타그램에 올리는 미션을 통해 상품을 증정하였다. 이를 통해 자유롭고 개성있는 라이프스타일을 추구하는 젊은 고객층의 니즈를 충족시키고 쉐보레의 신제품 스파크 마이핏을 홍보할 수 있었다.

이는 현재 이슈가 되고 있는 인플루언서 마케팅과 인스타그램의 운영을 연계하여 알림으로서 인플루언서를 팔로우하고 있던 많은 사람들을 자연스럽게 쉐보레 및 뉴발란스 우먼스 코리아 인스타그램과 관계 맺도록 한 방법이다.

〈그림〉 스파크마이핏 챌린지 인스타그램

이것은 인플루언서가 보유하고 있는 네트워크 자원을 협력이라는 방식을 통해 네트워크 자원을 대여하는 방식을 취한 것이다. 물론 여기서 이 네트워크는 라이프스타일 인플루언서나 뉴발란스(New Balance)에 관심 있는 네트워크 집단이라는 판단하게 진행되었다. 결과적으로 단기간에 많은 사람들이 팔로어를 맺으면서 한 달 동안 높은 효과를 얻을 수 있었다.

라이프스타일 인플루언서라는 소셜미디어의 아이콘으로 관계를 맺고 관계를 맺은 팔로어들만을 가지고 일상적인 기업 활동 이벤트 등을 갖는 것에 그친다면, 이 네트워크는 자생력을 잃고 팔로어들은 이탈하게 된다. 이는 소셜미디어의 마케팅효과를 홍보 수단 이상으로는 기대하기 힘들며, 다시 기업에 대한 부정적 인식으로 일회성, 혹은 관계 맺기의 거절이 발생하게 된다. 여기서 중요한 것은 단순히 팔로어들을 확보한 것에서 그치는 것이 아니라 인플루언서를 매개로한 많은 소셜미디어 상의 팔로어들에게 쉐보레 및 뉴발란스(New Balance)가 함께 활동하고 사회적 활동, 고객지향적 메시지들 그리고 직접적인 참여를 하도록 해야 한다는 것이다. 이를 통해 기업이 운영하는 소셜미디어가 아니라 기업의 인스타그램이라는 장을 가진 커뮤니티 집단화를 해야 한다는 것이다.

이를 위해서는 분단위의 업데이트와 대화를 통해 장기적이고 몰입적이며, 주기적인 활동들이 뒷받침 되어야 한다. 따라서 인플루언서와의 장기적인 관계와 협력관계를 유지하고 이를 매개로한 진실된 관계의 협력 집단들을 확산시키는 활동에 주안점이 가져야 한다는 것이다.

또 하나의 가치로는 소셜미디어를 통해 조성된 집단의 특성화의 용이함이라고 볼 수 있다. 소셜미디어는 자유롭게 관계 맺기가 가능하므로, 쉽게 자신의 관심사와 자신의 필요로 관계가 형성된다. 따라서 많은 사람들이 관계를 맺고 있는 소셜미디어상의 스타는 곧 관계를 맺고 있는 집단의 수요에 대한 아이콘이라고 볼 수 있다. 그러므로 소셜미디어상의 유명인과의 협력을 통한 관계의 공유는 기업입장에서는 손쉽게 기업의 시장과의 접속을 마케팅활동의 기회를 확보할 수 있다는 것이다. 이를 통해 마케터는 브랜드 인지와 매출의 측면의 강점을 누릴 수 있으며, 협력을 통한 연계활동을 통해 기업에 대한 신뢰와 지속적 관계를 동시적이고 상호적으로 추구해 나갈 수 있다는 것이다. 이 사례는 적은 비용으로 어떻게 하면 소셜미디어의 스타와 기업이 윈-윈 할 수 있는가를 보여준 방법으로 볼 수 있다.

따라서 앞으로 기업의 규모와 기업의 업종, 사업영역에 따라 소셜미디어상에 자연적으로 구축된 관계 인프라망을 기업이 어떻게 활용해야 하는가에 대해서 하나의 좋은 가능성을 제공했다는 점에서 시사점을 가진다.

4) 소셜미디어 활용을 통한 사회공헌 브랜딩 전략과 사례

세계적으로 기업의 사회공헌활동은 증가세를 띠고 있다. 이는 사회의 의식성장에 따른 것으로 소비자들의 변화에 따라 기업의 경영 패러다임도 변화하게 된 것이다. 과거 소비자와 고객, 협력업체들이 공존하는 사회를 기업이 이익 극대화를 위한 수단적 존재로 인식하던 시대는 지나갔으며, 생존기반인 지역사회를 풍요롭게 발전할 수 있도록 서비스를 개발하고 봉사정신을 발휘하는 것이 번영에 이르는 길이라는 데에는 이견이 없다. 이를 위해 국내외를 막론하고 많은 기업들이 자체적으로, 혹은 기업재단의 설립을 통하여 다양한 사회활동에 나서고 있는 것도 이런 이유에서다. 기업 활동을 영위하는 사회에서 소비자의 신뢰를 얻느냐는 대단히 중요한 문제이다.

그러나 사회공헌활동의 광범위성과 모호함으로 인해 사회적 책임과 사회공헌활동에 대한 많은 노력을 기울이면서도 일반시민들로부터 그에 상응하는 평가를 받지 못하고 있는 것이 현실이다. 대중들은 기업들이 펼치고 있는 사회공헌 활동에 대해 만족하지 못하며, 기업의 사회봉사와 이윤환원이 지금보다 더 확대되어야 한다는 인식을 가지고 있다.

이런 현상은 기업들이 다양하고 지속적인 사회공헌활동을 수행하고 있는 것에 비해, 일반 공중들과의 체계적인 커뮤니케이션 수행에 있어서 공중들과의 커뮤니케이션 채널에 대한 접근이 실패하고 있음을 보여주는 것이며, 결국 이러한 사회공헌 활동을 통해 기업의 이미지를 각인, 구체화 실패하였고 사회적 기업으로서의 브랜드화에 실패하였다.

많은 연구자들이 문헌을 통해서 사회공헌 브랜딩활동에 대한 문제점 중 가장 큰 부분으로 사회공헌 활동의 단순한 고지(告知)의 형태를 지적하고 있다. 이는 사회공헌활동에 있어서 미디어를 통한 공중 커뮤니케이션 방식에 대한 한계점을 지적하는 것으로서, 공중 커뮤니케이션에서 중요한 것은 정보의 제공보다는 상호작용에 있는 것이다. 이는 공중 커뮤니케이션의 목적이 호의적 태도형성의 성과를 위해 달리기 보다는 호의적 관계를 만들고 이들을 확장하는 것에 핵심을 두어야 한다.

이러한 측면에서 최근 부각되고 있는 소셜미디어(Social media)의 등장은 사회공헌 기업 브랜딩에 있어서 시사점을 제공해 준다. 과거 대중매체 패러다임에서 사회공헌 활동이 미디어의 중재적 기능에 의존했다면 소셜미디어의 패러다임에서는 공중과의 직접적인 관계설정 방식으로 바뀌는 것을 요구한다.

소셜미디어의 특성은 참여, 공개, 대화, 커뮤니티, 연결의 크게 다섯 가지를 들 수 있다. 소셜미디어는 관심 있는 모든 사람들의 기여와 피드백을 촉진하여 직접 참여하게 함으로써 미디어와 수용자의 개념을 불명확하게 한다. 이는 누구나 소셜미디어에 참여할 수 있도록 공개되어 있으며, 투표, 피드백, 코멘트, 정보 공유를 촉진함으로써 콘텐츠 접근과 사용에 대한 장벽이 거의 없다는 것을 의미한다. 또한 전통적인 미디어가 콘텐츠를 일방적으로 수용자들에게 전달하는 반면, 소셜미디어는 쌍방향적인 커뮤니케이션이 이루어진다는 특징이 있다. 그리고 소셜미디어는 빠르게 커뮤니티를 구성하고 커뮤니티에서 공통의 관심사에 대해 이야기하도록 한다. 마지막으로 대부분의 소셜미디어는 다양한 미디어의 조합이나 링크를 통한 연결을 특징으로 한다는 것이다.

트위터나, 페이스북 등의 소셜네트워크 사이트가 그 전형으로 자신의 온라인 공간에 프로파일을 작성하고 다른 이용자들과의 연계를 통해 콘텐츠를 공유하거나 커뮤니케이션을 하는 대표적인 소셜미디어이다. 소셜네트워크 사이트는 온라인상에서 공통의 관심사를 가진 사람들 간의 관계형성을 지원하고, 이렇게 형성된 지인 관계를 바탕으로 인맥 관리, 정보 및 콘텐츠 공유 등 다양한 활동을 할 수 있도록 지원하는 서비스를 의미한다. 공통의 관심사를 지닌 사용자들이 특정한 공간에 모여 활동하는 온라인 커뮤니티 서비스와는 달리, 소셜네트워크 서비스는 사용자 개개인의 관계가 모여 다른 사용자와 관계를 형성하고, 이러한 사용자들 간의 관계가 축적되어 더 큰 하나의 네트워크를 형성하게 된다.

〈그림〉 소셜네트워크 구현 예시

이처럼 소셜미디어는 다양한 기능을 가지고 있으며, 여러 방식으로 활용됨에 따라 이를 이용한 정치, 경제, 사회, 문화적 전략 구상을 가능하게 해주고 있다. 기업 분야에서는 사회공헌활동에 소셜미디어를 활용하는 사례가 많아졌고, 경제 분야에서는 기업의 마케팅 또는 고객 관리 서비스를 위해 소셜미디어를 활용하고자 하는 노력들이 시도되고 있다. 그중 가장 최근의 적용사례로 평가할 수 있는 현대자동차그룹의 “아이오닉 롱기스트런” 캠페인(https://www.ioniqrun.com)을 소셜미디어의 구현 요소에 따라 단계별로 분석하고 그 가치를 고려해 보기로 한다.

2016 롱기스트런

첫 해, 여러분의 기부 러닝이 모여
환경미화원 분들에게 마스크를 지원하고
어린이집에는 미세먼지 윈도우필터를
설치하였습니다.

2017 롱기스트런

여러분의 기부 러닝이 모여
미세먼지를 막아줄 거대한 숲
'아이오닉 포레스트'가 조성 되었습니다.

2018 롱기스트런

17,000그루의 나무로 더욱 울창한 아이오닉
포레스트를 만들었습니다.

〈그림〉 "아이오닉 롱기스트런" 현대 자동차 그룹 사회공헌 캠페인
(출처: 아이오닉 롱기스트런 공식 홈페이지)

① 전략1: 공감을 이끌기 위한 광고 스토리 구성

광고를 통해 참여자들을 함께 살기 좋은 깨끗한 세상을 만들어 나가자는 취지로 가득 찬 사람들로 나타난다. 미세먼지 속에서 마스크 없이 환경을 깨끗이 하고자 하는 환경미화원 분들, 미세먼지에 창문조차 열지 못하고 어린이집에만 있는 아이들, 쓰레기 매립지로 인해 훼손되는 자연 등을 위해 참여자들은 달리고 있다.

이렇게 미세먼지에 따른 피해를 막기 위해 노력하는 사람들의 모습을 보여주며 우리가 도움을 주자는 이야기를 전개해 나간다. 기존의 사회공헌 광고 캠페인 전략의 경우 이러한 사람들을 기업이 도와주는 것으로 캠페인은 끝이 나게 된다. 그리고 이를 대중매체를 통해 알리는데 주력한다. 그러나 본 캠페인의 경우 사람들의 자발적인 행동으로 스스로 사회에 공헌할 수 있다는 것을 미디어를 통해 도움을 위한 광장으로 이끌어 내면서 캠페인이 시작된다. 흡사 KBS의 '사랑의 리퀘스트'라는 프로그램의 전형을 옮겨온 형태로 볼 수 있다.

② 전략2: 참여를 이끌기 위한 장치 구현

두 번째 사회공헌 전략에서 소셜미디어의 특성이 사용된다. 미디어를 통해 내용을 접한 사람들이 캠페인에 참여할 수 있도록 공간을 제시하고 그 안에서의 역할 부여가 중요하다. 광고를 통해 어플리케이션을 다운받도록 하고 어플리케이션 내 미션을 제시하면서 이 미션이 달성될 경우 기부를 할 수 있다는 제안을 하고 있다.

이는 기업의 일방적 홍보의 공간이 될 수 있는 어플리케이션을 개방성의 참여 공간으로 제공하여 사람들이 참여하도록 유도하고 있다. 여기서 중요한 것은 총 달린 거리를 실시간으로 공지하여 그 결과를 알리면서 사람들을 정보와 독려를 병행해야한다. '사랑의 리퀘스트'라는 기부 프로그램에서 기부를 하게 되면 그 프로그램까지 얼마가 기부되는지 얼마나 넘었으면 하는지 하는 조바심마저 갖으며 그 프로그램을 끝까지 시정하게 되는 경험을 해보았을 것이다. 이와 같은 맥락으로 댓글 기부에 초기 참여자들은 소셜미디어 상에서 미세먼지로 인한 피해를 커뮤니티로 옮기고 자신과 관계 된 사람들에게 입소문의 주체로서 활발하게 움직일 가능성이 높다.

③ 전략3: 대화를 통한 참여자와 기업의 연결

세 번째 사회공헌 공간의 연결의 지속성과 유지이다. 단순한 달린 거리와 기부액을 보여주는 운영이 아니라 RSS, 트위터, 페이스북, 유튜브 등의 운영을 통해서 참여 방문자들과의 지속적인 커뮤니케이션이 이루어지도록 한다. 이는 소셜미디어 내에서 참여자와 기부 현황 및 기부대상들의 정보를 지속적으로 공유하는 형태로 소셜네트워크에서 확산할 수 있는 원동력을 제공한다. 이는 일종의 협업모델로서 기부활동이 잘 수행될 수 있는 정보 생산자의 역할을 기업이 수행한다면, 댓글 참여자들이 이를 네트워크상에 구전 할 수 있는 형태로 자리 잡게 되며, 일종의 기업 내부자의 성격을 지니게 된다.

④ 전략4: 공개를 통한 목적달성의 공유

네 번째, 사회공헌 활동에 대한 결과 공개와 공유이다. 지금까지 어플리케이션과 소셜미디어를 통해 형성한 것은 사회공헌활동에 대한 가치 공유 및 활동 집단의 형성 작업이라고 볼 수 있다. 이들에게 자신들의 활동의 성과로 인해서 사람들을 돕게 되었다는 내용을 알리고 이들이 지속적으로 공헌대상과 관계할 수 있는 통로를 제공하여야 한다. 이는 소셜미디어의 콘텐츠 향유 내용의 확장으로 일어나는데 참여의 범위를 넓힐 경우 기업이 아닌 기부참여자들이 자신들이 도움의 대상자들을 제안하고 사회공헌과 관련된 콘텐츠를 생산, 공유하는 차원으로 발전될 수 있다. 이를 통해 참여집단의 경험의 공고화를 이끌게 되고 기업 친화 집단으로서의 기업의 사회공헌활동에 대한 지속적 관계가 이끌어 질 수 있을 것이다.

〈그림〉 현대자동차그룹 아이오닉 롱기스트런 어플리케이션

이러한 과정은 아래의 그림과 같이 정리 할 수 있는데 소셜미디어의 특성인 참여, 공개, 대화, 커뮤니티, 연결이라는 요소를 통해 기존의 사회공헌 브랜드 구축활동에 있어서 기존의 사회공헌 활동이 가지고 있는 한계점들을 극복 할 수 있다.

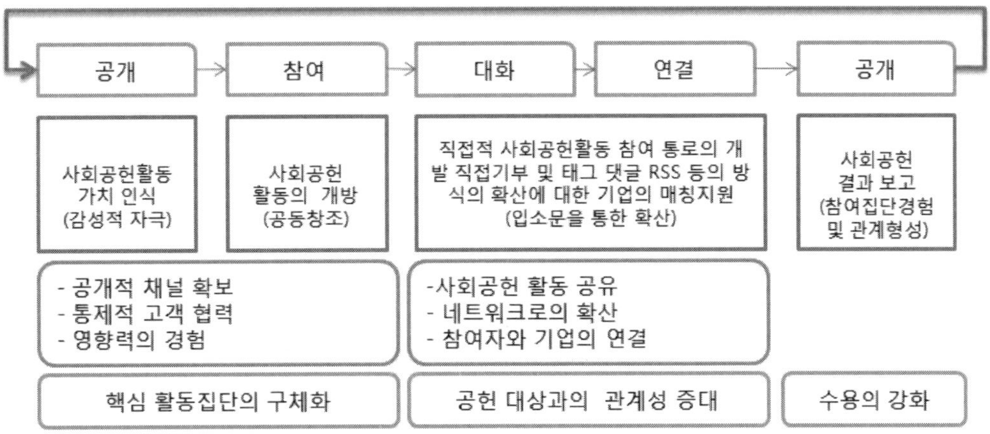

〈그림〉 소셜미디어를 통한 사회공헌 브랜딩 전략 전개 모델

이러한 사회공헌 활동을 통해 형성된 직접 참여자들 혹은 관련 커뮤니티 이용자들 간의 관계성은 지속성을 지닐 가능성이 매우 높다. 그러므로 이러한 지속성을 기반으로 이미 구축된 소셜네트워크 연계망이 그 기능을 계속 수행할 가능성이 높아지며, 이러한 네트워크상의 집단의 지속될 경우 기업의 사회공헌 활동에 대한 인지적, 우호적 참여적 집단이 구체화 될 수 있다는 점을 가지고 있다. 따라서 사회공헌 브랜드로서의 현대 자동차그룹의 자산

확보에 고무적인 역할을 수행할 것이다.

또한 기존 사회공헌 브랜딩의 효과성에 대한 의문에 대한 지표로서, 기부활동에 대한 구체적인 활동과 커뮤니케이션 활동인 RSS, followers, 리트윗, 유튜브의 hit, UCC, 소셜네트워크 확산 경로 추적, 커뮤니티의 활동 등 구체적인 데이터를 확보 할 수 있다는 측면에서 전략적인 운영이 가능하다는 점에서 사회공헌 브랜드에 대한 구체적 성과 지점을 가져다준다는 것이다.

사회공헌을 통한 기업 브랜딩은 결국 사람과의 소통을 통해 만들어진다. 사람들의 소통의 공간과 관계를 이끌어가는 것은 기업이 의지를 가지고 만들어가는 것이다. 이를 위해서 기업은 블로그, 브랜드 커뮤니티 등 쌍방향 커뮤니케이션 채널의 운영에 있어서 고객들에게 호의적인 참여와 경험을 제공할 수 있어야 한다. 고객이 느끼는 호의적인 경험은 브랜드와 고객이 교감을 형성하는 데 도움이 된다. 기업은 마이크로미디어를 효과적으로 활용하여 소비자들과의 '공동창조(Cocreation)' 활동을 수행할 필요가 있다. 마이크로미디어를 통한 집단지성의 활용 블로그 등 마이크로미디어의 확산으로 입소문의 위력은 더욱 즉각적이고 폭발적으로 강화시킬 수 있을 것이다. 또한 기업은 자사 이미지에 부합하면서 목표 고객들에 영향력을 행사할 수 있는 네트워크 허브를 발굴하고, 직 · 간접적인 방식으로 이들과의 연계를 강화해야 할 것이다.

3 소비자 패스워드 페르소나의 이해

최근 고가의 명품을 구매해 소개하는 '명품 하울' 영상이 인기를 끌고 있다. 하울(haul)이란 끌다하는 의미로 매장에서 구매한 제품을 개봉하는 과정을 보여주는 영상을 의미한다. 초기 전자기기의 개봉기에서 시작된 하울은 화장품을 거쳐, 최근 명품 제품을 구매해 소개하는 것으로까지 확대됐다. 또한 해외의 경우 명품 하울이 하나의 영상 콘텐츠로 정착했다. 유튜브에서 '럭셔리 하울' 관련 영상은 120만여 개가 검색된다. 국내에선 최근 몇 달 사이 주목을 받고 있다. 이러한 영상은 소비자의 대리만족을 충족시켜주는 것으로 명품을 쉽게 다량으로 구매할 수 없는 젊은 소비자를 대상으로 명품을 쉽게 접해볼 수 있는 기회를 제공하는 것이다. 이를 통해 젊은 세대는 만족감을 느끼고 콘텐츠를 통해 마치 자신이 명품을 구매하는 듯 한 욕구를 충족시키는 경험을 하는 것이다. 즉, 현대인들에게 있어서 이러한 콘텐츠는 욕구를 소비하는 해소제의 역할을 이루고 있는 것이다.

〈그림〉 명품 하울 사례

앞서 살펴본 사례는 하나의 커뮤니티 공간으로 인간관계를 모바일을 통한 대인관계로 구현한 것이라고 할 수 있다. 소셜네트워크의 특징은 참여, 공개, 대화, 커뮤니티, 연결로 자신의 생각과 이를 상대방에게 표현하며 의사소통을 하거나 상호교류를 하는 것이다. 즉, 웹을 기반으로 제공되는 온라인 인맥구축 서비스이다. 인간과 인간, 인간과 커뮤니티, 커뮤니티와 커뮤니티 간 다양한 네트워크가 동시다발적으로 형성되는 동시에 해체되고 있다.

이러한 행위는 오프라인에서 이루어지는 행위의 연장선일수도 있지만 온라인 안에서의 익명성을 통해 소비자가 원하는 방향으로 인상이 형성되는 새로운 사회적 관계이기도 하다. 또한 초기에는 그들이 이미 유대관계를 가지고 있는 사람들과 커뮤니케이션 및 유대를 강화시킬 목적으로 이용되었으나 지금은 더 많은 이야기와 구체적인 목적을 확립하기 위해 커뮤니티를 형성하고 있다. 즉, 커뮤니티는 소비자들이 특정한 공통의 목표를 위해 소통하고 참여하는 콘텐츠를 만들 수 있는 공간을 제공하면서 단순히 커뮤니케이션 통로를 넘어서는 역할을 한다. 오프라인에서 증명되는 실재적 정보를 일부 노출한다는 것을 원칙으로 하지만 온라인 속에서 가상의 페르소나를 통해 자신을 드러내는 디지털 커뮤니케이션은 차이가 있다. 예를 들어 대표적인 소셜네트워크인 페이스북의 경우 사용자의 이름, 성별, 거주지 등 최소한의 실재 정보가 차별적으로 제공된다는 점에서는 오프라인의 커뮤니케이션과 유사한 면이 있으나, 이를 통해 오프라인과 변별되는 새로운 관계를 형성할 수 있다는 점에서 차별적이다. 경우에 따라서 자신의 라이프스타일에 따른 키워드끼리 자동적으로 연동을 통해 새로운 관계가 형성되기도 한다. 이러한 커뮤니티 속에서 소비자의 자아 정체성은 상황에 따라 달라지기도 하며 사회적 교류가 이루어지도록 인상관리를 염두해 두고 자기표현을 한다.

자아 정체성을 의미하는 페르소나란 사전적 의미로는 사회 역할이나 배우에 의해 연기되는 등장인물로 페르소나는 개인이 사회에 대한 이해를 바탕으로 사회에서 가정하는 자신의 역할을 의미한다. 소셜네트워크는 내가 커뮤니티의 주인공이 되어 가상 사회의 다양한 사람들과 나의 생각과 감정, 경험을 표현하며 연결하는 하나의 놀이 공간이다. 여기서 한 개인이 가진 다양한 모습의 정체성을 형성하고 자신 주변의 기대에 부응하기 위해 행동을 한다. 이해를 돕기위해 아래 그림을 살펴보면 페르소나(Persona)는 자아가 가상 세계에 적응하기 위해 선택한 행동과 인지라고 볼 수 있다. 여기서 페르소나는 현실 자아와 동일성을 추구할 수도 있고 전혀 다른 방향으로 향할 수도 있다. 새로운 정체성 형성은 자유로운 상상과 일탈 욕망 등의 쾌락을 느끼는 것이 가능한다. 두 번째, 플레이어(Player)는 가상 세계의 페르소나를 제어하는 자아이다. 플레이어는 현실과 닮은 듯, 다른 가상 세계의 문화를 학습하는 존재로 새로운 환경에 어떠한 행동이 적합한지를 아는 것이다. 가상 세계마다 규칙이 있고 다르기에 플레이어는 이에 근거하여 적합한 행동 선택을 이루는 것이다. 마지막으로 사람(Person)은 가상세계외부의 자아이다. 오프라인 즉 현실 자아로 페르소나를 제어하는 몰입상황에서도 플레이어는 자신의 현실자아와 완벽하게 분리될 수는 없다. 이러한 이중 자아 경험을 통해 사람들은 관계를 형성해 간다.

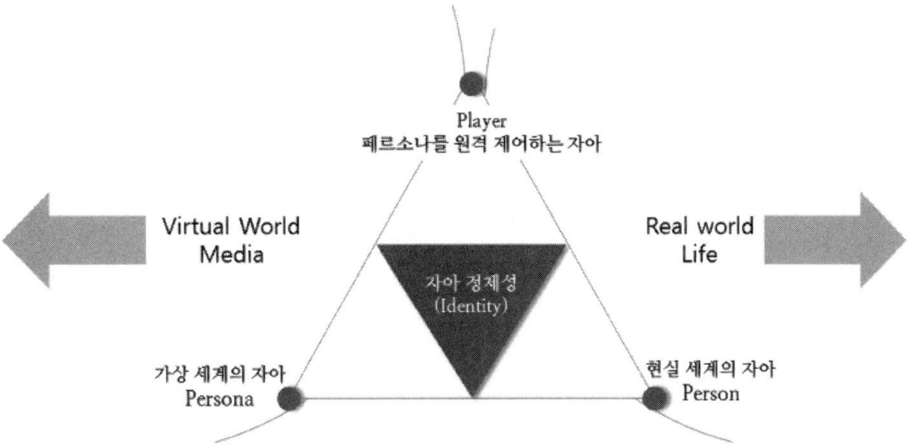

〈그림〉 데니스 와스쿨의 3P 모델

소셜네트워크에서 정체성 놀이의 목적은 단순히 메시지를 전달해가는 데 그치는 것이 아닌 자아를 구축해나가는 과정이라고 할 수 있다. 페이스북이나 인스타그램을 통해 자신이 관심 있어 하는 게시물에 '좋아요'를 누르거나 해시태그를 통해 사람들과 공유하면서 자신만의 자아 정체성을 확립해 나아가는 것이다. 예를 들어 반려견을 좋아하는 현실적 자아가 있다면 반려견을 좋아하는 사람들과 가상 커뮤니티를 형성하고 페이지를 좋아하며 해시태그를 통해 반려견과 관련되어 있는 내용을 받아 볼 것이다. 이러한 가상세계의 활동을 통해 자아를 확립해 가는 것이다.

소셜네트워크 내에서는 페르소나와 같은 의미인 아파타를 살펴볼 수 있다. '아바타는 가상 사회에서 자신의 분신을 의미하는 시각적 이미지'이다. 즉 사이버 공간에서 사용되는 페르소나인 것이다. 이러한 아바타는 인간의 내면 욕구 분출의 욕망은 중세 가면무도회에서 현재 아바타까지 변화를 통해 계속 발전하고 변모하고 있다. 특히 젊은 인터넷 유저들을 오프라인 실물 세상에서 전해지지 않는 감정을 바로 사이버 세상에서 표현한다. 그 표현의 장이 바로 커뮤니티라는 이름의 가상공간이다. 아바타와 자기 자신을 동일시하면서 사이버 자신에게도 비싼 아이템을 서슴없이 사고 있고 영화나 연예, 방송들도 아바타와 손을 잡고 있다. 즉, 현실에서는 쉽게 구입하거나 입어볼 수 없는 것들을 가상공간에서 마음껏 누림으로써 대리 만족 효과를 얻는 것이다. 최근 온라인 매체의 역할과 활용도가 높아지며 온라인 또는 다른 가상적인 세계에서 자신을 표현하려는 아바타 페르소나는 지속적으로 이용되어지고 있다. 아바타가 한 사람의 인격을 대표하는 페르소나가 될 수 있다고 생각하며 이들은 아바타를 활용하여 놀이의 문화를 즐기고 있는 것이다.

온라인 아바타의 예로 최근 삼성전자 갤럭시S9에 AR(증강현실)을 활용한 이모티콘을 볼 수 있다. 사용자의 얼굴을 스캔해 애니메이션 비트모지(Bitmoji)를 생성한 후 몇 가지 옵션과 슬라이더를 통한 미세 조정과 성별, 피부색, 헤어스타일, 안경 착용 및 의상까지 변경 가능하다. 또한 사용자들은 신체와 의상을 선택하여 자신을 캐릭터화 시키고 얼굴 특징을 분석하여 자신과 닮은 AR 아바타를 만들고 표정을 따라하는 서비스를 제공함으로써 감정 표현을 하는 '마이 이모지 스티커'로 만들어 문자메시지, 메신저 앱을 통해 공유할 수 있다. 이를 통해 마치 자신의 아바타를 온라인을 통해 생성하여 사람들과 캐릭터를 통해 감정을 공유하는 사례라고 볼 수 있다.

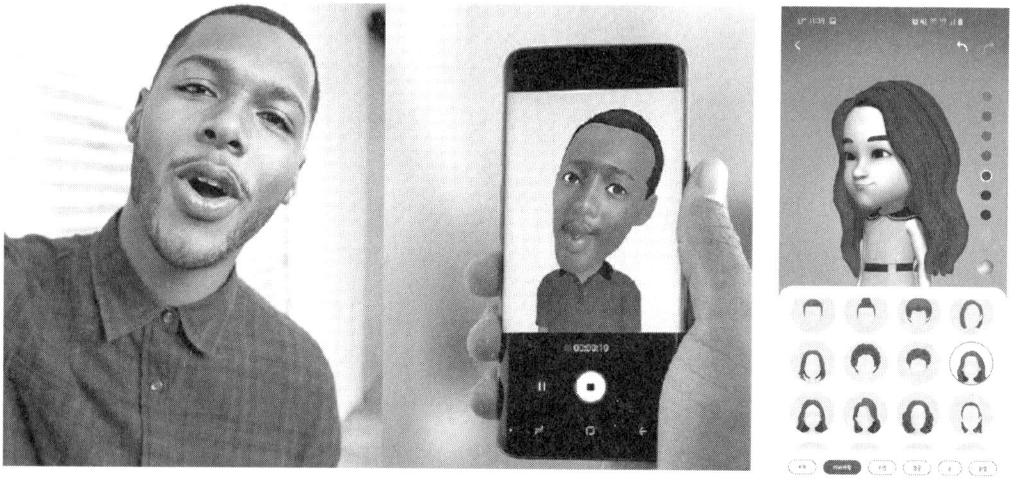

〈그림〉 온라인 아바타 사례
(출처: 삼성전자)

이러한 페르소나는 소셜네트워크를 이용하는 일반인뿐만 아니라 마케팅으로도 활용되고 있다. 페르소나 후보를 설정하여 후보의 니즈를 해결하는 것을 중점으로 마케팅에 활용이 가능한 것이다. 페르소나 마케팅에서 중요한 것은 고객의 경험을 바탕으로 공감에서 시작하는 것이다. 예를 들어 '고객의 기분은 어떠합니까?', '고객은 무엇을 생각하고 있습니까?', 고객은 무엇을 기대합니까?' 등의 질문의 답을 찾다 보면 구매자의 입장이 되어 공감대를 형성하면서 소비자들이 무엇을 겪는 중이고 무엇을 원하는지 이해할 수 있다. 이를 중심으로 새로운 구매자 중심의 접근 방식을 받아들이려면 고객의 실제 모습을 대표하는 종합적인 구매자 페르소나를 개발해야 한다.

캠페인으로 활용된 페르소나 마케팅으로 유니세프의 후원 성공사례를 살펴볼 수 있다. 유니세프는 페이스북에 가상인물을 설정하여 마치 아이가 이야기를 건네는 듯한 말투와 어체를 사용함으로써 감성을 자극한 사례라고 볼 수 있다. 이처럼 마케팅 측면에서는 전략에 맞는 가상 인물을 설정함으로써 소비자들에게 더 친근하게 다가갈 수 있는 것이다. 유니세프는 자신을 나타내는 소셜네트워크의 특징을 적극 이용한 사례라고 볼 수 있다. 사람들은 다른 사람에게 인정받기를 원하며 후원에 참여했다는 것을 나타냄으로써 자기 만족감을 전달한 것이다.

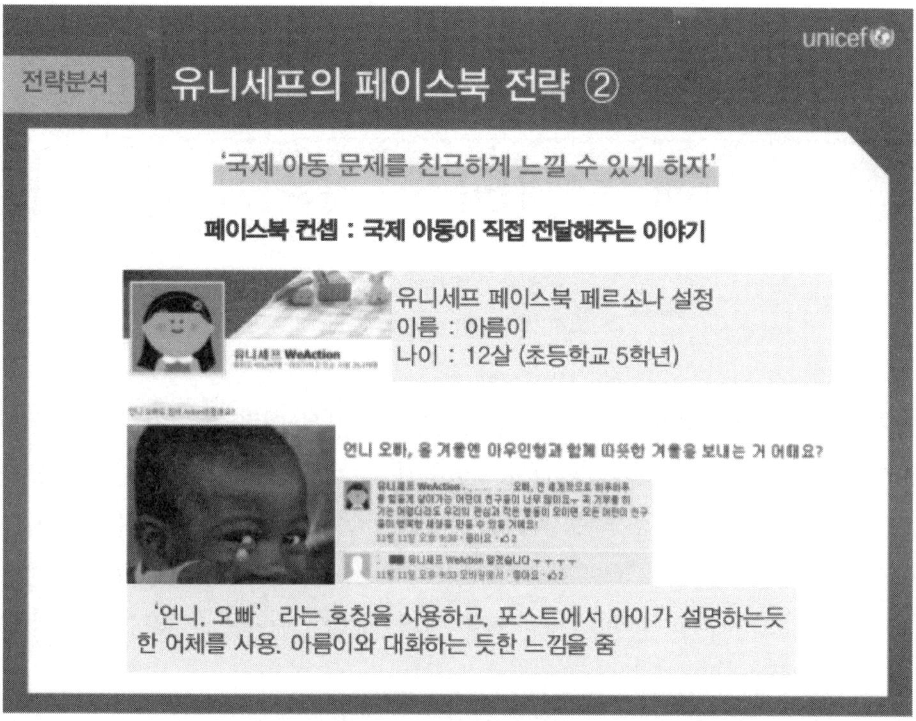

〈그림〉 유니세프 마케팅 전략

다양한 채널 및 미디어를 통해 더 많은 접점이 생겨나며 구매자 여정의 복잡성 때문에 더 나은 고객 경험을 제공하기 위한 방안을 세우고 있다. 최근 소비자 페르소나 및 고객 여정 맵을 이용한 마케팅 트렌드가 각광받고 있다. 소비자 페르소나 마케팅은 사실상 기업의 시장 접근 방식에 일어난 거대한 변화로 볼 수 있다. 또한 페르소나 맵 활용은 사용자, 잠재고객, 고객이 어떤 제품과 서비스를 원하는 지 파악하고 기업과 관계를 맺으며 고객의 평가 및 구매 결정을 돕고 고객의 경험을 발전시킬 수 있다. Paper Style의 사례를 통해 설명을 하자면, 초대장 및 문구류를 판매하는 온라인 유통업체인 Paper Style은 전체 데이터베이스를 대상으로 동시에 동일한 메시지를 보내는 방식을 사용해 왔다. 이 회사는 고객 관계를 강화할 방법을 찾던 중 대행사인 Whereoware와 손잡고 마케팅 육성을 위한 2가지 핵심 페르소나를 발굴했다. 페르소나는 신부와 신부의 친구들이다. 신부 또는 그 친구들이 경험하는 웨딩 이벤트를 따라가면서 그들의 니즈에 부합하는 Paper Style의 상품을 제안하는 일련의 이메일로 구성하였고 결혼을 앞둔 신부 구매자가 거칠 웨딩 "타임라인"을 개발했다. 이메일의 링크 클릭, 특정 웹 페이지 방문, 상품 구매와 같은 구체적인 행동이 일어나면 일련의 타겟팅 이메일이 발송되어 고객과 함께 웨딩 타임라인을 진행하는 캠페인을 하였다.

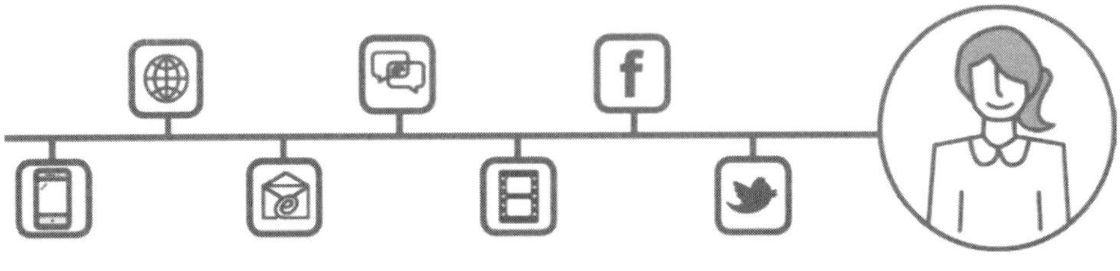

〈그림〉 고객 여정 계획
(출처: IBM Marketing Cloud)

이처럼 페르소나를 설정하였다면 가상 인물을 중심으로 여정 맵을 작성할 수 있다. 더 쉬운 예로 만약 사진촬영 스튜디오를 찾는 고객을 페르소나로 설정 후 고객 여정 맵을 그려본다고 가정해보자. 35세 김소영이라는 페르소나 인물은 딸의 돌사진 촬영을 위해 여러 단계의 서비스를 진행할 것이다. 먼저, 소셜미디어를 활용하여 정보를 탐색할 것이고 그 후 사진작가와 논의를 통해 사진을 제작할 것이다. 이 과정에서 어떤 경험을 주느냐에 따라 가치가 결정된다.

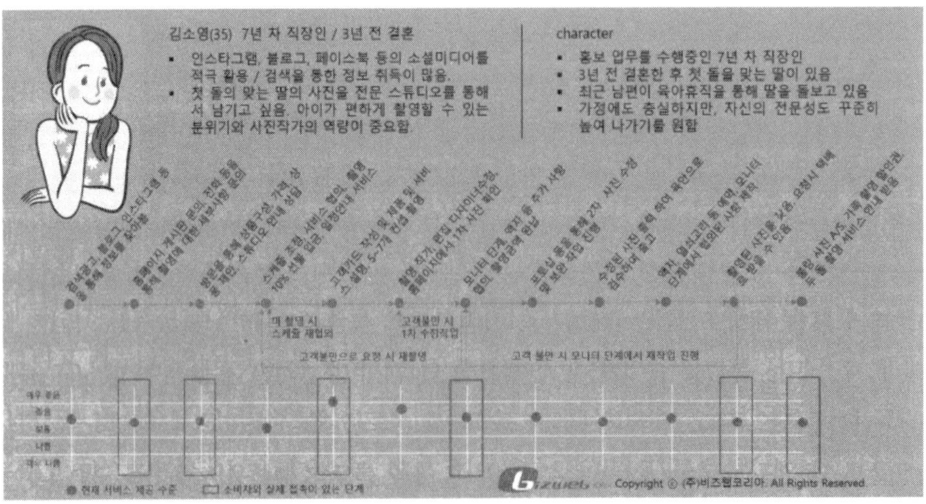

〈그림〉 고객여정 맵 사례
(출처: 비즈웹코리아, 2018)

페르소나에서 고객의 여정 맵은 고객과 잠재 고객이 경험할 단계를 편리하게 시각적으로 표현할 수 있다는 장점을 지니고 있다. 또한 더 우수한 고객 중심의 경험을 실현하고 구매 사이클 단축 및 충성도를 높이는 데 기여하는 마케팅 방안이기도 하다. 즉, 고객이 처음 정보를 탐색하는 단계부터 서비스 제공이 완료되는 순간까지를 그림이나 사진, 도표 등으로 시각화하는 방식이다. 이 과정을 통해서 고객이 서비스를 어떻게 받아들이고 사용하는지를 고객관점에서 파악할 수 있다. 무엇보다 고객의 여정 맵을 통해 새로운 기회나 문제점을 발견할 수 있다. 서비스 경험을 단계별로 깊게 분석하다 보면 경쟁사와 비교가 가능하고, 이를 통해 차별화된 마케팅 방법이 찾아지는 것이다.

이처럼 페르소나는 온라인에서 이상적 자아를 자기표현을 통해 보다 적극적으로 표현하는 것이다. 마케팅 측면에서 특정인물을 만들어 전달함으로써 브랜드에 인간적 특성이나 개성이 입혀지며 소비자가 브랜드를 마치 인격체를 대하듯 하게 되는 것이다. 오늘날 고객들은 단순히 제품을 알리거나 불만을 제기하는 데만 그치지 않는다. 인간관계를 맺듯 브랜드와도 상호작용을 한다. 이러한 측면에서 새로운 재미를 주면서 소비자들이 즐길 수 있는 '거리'와 '공간'을 마련해주는 것이다. 그 바탕에는 자사만의 독특한 색깔이 담긴 브랜드 페르소나가 깔려 있어야 한다.

4 소비자들이 원하는 디지털 경험은 그들을 다시 어떻게 진화시키는가

1) 디지털 시대의 고객 커뮤니케이션 이해

기술의 발전과 다양한 디지털 매체의 등장과 발달에 따라 기존의 사회적 관계에 변화가 일어나고 있다. 디지털 네트워크를 통해 문화를 만드는 따로 또 같이 현상이 나타나면서 인터넷을 이용한 사회관계의 재생산과 변형이 두드러지고 있는 것이다. 즉, 소비자들은 사회적 존재로서 여러 수단을 통해 연결되어있기를 원한다. 이러한 점을 고려하여 개인들은 스스로의 문화를 창조하며 지극히 개인 중심적으로 움직이지만 개인의 관심 취미 등을 근거로 다른 사람들과 지속적으로 연결된 공동체를 형성하여 콘텐츠를 만들어 공유하고 상호작용하면서 단순히 개인화에 머무는 것이 아니라 개인을 중심으로 네트워크를 형성하고 있다. 기존에는 정보공유, 확산에만 머물렀다면 최근 온라인 미디어를 통한 커뮤니케이션은 높은 소비자의 수용률에 힘입어 가장 빠르게 성장하고 있다. 이러한 네트워크화된 라이프스타일은 시간과 공간에 구애받지 않도록 서비스를 할 수 있도록 발전되고 있다.

2015년 5월 국제통신연합GTU)과 유엔 인구국이합동으로 수행한조사결과에 따르면, 인터넷 사용이 가능한 세계 인구는 31억 7천 4백만 명 이상으로, 이는 조사 당시 세계 인구 약 73억 1천 7백 60만 명의 43.4%에 해당하는 수치이다. 이 숫자는 2005년부터 21억 5천만 명 이상 증가한 것으로, 세계 인구의 3분의 1이 인터넷에 접속할 수 있다는 것을 의미한다. 이 통계 결과는 앞으로도 이러한 성장세가 지속된다는 점을 시사한다.

온라인에서 보내는 시간과 함께 인터넷에 접속하는 소비자 수는 정보통신 기술의 성장과 직접 연결된 온라인 세상의 확장을 의미한다. 이러한 극적인 확장의 이유에는 각국의 투자로 인한 네트워크 인프라 발달, 인터넷 접속 지식의 이용 가능성, 그리고 정부와 공공의 경쟁에 의해 가능해진 저렴한 서비스 이용료와 장비 등이 있다. 소비자들은 온라인 세상에 점점 익숙해지고, 또한 중독되고 있다.

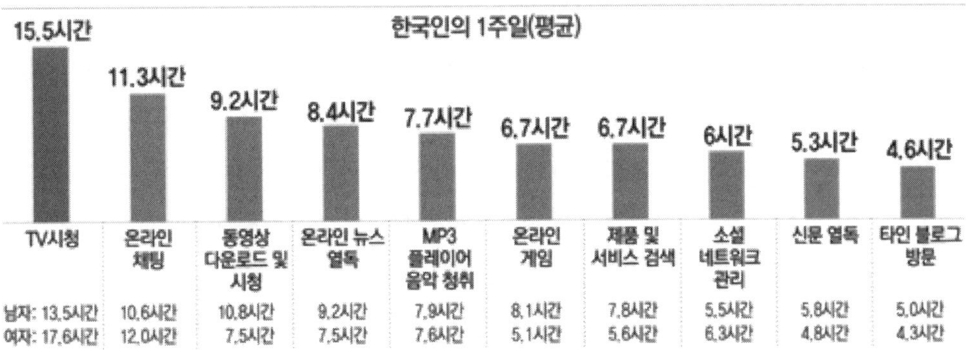

〈그림〉 한국인의 멀티태스킹 활동 시간

(출처: 인 리서치인터내셔널, Research International · RI)

이러한 네트워크 기기들은 소비자들이 인터넷에 쉽고 효과적으로 연결하도록 도와주는 요인 중 하나로, 이들은 온라인 활동을 하면서 하나의 디지털 모바일기기에 그치는 것이 아닌 다중 매체를 통해 온라인 세상으로 접속하는 관문 역할을 한다. 뿐 만 아니라 소비자들은 다른 일상적인 활동을 하면서 온라인 활동도 함께하는 멀티태스킹을 한다. 예를 들어, 먹는 동안 모바일기기를 통해 유튜브와 같은 영상을 시청할 수 있으며, 운동하는 동안 디지털 모바일 기기를 활용하여 심장박동, 연수율이 측정된 자료가 실시간 도표를 보여줌으로써 소비자는 적절한 운동 활동을 할 수 있고 데이터를 활용하여 개인적인 운동 일과를 설계하는 등의 활동을 이룰 수 있다. 이처럼 소비자들은 온라인에 접속해 있기를 선호하며 이렇게 소비하는 시간은 앞으로도 더욱 높아질 것이다.

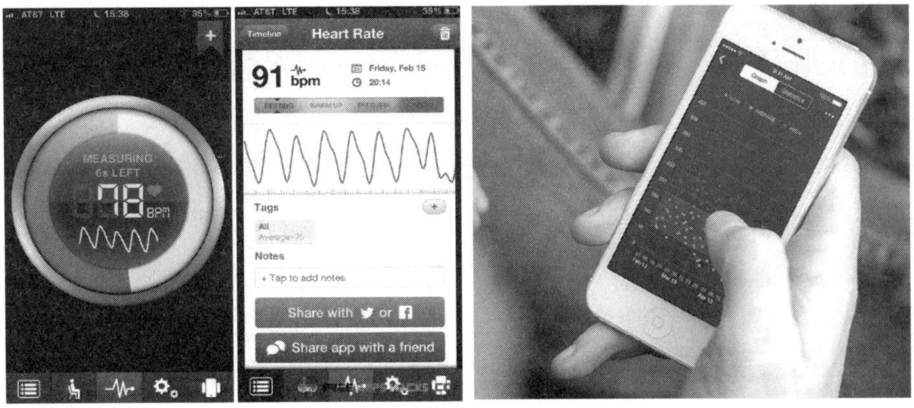

〈그림〉 Instant Heart Rate 운동 효과 측정 어플리케이션

(출처: topapps.net)

이러한 미디어 활동은 디지털 모바일 기기를 통해 언제 어디서나 온라인에 접속해 머물면서, 그들이 원하는 모든 것을 할 수 있도록 도왔으며, 이를 매개로 소비자들을 함께 연결해주는 디지털 활동이 가능해졌고 이는 단순히 연결하는 것을 넘어 참여 활동을 유발하는 것이다. 또한 더 나아가 전 세계적으로 공통의 특성을 공유하는 활동으로 이끌어낸다.

즉, 디지털 사회는 온라인과 오프라인이 혼재된 세상이다. 이전에 오프라인 관계가 온라인으로 확장된 형태가 큰 비중을 차지하였다면 최근에는 온라인 모임의 오프라인화가 확산되면서 다양한 분야와 장르에서 모여 소통하는 소집단이 많아지고 있다. 이러한 소통은 쌍방향의 커뮤니케이션을 활성화하면서 흩어져 있던 익명의 개인들이 인터넷을 통해 공감대를 확인하고 온 오프라인에서 결집된 대중의 힘을 강화하는데 기여하고 있다. 이는 시공간을 사고하고 사용하는 방식을 재구조화하며, 욕구와 그 해소 방식 또한 변형과 촉발, 억제, 창출시키는 새로운 공간으로 자리 잡은 것이다. 이처럼 소비자들은 자신이 활동하는 커뮤니케이션에서 시간과 공간에 구애받지 않기를 원하며 네트워크적 생활방식과 연결된 활동들에 의해 삶을 영위한다. 삶을 디자인하는 힘이 완전히 소비자의 통제 속에 있는 것이다.

2) 디지털 활동을 통한 온오프라인의 결합

최근 웹 3.0시대에 접어들게 되었고 다양한 ICT기술의 발전에 따라 사람들은 디지털 이용에 관해 창조적 계급 중심으로 완전히 새로운 생활양식을 가지고 왔다. 이에 대한 태도와 욕구가 증가했다. 새로운 생활양식은 개성, 자기표현, 차이의 수용, 풍부한 다차원적 경험 욕구를 가지고 왔고 무수한 창조적 활동과의 복합적인 관계를 통해 그들 자신을 인식한다. 이제 사람들은 단선적인 시간의 흐름에 살아가고 있는 것이 아닌 개인이 직접 참여하고 열정적으로 탐색하는 모습으로 바뀐 것이다. 예를 들어 모바일을 통해 SNS가 일상생활화 되었으며, SNS를 통해 콘텐츠의 생산과 소비를 용이하게 하는 큐레이션 서비스가 확대되고 있어 비슷한 취향을 가진 사용자들이 콘텐츠를 공동으로 생산·유통하는 구조로 진화하여 정보를 개인별로 상황에 맞게 생성, 가공하고 온라인 공간 안에서 오프라인에서 이루어진 경험들을 공유하고 경험하는 형태가 가능해진 것이다. 이에 따라 ICT기술은 다양하게 발전해왔고 소비자들은 일상 속에서 이를 경험하고 지능정보기술과 VR, 융합기술의 혁신적 발전에 따라 음악, 게임, 출판, 영화 등 다양한 콘텐츠의 창출이 이루어진 것이다.

예를 들어 카페에서 시간을 보내던 중 흘러나오는 노래와 제목과 가수를 알고 싶을 때가 있다. 이를 위해 이전에는 우리가 할 수 있던 방법은 노래를 들으며 기록한 뒤 나중에 인터넷에서 검색해보는 것이었으나 현재 디지털 기술을 통해 음악을 들을 때 녹음 버튼을 누르면 노래, 제목, 가수 그리고 가수의 이력 등의 다양한 정보를 오프라인 공간에서 얻을 수 있게 되었다.

〈그림〉 멜론 음악검색 서비스

다른 사례로 세계적인 인기를 끈 포켓몬이라는 애니메이션을 활용한 포켓몬 GO 게임은 이에 등장한 캐릭터를 플레이어들이 디지털 모바일 기기를 통해 마치 애니메이션의 주인공처럼 캐릭터를 잡고 보관하는 등의 행위를 참여할 수 있도록 설계한 게임이다. 이것은 온라인 플랫폼을 통한 플레이어의 행동을 실생활의 공간으로 자연스럽게 가져왔으며, 소비자들이 실생활 장소에서 게임을 즐기며 교감할 수 있는 디지털 활동으로 볼 수 있는 사례이다.

〈그림〉 포켓몬 GO

이런 디지털 변화를 통해 일상적으로 자연스럽게 온라인과 오프라인의 경계를 모호하게 만드는 현상을 가지고 오게 되었다. 즉, 디지털화로 인해 소비자가 온라인에서 수행했던 활동들이 오프라인을 이어지지는 수준을 변화한 것이다. 사람들은 서로의 경험을 전달, 공유하는 등의 관여 활동을 통해 소비가 가속화 될 것이다. 즉, 새로운 디지털 환경은 소비자 간의 양방향 커뮤니케이션에 중점을 두는 능동적 참여형태로 변화하였다.

인터넷 안에서 참여하고 필요한 정보를 얻으며 서로 공유하거나 일상에서 벗어나 자유로운 시간을 보내고자하는 욕구를 충족하는 등의 행위가 형성되는 것을 놀이공간이라 의미한다. 그들은 가상현실에서 다른 사람들과 상호작용하면서 실재감을 경험한다. 즉, 개인적 자아가 공적으로 표현되는 공간으로 정보의 확산을 통해 소비자 간의 커뮤니케이션을 이루고 자발적으로 확산되는 구조를 가지는 공간인 것이다. 그러나 이러한 가상세계는 온라인에서만 이루어지는 것이 아니라 오프라인의 경험을 통해 온라인으로 유입된다. 예를 들어 오프라인에서 이루어진 경험을 사진을 찍거나 글을 써서 올리는 행위 등을 통해 온라인에 자신만의 공간스토리텔링을 생성하는 것이다. 또한 이들은 이것을 공유하는 행위를 함으로써 실제공간은 브랜드 이미지를 구축하고 자유로운 공유가 확산됨으로써 그 공간은 정체성을 확립할 수 있다. 다시 말해 이것은 온라인의 활동들은 현실세계 오프라인 공간과 유기적으로 연결되며 확산되는 형태인 것이다.

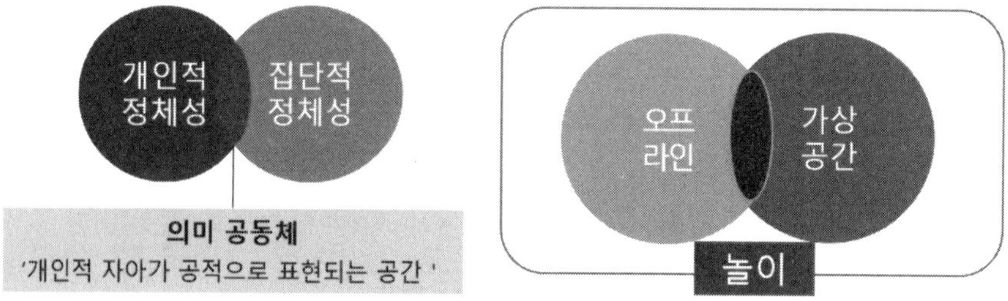

〈그림〉 온오프라인을 통한 놀이 공간의 확장
(출처:디스플레이콘텐츠연구소, G-Tower 명소화를 위한 콩코스홀 미디어아트 마스터플랜, 2019)

더 나아가 이제는 다양한 디지털 이용의 변화로 온라인에서 이루어지던 소통의 장이 오프라인으로 확대되는 형태로 발전되었다. 그들은 상호작용하려는 욕구가 강해지면서 행위를 오프라인 공간으로 끌고 나온 것이다. 이렇듯 온오프라인의 경계를 모호해지며 다양한 디지털 미디어들이 오프라인에서 경험을 제공하기 위해 공간을 구성하고 있다. 즉, 그전에는 인터넷을 이용하는 모든 사람들에게 개방, 공유, 참여가 자유로운 형태의 서비스를 제공했다면 최근 이를 넘어 정보를 개인별로 상황에 맞게 생성, 가공해주는 맞춤형 서비스로 진화된 것이다. 이러한 서비스의 확산으로 인해 소비자들의 온라인과 오프라인 경계가 허물어졌고 맞춤형 정보 및 직관적인 경험을 제공함으로써 차별화된 경험 위주의 스타일로 변화를 이루고 있다.

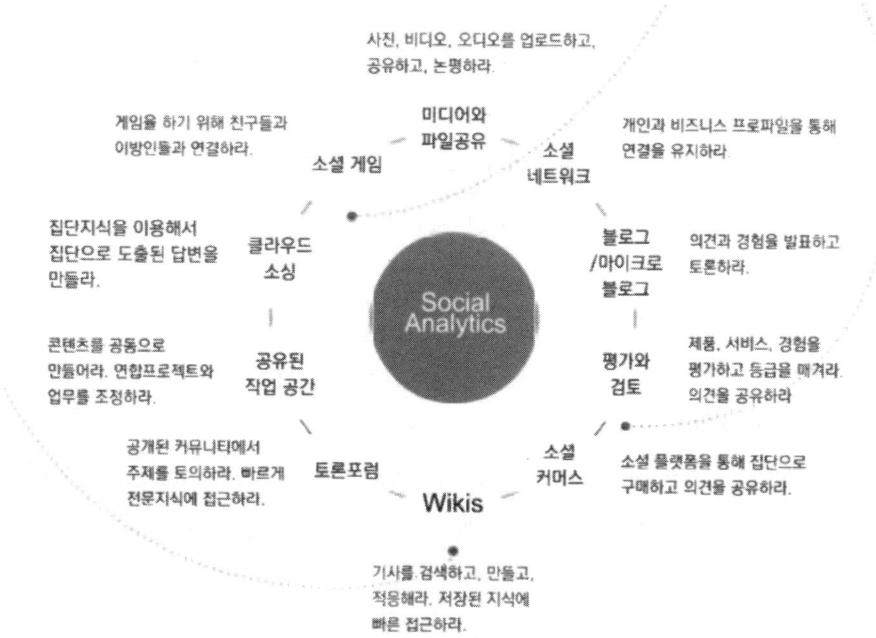

〈그림〉 맥킨지(McKinsey)의 사회적 기술

(출처: 브랜딩 4.0)

네트워크 기능을 가진 디지털 활동이 뚜렷하게 강화되고, 또 증가하는 경향이 있다. 소비자들은 데이터 수준에서 네트워크 활동까지 협업을 추구하게 될 것이다. 결론적으로 디지털 활동은 커뮤니케이션과 행동(활동)의 결합이다. 이것은 디지털 모바일 기기와 온라인 소셜네트워크로 지원되는 디지털 활동에 소비자가 점점 더 많이 참여하도록 도와주는 플랫폼 창출로 이어질 것이다. 이러한 생각은 사용자 간(또는 사용자와 브랜드 간) 협력적인 행동의 연결을 낳고, 사용자와 사회를 창의적이고 더 나은 방향으로 변화시키는 힘을 토대로 진정한 디지털 사회를 형성한다.

3) 온오프라인을 통한 브랜드 경험

ICT기술의 변화를 통해 사람들에게 맞춤형 경험을 제공하게 되었고 이는 새로운 재미와 편리함을 제공하게 있다. 이에 따라 다양한 기술들이 발전하며 온 · 오프라인의 경계를 넘어 새로운 공간으로써 경험 제공이 가능한 것이다. 즉. 온라인과 오프라인 세계 사이의 연결에 대한 이해가 필요한 시점이라고 볼 수 있다. 소비자는 다양한 상황을 지각하게 되면 심리적인 공간 활동을 시작하게 되는데 이러한 활동은 지각으로 이어진다. 이때 물리적 공간감을 상실하고 물리적 공간보다 심리적인 공간을 중요하게 반응하면서 공간에 몰입하게 된다. 그러나

이 순간 좋은 경험이 제공되지 않을 경우 소비자는 공간에 대한 몰입감을 잃게 된다. 브랜드 또한 반복적이고 지속적으로 긍정적인 경험을 제공하였을 경우 소비자들이 자사의 브랜드를 인지하고 이미지를 구축할 수 있을 것이다. 따라서 디지털 시대에는 브랜드가 얼마나 신뢰할 만하고 우호적인지에 따른 브랜드 행동이 이루어져야 할 것이다.

최근 온라인과 오프라인의 경계가 무너지며 TV, PC, 휴대폰에 이은 제4의 스크린 미디어인 디지털사이니지가 부각되고 있다. 미디어 융합과 스마트미디어 급격한 확산으로 인해 기존 미디어를 통한 브랜드 커뮤니케이션 전략은 한계를 보이고 있으며, 이에 따라 브랜드의 이미지 형성을 위해 기업들은 옥외광고의 차별적 매력에 의한 수요의 지속적 창출 이외에 고객의 데이터를 기반으로 한 보다 과학적인 광고 집행을 이루고 있다. 이러한 디지털사이니지를 필두로 옥외광고는 전통적인 형태의 단순 노출이라는 측면에서 벗어나 수용자와의 상호작용이라는 측면으로 변화하고 있으며 다른 어떤 매체보다도 빠르게 변화하고 있다. 이는 옥외광고가 외부에 고정되어있기 때문에 소비자가 자연스럽게 노출될 수 있고 소비자의 상품을 구매하는 시점에서 광고를 노출시킬 수 있기 때문에 그 효과는 더 직접적이고 크다고 볼 수 있다. 소비자와 생산자 간의 상호적 행동을 포함한 다양한 수단으로 상품과 서비스, 아이디어에 관한 유료 및 무료의 표현물과 프로모션으로 볼 수 있으며, 소비자가 능동적으로 광고정보의 탐색여부를 통제할 수 있다. 타겟, 노출, 흥미, 반응, 수용자 행동에 따른 매체 반응 변화에 과정을 통해 몰입이 발생하여 광고효과가 발생한다. 이러한 마케팅 브랜드 경험은 다음과 같은 예를 통해 살펴볼 수 있다.

〈그림〉 미국 Coca cola Creates First Ever Drinkable Advertising Campaign

미국에서 열린 캠페인으로 많은 사람들이 코카콜라 제로의 맛을 알고 있다는 생각을 토대로 광고 시청의 공간과 장소라는 장벽을 파괴한 혁신적인 캠페인으로 소비자들의 같은 특징, 성격 또는 상호 관심을 형성을 도모하는 '관련성'이라는 욕구를 형성한 캠페인이다. 그들은 디지털사이니지 내에 코카콜라 제로 광고를 송출시키고 소비자가 지니고 있는 스마트폰을 활용하여 마시는 행위를 통해 모바일 쿠폰을 제공 받는다. 이러한 현상은 소비자들이 일상생활의 것과 주변의 것을 연결하고 개인적인 맞춤을 만족하려는 욕구를 자극한 사례라고 볼 수 있다. 다시 말해 브랜드 경험의 관점에서 관련성은 소비자의 일상과 브랜드의 경험이 관련성을 가지는 것이다.

〈그림〉 스웨덴 The coughing billboard

스웨덴 스톡홀름의 약국 ApotekHjärtat에서 진행한 캠페인으로 흡연자들의 해로운 건강습관을 없애기 위해 연기 탐지기를 설치한 디스플레이를 활용하여 흡연자가 걸어갈 때마다 냄새로 인해 고통스러워하는 사람이 디스플레이 속에 나타남으로써 금연을 제기하고자 한 사례이다. 현재 다양한 기술이 나타나며 소비자 자신만의 브랜드가 맞춰졌을 경우 긍정적인 경험을 얻으며, 그들은 온라인과 오프라인 세계에서 자신의 정체성을 표현할 수 있는 것에 더 집중한다. 이것은 브랜드의 '자기 창의성'을 사용하여 소비자가 점유할 수 있는 공간을 제공하는 것이다.

〈그림〉 Europe Day 2018 - 3D mapping show in Sofia

소비자들은 언제 어디서든 일어난 사건에 관해 알고 싶어하는 욕구가 강하다. 모바일을 통해 소비자들은 업데이트된 현재 정보를 받아보며 사회현상을 공유하고자 한다. 그러한 예로 유럽연합을 기념하기 위한 축제 중 소피아에 위치한 건물에 프로젝션 맵핑을 함으로써 상징성 부여와 시민들에게 다양한 야간 볼거리 제공한 사례를 볼 수 있다. 이러한 사례는 소비자를 문화공간을 인지하도록 한 사례로 오프라인 속 사람들을 한 장소 안에서 같은 문화를 즐기고 공유를 하도록 한 것이다.

온오프라인의 경계가 모호해지며 나타난 현상으로 디지털사이니지 뿐만 아니라 온라인 커뮤니티의 사례를 통해 살펴볼 수 있다. 최근 온라인의 참여가 누구나 가능해지며 개인의 정체성의 확립을 위한 공동체를 형성하고 있다. 이러한 공동체 확립에서 사적 수준이 높고 결속력이 강한 집단으로 팬덤 사례를 살펴볼 수 있다. 이전의 팬덤의 경우 오프라인에서 추종하는 대상이었다면 다양한 모바일기술의 발전으로 인해 이들은 자발적인 모임의 형태를 가지게 되었으며, 온라인을 통해 소통하고 자발적인 콘텐츠를 생산하는 것이 가능해졌다. 또한 이를 넘어 오프라인 공간에서 온라인의 문화를 일련의 경험의 한 축으로 이용하여 생산하는 것을 볼 수 있다. 예를 들어 최근 제2의 비틀즈라는 문화적 파급을 일으킨 방탄소년단을 볼 수 있다. 방탄소년단이 최근 청계천 앞에서 기자간담회를 열었는데 이 공간에 관계자 외 출입이 불가능하자 팬덤은 기자간담회가 열리는 외부에서 그들의 스마트폰을 활용하여 인터뷰를 실시간으로 시청하는 행위를 하는 것을 볼 수 있었다. 즉, 오프라인 공간에서 온라인을 통해 그들과 상호작용하는 것을 볼 수 있는 사례이다. 심리적 공감각이 강해지며 그들은 온오프라인을 넘어 한 공간을 공유하고 있다는 지각이 이루어지는 것이다. 이처럼 팬덤은 강한 소속감과 결속력을 지니고 있으며 커뮤니티 내에서 자신들이 가지고 있는 관련 정보를 공유할 뿐만 아니라 자신들의 오프라인에서의 경험을 온라인에 공유함으로써 자신만의 공간 스토리텔링을 구축한 사례라고 볼 수 있다.

〈그림〉 팬덤의 온오프라인 활동

(출처: 동아일보, 2019)

이처럼 디지털 사회에서는 온오프라인의 경계가 모호해지며 다양한 디지털 미디어들이 오프라인에서 경험을 제공하기 위해 공간을 구성하고 있다. 따라서 오프라인 공간 속에서 디지털사이니지를 통해 사용자에게 특별한 브랜드 경험을 부여하면서 공간과 사용자는 관계를 맺고 의미를 형성하기 위해 다양한 모바일 기기를 통해 확산을 이룬다.

CHAPTER 2

플랫폼 기반 융합 미디어는 이렇게 진화한다.

1. IMC의 시작 크로스미디어 마케팅 커뮤니케이션 전략
2. 크로스미디어 활용을 통한 효과적 마케팅 커뮤니케이션 전략

1 IMC의 시작 크로스미디어 마케팅 커뮤니케이션 전략

1) IMC의 시작 크로스미디어 마케팅 커뮤니케이션 전략

매체환경 변화에 따라 새로운 마케팅 커뮤니케이션 전략이 요구되고 있다. '새로운 마케팅 커뮤니케이션'이란 디지털 미디어를 중심으로 하는 미디어의 분화 · 다양화를 기반으로 한 개념이다. 최근 일본 덴츠가 사용하는 '홀리스틱(holistic) 크리에이티브'도 이와 유사한 개념이다.

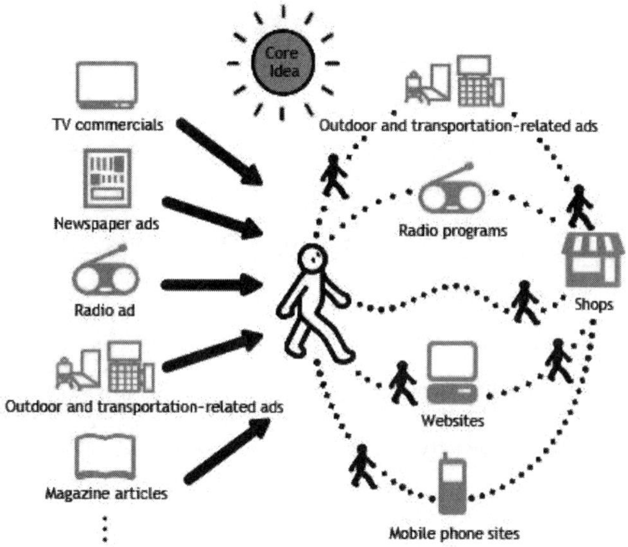

〈그림〉 일본 Dentsu사의 Cross Media Life Style

그 핵심인 통합적 크리에이티브는 '새로운 미디어 환경에서의 다양한 크리에이티브 실행 요소들을 커뮤니케이션 목적에 맞추어 통합하고 효율적으로 관리하는 전략적 개념'으로 크리에이티브 전체 시나리오를 고려해 전개되어야 하며, 모바일을 비롯한 전문잡지 · 웹사이트 · SNS · 오프라인 · 이벤트 등 소비자와의 접점 포인트와 그 조합을 명확히 함으로써 가능하다. 여기서는 통합적 크리에이티브 개념을 'CTL(Cross the Line)'로 규정해 그 실행을 위한 제반 요소를 살펴보기로 한다.

〈표〉 'CTL' 크리에이티브의 요소별 특성

요소	개별적 크리에이티브	CTL 크리에이티브
사용 미디어	매스 미디어	스마트 미디어
핵심 요소	메시지	커뮤니케이션 구조
전개방식	메시지의 단계적 변화 (핵심 메시지를 중심으로 나머지 요소가 보완)	미디어 운용의 변화 (이용자의 기능적 측면을 고려한 인터페이스 구성)
매체 운용의 핵심 요소	미디어의 선택(어떤 미디어를 사용할 것인가?)	미디어의 사용(미디어들을 어떻게 사용할 것인가?)
매체별 활용요소	미디어 고유한 특성	미디어와 소비자와의 접점
고려해야 할 실행기술	표현 기술	소비자와 인터페이스 기술

2) IMC의 크로스미디어 전략의 특성

크로스미디어에서는 활성화된(이미 자극에 노출된) 소비자에게 미디어의 교차접촉을 촉진하고 자극하는 것이 중요하다. 활성화된 소비자는 내부 정보의 탐색(자신이 갖고 있는 정보나 지식에서 탐색)만으로는 충족될 수 없기 때문에, 외부 정보를 얻기 위해 마케팅 커뮤니케이션을 수행하는 다양한 미디어를 접촉하려고 한다. 그러므로 마케터들은 콘텐츠를 미디어 성질에 맞추어 구성, 편집하고 다양한 미디어를 교차시켜 소비자들이 스스로 미디어를 통해서 정보를 수집할 수 있도록 기회를 제공하여야 할 것이다. 이때 메시지를 제대로 전달하기 위해서는 IMC(통합적인 마케팅 커뮤니케이션)에서와 마찬가지로 일관성이 매우 중요하다. 크로스미디어에 대응하는 마케팅 커뮤니케이션 목표는 '소비자에게 바른 지식구조를 구축시키는 것'이다. 이를 위해서는 브랜드의 가치를 분명히 확립시켜야 하며, 소비자의 활성화(자극시켜 정보를 스스로 탐색하려는 동기를 형성)가 중요한 포인트가 된다. 또한 소비자들을 복수의 미디어에 교차 노출시켜, 복수의 미디어로부터 외부 정보 수집을 하게끔 하는 것도 중요하다. 동일한 정보를 여러 사람에게 들었을 때 사람들이 더 잘 믿게 되는 것과 같은 원리이다.

여러 매체에 동일한 광고 캠페인을 집행하는 것은 어제 오늘의 일이 아니다. 광고 예산이 넉넉한 광고주의 경우라면, 보다 많은 매체에 보다 자주 자사의 제품을 등장시켜 소비자들에게 각인시키고자 할 것이다. 하지만 최근에는 다양한 매체들의 개별적 성격을 최대로 이용한 크로스미디어의 전략을 통해 자연스럽게 통합적 마케팅 커뮤니케이션(IMC) 전략을 수행해 나가는 기업들이 늘고 있다. 서로 다른 매체를 조화시켜 비용의 효율성과 차별적 메시지 전달이라는 두 마리 토끼를 잡는 기업들이 늘어나고 있다. 실제로 다수의 대기업들은 공통된 컨셉트의 광고 캠페인을 각기 다른 매체의 특성과 해당 수용자들을 고려하여 차별화된 메시지 전략으로 시행, 많은 호평을 받고 있다. 과거의 사례처럼 단순히 동일한 메시지 전략을 여러 매체에 동시 다발적으로 집행하는 식에서 벗어나 차별적 매체 소구를 진행함은 물론 심지어 마케팅 목표까지 세부적으로 달리 하는 매체 전략도 선보이고 있다. 물론 이런 경향의 중심에는 웹을 기반으로 하는 인터넷이라고 가장 통합적인 매체가 자리하고 있음을 간과할 수 없다.

〈그림〉 배달의 민족 2.0 IMC 캠페인
(출처: HS ADZINE, 2017)

배달의 민족은 명화/영화 패러디 TV CF, 옥외광고, 영화 패러디 포스터광고 등 다양한 커뮤니케이션 수단을 통해 'B급 정서', '우리가 어떤 민족입니까', '우리는 본래 같은 민족이었어' 등의 일관된 메시지로 배달의 민족 브랜드를 소비자들의 인식 속에 깊이 심는 것에 성공하였다. 2014년 대한민국광고대상에서 인쇄와 통합미디어 부문 대상, 옥외 광고 부문 동상, 모델 상을 수상하기도 하였다.

웹은 오프라인 전략의 단순한 복제품이 아니다. 최근의 크로스플랫폼(cross-platform) 캠페인들은 인터넷을 전체 매체 구성의 중심에 두고 브랜드가 지속적으로 커 나갈 수 있는 구심점으로 삼고 있다. 가장 초창기의 유명한 사례로 고급 승용차 브랜드인 BMW는 자사 제품에 대한 광고활동을 BMWfilms.com이라는 웹사이트를 통해 시작했고 이 사이트는 급기야 마니아들 사이에서 엄청난 인기를 누렸다. Fallon에서 대행한 이 인터넷 전략은 그 이후, 위성과 케이블로 그 세를 넓혔고 TV와 인쇄매체에도 집행하는 등 그 폭을 넓혔다.

〈그림〉 BMW Films - The hire
(출처: BMW블로그/네이버 책/AdAge)

〈그림〉 대한항공 호주TV

대한항공은 호주 여행의 매력을 8개 테마의 TV 채널 형식으로 표현한 '내 마음속엔 호주가 온-에어(ON-AIR) 되고 있다' CF 시리즈를 방영하였다. 호주의 다양한 모습들을 마치 TV 채널을 보는 것처럼 소개했다. 또한 광고 캠페인 사이트(australia.koreanair.com)를 통해 TV에 방영된 영상 외에 각 채널별 주제에 따라 다양한 영상 컨텐츠들을 선보였다. 광고 슬로건인 '내 마음속엔 호주가 온-에어 되고 있다'는 CF에 등장하는 TV 채널을 통해 호주 여행의 즐거움과 감동이 한국에 생중계된다는 의미를 담고 있다.

크로스미디어 광고는 통합적 마케팅 커뮤니케이션(IMC) 관점에서도 긍정적으로 고려될 만하다. 인터넷의 발달 그리고 기존 매체를 통한 광고의 한계를 인식한 상황에서 등장한 크로스미디어 광고는 TV광고보다 적은 비용으로 새로운 매체를 활용하고 소비자와의 상호작용을 통해 일방향이 아닌 쌍방향 커뮤니케이션까지 이루어 낼 수 있다.

이런 의미에서 고객 접점으로써, 인터넷과 연계된 크로스미디어 광고의 활용은 고무적이고 향후 실무차원에서 의미 있을 것으로 생각되며, 기업의 마케팅 커뮤니케이션 활동을 담당하는 현장의 실무자들에게서 크로스미디어란 소비자와의 접점창출에 핵심적인 역할을 하는 미디어가 다양화, 디지털화되면서 커뮤니케이션 활동상의 복합화, 시너지화 추구 활동이라고 인식하고 있다. 이는 단순히 예산을 매체별로 분배하는 미디어믹스(media mix)의 개념과는 다른 것이고, IMC 또는 동일 캠페인이 상승효과에 따른 미디어의 통합(또는 교차) 집행에 따른 효과 증폭이라는 개념이라고 의미부여를 할 수 있다.

3) 브랜드 자산 구축 관점에서의 크로스미디어전략

TV광고에 인터넷 검색창이 삽입된 크로스미디어광고는 소비자의 광고태도 그리고 브랜드태도에 긍정적 영향을 줄 것이라고 기대할 수 있다. 인터넷 광고는 TV 등의 기존매체를 대체하기보다는 상호 보완함으로써 TV와 긍정적 영향을 주고받는 것이 확인됐고 인터넷 광고는 클릭되기 전에 소비자에게 단순히 노출되는 것만으로도 브랜드 인지도 및 충성도 지표에 긍정적 영향을 주는 것이 확인됐기 때문이다.

지금까지 매체운용이란 유사하거나 같은 광고를 다양한 매체에 단순히 반복적으로 집행하는 것으로 하나의 매체에 다른 매체들을 추가하는 방법이었다. 그러나 크로스미디어 시대의 광고에는 기존매체와 새로 등장한 매체의 특징을 상호 보완한 콘텐츠를 가지고 시너지 효과를 유도해야 한다. 미디어에 맞는 콘텐츠가 필요하며, 각 미디어별 광고는 상호보완적인 역할로 시너지 효과를 내야 한다는 것이다.

CTL은 전통적인 매체운용에서처럼 어느 한 시점에서의 ATL과 BTL의 나열이 아닌, 커뮤케이션 전 단계에서 미디어가 수시로 중복 · 교차되며 상호작용하여 광고 메시지를 극대화하는 것이다. 즉 ATL과 BTL의 서로 다른 미디어들이 이합(離合)하는 더하기(+)효과가 아니라 상호보완적 콘텐츠를 바탕으로 상승(相承)의 곱하기(x)효과를 나타내는 것이다. 지금은 디지털 기술을 기반으로 영화 · 게임 · 애니메이션 · 온라인 콘테스트 등 다양한 콘텐츠가 손쉽게 결합될(Incorporated) 수 있다. 특히, 모바일 기기와 소셜 미디어 확대로 비전통적이고(QR · AR 등), 비광고적인(구전 · 소셜커머스 등) 프로모션이 확대되고 있다. 소비자들은 다양한 매체를 복합적으로 (다중매체 복합소비), 동시에 (다중매체 동시소비) 사용한다.

중국의 메신저 Wechat에서 주로 이용하는 QR코드는 다양한 정보들을 담고 있는 코드로써, 스마트 기기를 이용하여 스캔하는 방식으로 정보를 확인할 수 있다.

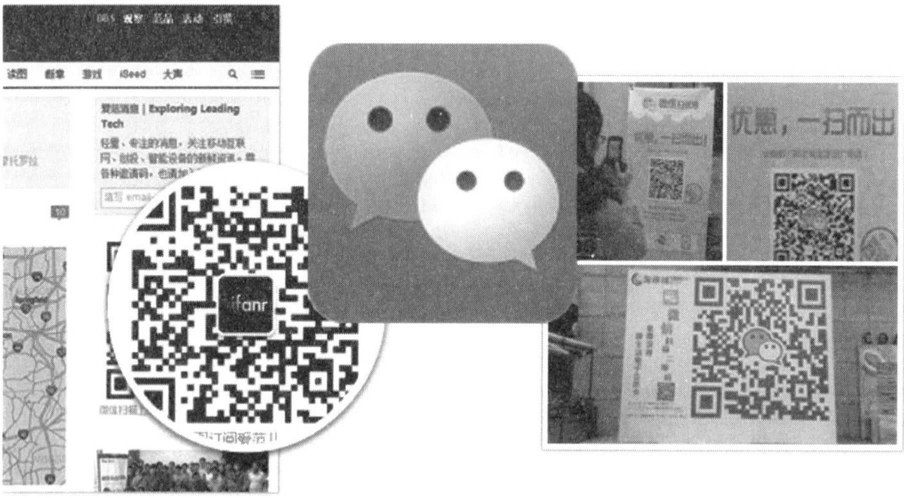

〈그림〉 'Wechat' QR코드 구현 형태
(출처: 소비자평가, 2018)

'Wechat'은 2차원 바코드를 넘어서서 간편하게 다양한 정보를 줄 수 있는 QR코드에 주목하였다. QR코드는 작은 정사각형의 점을 가로세로 같은 수만큼 병렬시킨 매트릭스형 2차원 코드로 기존의 바코드보다 더 많은 정보를 저장시킬 수 있어 점의 숫자가 많을수록 많은 정보를 기록할 수 있으며 스마트 기기를 이용한 스캔 방식으로 이용자가 원하는 정보를 확인할 수 있다. 'Wechat'은 어플리케이션 내 스캔 기능을 추가하고 개인 QR코드를 생성할 수 있도록 하여 친구 추가 시 QR코드를 스캔하도록 하였다. 복잡한 한자 자판을 통해 친구 추가하는 것이 아니라 신속하고 간단한 QR코드를 사용하게 되면 이용자의 정보를 쉽게 확인할 수 있어 QR코드를 이용하기 시작하였다.

이후 QR코드 서비스는 중국 내에서 많이 사용하게 되었는데 프랜차이즈가 많은 중국의 경우 대부분의 음식점이나 카페에 들어가면 테이블에 QR코드가 있는 모습을 쉽게 볼 수 있다. QR코드 스캔을 통해 메뉴를 확인하고 결제시스템인 알리페이를 통해 그 자리에서 바로 결제할 수 있다.

〈그림〉 '베어버거(Bareburger)' QR코드를 이용한 메뉴판

(출처: LG CNS 블로그, 2018)

이러한 QR 코드를 통한 마케팅은 여러 국가에서도 사용되기 시작했는데 미국의 유명 햄버거 체인점인 '베어버거(Bareburger)'는 독자적인 스냅코드(Snapcode)를 사용하여 스냅챗 앱을 통해 증강현실 메뉴판을 구현하였다. 메뉴 정보를 압축하여 간편하게 전달할 수 있는 방법으로 햄버거의 크기나 재료의 조합을 주문 전에 확인할 수 있게 하였다. 브라질의 QR TKS 캠페인의 경우 헌혈 지원자가 너무 적자 헌혈 반창고에 QR코드를 넣은 사례로 헌혈자가 QR코드를 스캔하면 수혜자의 감사 메시지가 나오는 영상이 공개된다. 이 캠페인을 통해 3개월 안에 800명의 사람들이 헌혈 의사를 밝혔다.

국내에서도 QR코드를 통한 마케팅을 하였는데 삼성전자는 QR코드를 TV광고와 연계한 크로스미디어 마케팅을 펼친 바 있다. 인쇄광고의 단점은 한정된 지면에 많은 지문을 넣을 수 없다는 것이었다. 하지만 QR코드의 경우 많은 정보를 집어넣을 수 있었는데 신문 지면광고에 20여개의 QR코드를 삽입하여 스캔하면 TV광고를 시청할 수 있고 이후 구매를 할 수 있는 창이 뜨는 온·오프라인 캠페인을 실시하였다. 또 다른 사례로 헤어케어 전문 브랜드 'JSOOP'의 경우 엘리베이터 내 미디어 매체에 QR코드를 삽입하여 신제품 '퍼플제이워터팩'을 홍보함과 동시에 체험단을 모집하였다. 이후 체험단의 실제 후기를 보여줌으로써 제품에 대한 정보를 제공하였다. QR코드를 미디어 매체 광고에 넣어 모바일 기기까지 사용할 수 있도록 복합적으로 소비할 수 있도록 하였다.

〈그림〉 'JSOOP' QR코드를 이용한 케이스
(출처: 포커스미디어 공식 블로그, 2018)

이 사례를 정리하면 첫째, QR코드는 다양한 정보를 담고 있으며 신속하고 간단하게 확인할 수 있어 이용자의 눈을 사로잡는다.

둘째, 크로스미디어 전개를 반영한 콘텐츠 제작이 필요하다. 또한 제공하는 콘텐츠나 정보가 자사 사이트에 한정되거나 폐쇄적이지 않아야 한다. 이러한 '횡단적' 콘텐츠의 노출이 결과적으로 자사 사이트 유입으로 이어지는 순환구조형태 커뮤니케이션을 만들어 낼 수 있다.

셋째, 쉽게 참여할 수 있으며 전파성이 뛰어나야 한다. 넷째. 이슈를 만들어내야 한다. 세상에 화제가 될 수 있는 내용이어야 하며, 콘텐츠를 제작하는 것에 그칠 것이 아니라 사람들에게 알려지도록 이슈를 만들어야 한다.

〈그림〉 기아자동차의 '또봇' 애니메이션과 장난감
(출처: 투니버스TV/ 기아자동차 공식 사이트, 2016)

기아자동차의 모델을 바탕으로 만들어진 변신로봇 '또봇'은 기아자동차가 변신하여 지구를 지킨다는 내용을 담고 있는 애니메이션으로 실제 영실업에서 장남감도 판매하고 있다. '또봇'이라는 콘텐츠를 이용해 기아자동차를 광고하는데 성공하였고 콘텐츠를 실제 소비하는 아이들에게 기아자동차 브랜드를 인식시킴으로써 잠재적인 소비자를 얻는 데도 성공하였다.

이른바 'Advertainment(Advertising + Entertaiment)'에 해당되는 아이디어로서 콘텐츠를 이용한 광고 또는 광고를 콘테츠화하여 사람들의 구전 확산 효과를 거둘 수 있었다. 아울러 지속적인 커뮤니케이션을 전개해야 하는데, 이를 위해 콘텐츠를 공개한 것에 그치지 않고 끊임없이 유저의 반응을 체크하여 대응해야 한다.

끝으로 스마트미디어 시대에 대응하는 크리에이티브 전략 수립을 위해, 예를 들어 제품유행(쾌락재/실용재) × Product Life Cycle(도입기/성장기/성숙기) × 타겟 특성(인지욕구/감성강도) × 캠페인 목적(인지/Performance) 등 전통적인 커뮤니케이션 효과변인들의 영향관계가 고려되어야 할 것이다.

이를 통해 다음과 같은 개요와 같은 크로스미디어 마케팅 커뮤니케이션을 통한 차별화된 마케팅 전략 집행이 가능할 것으로 보이며 향후 IMC 전략에서 핵심적으로 고려해야 한다.

〈그림〉 크로미디어 마케팅 커뮤니케이션 핵심 가치

2 크로스미디어 활용을 통한 효과적 마케팅 커뮤니케이션 전략

1) 크로스미디어 소비 현상

2000년대 이후 빠르게 등장한 뉴미디어가 기존의 미디어를 대체할 것이라는 예상과는 달리 뉴미디어와 기존 미디어는 상호보완적인 형태를 띠며 복합적으로 사용되고 있다. 소비자들은 시간과 장소를 구애받지 않고 다양한 매체를 자유롭게 이용할 수 있게 된 환경 속에서 특정 매체만을 선호하여 사용하기보다는 제한된 시간 속에서 한 번에 두 가지의 이상의 매체를 동시에 소비하는 매체 소비 현상을 나타내고 있는 것이다. 다양화되고 진화된 매체 등장이 소비자들에게 매체 선택의 우선권을 주기보다는 동시적인 복합사용으로 이끌었다고 할 수 있다. 다매체 환경에서 미디어 이용자는 대개 복수의 미디어로 구성되는 개인별 미디어 매트릭스를 가지고 있으며 미디어 매트릭스를 구성하는 미디어들을 동시에 또는 시차를 두고 넘나들며 이용하는 멀티플랫포밍(multiplatforming) 행위를 하게 된다고 설명하였다.

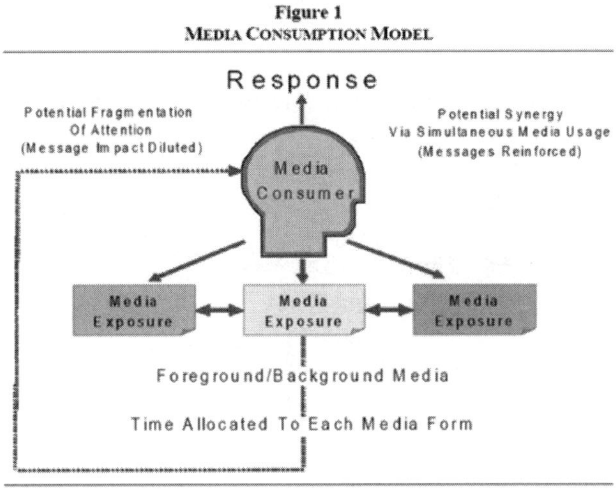

〈그림〉 다중 미디어 소비모델, 2005년 WAM(World Audience Measurment) 발표자료

(출처: 광고정보센터, 다중 매체 소비시대 효과적 마케팅을 위한 OOH 미디어)

사실상 이러한 멀티태스킹은 소비자에게는 오래된 개념이다. 소비자들은 이미 일상 속에서, 운전하면서 대화를 한다든지 라디오를 들으면서 공부를 한다든지 등의 동시에 두 가지 이상의 업무를 병행하는 멀티태스킹 활동을 자연스럽게 해왔다. 그러나 미디어 측면에서

볼 때 4대 매체가 절대적이었던 과거와는 달리 다양한 매체가 등장하고 이에 따라 수많은 매체가 복합적으로 사용하면서 멀티태스킹 활동이 미디어 소비행태에서도 나타나기 시작했다. 가령 소비자들은 매체를 이용할 때 TV를 틀어놓고 신문을 본다거나 인터넷을 이용하면서 라디오를 듣는다거나 혹은 이동 중에 무가지를 읽으면서 라디오를 듣는 등 새로운 매체 소비 행태를 나타낸다. 이렇게 두 개 이상의 매체를 동시적으로, 혹은 비동시적으로 소비하는 행동을 '다중매체 소비(Multiple Media Consumption)'라고 개념화한다. 그러나 대개는 '동시적인 매체소비(SIMM: Simultaneous Media Usage)'라는 용어가 더 많이 사용된다.

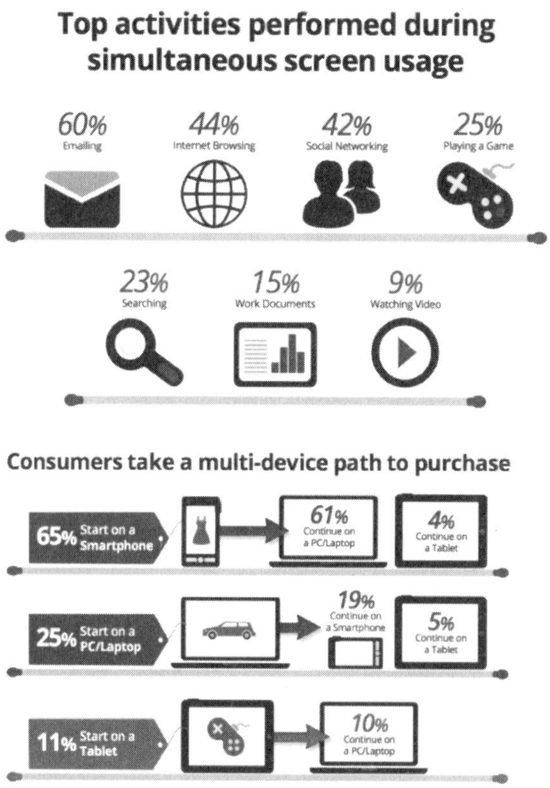

〈그림〉 구글과 IPSOS Study : The New Multi-screen World

(출처: google study)

구글(google)과 시장정보기관 입소스(ipsos)의 2012년 연구 결과 발표에 따르면 오늘날 90%의 미디어 소비가 TV, PC, 스마트폰, 타블렛에서 발생하는데, 스마트폰의 경우 대부분의 콘텐츠의 최초 액세스 창구역할을 하고 있으며 그에 따른 최적화된 미디어 경험을 제공하는 것이 더욱 중요할 것으로 해석된다.

2) 크로스미디어 광고효과

다중 매체의 동시적인 사용은 단일 매체 소비에서 기대되는 효과와는 또 다른 영향을 미칠 수 있다. 크로스미디어 광고(cross-media advertising)란 사전적으로 매체 간 교차광고를 뜻하며, 다양한 미디어(multi-media)를 통해 동일한 캠페인을 펼치는 마케팅 지향적인 판매패키지로 <표 1>에서처럼 '동종매체 결합, 이종매체 결합, 이벤트 & 스폰서링' 등과 같은 유형이 있다.

〈표 1〉 크로스미디어 광고의 유형

동종매체 결합	• 동종매체간 교차 광고를 실시하는 것. 채널 간 결합 또는 지방 TV간 결합을 통해 네트워크 형성 ex) TV1+TV2 라디오1+라디오2
이종매체 결합	• 이종매체간 교차광고를 실시하는 것 ex) TV+영화 TV+라디오 네트워크TV+라디오+케이블TV 라디오+인터넷+잡지 등
이벤트 & 스폰서링	• 방송사와 광고주가 공동으로 이벤트를 진행하거나 광고주가 프로그램 제작을 협찬하는 것 ex) TV+라디오+출판물+인터넷+옥외광고 등

크로스미디어 광고란 앞서 논의했듯이 다양한 매체를 결합하여 캠페인을 진행하는 것으로 '동종매체 결합', '이종매체 결합', '이벤트&스폰서링' 등과 같은 유형이 있다. '동종매체 결합'은 같은 종류의 매체 간 교차광고를 실시하는 것으로서 TV1과 TV2, 라디오1과 라디오2 등의 채널 간 결합 또는 지역 TV 간 결합을 통해 네트워크를 형성하고 있다. '이종매체 결합'은 서로 다른 종류의 매체 간 교차광고를 실시하는 것으로 TV+인터넷, TV+라디오, 라디오+인터넷+잡지 등 서로 다른 매체를 믹스하여 광고를 실시하는 것이다. '이벤트 & 스폰서링'은 방송사와 광고주가 공동으로 이벤트를 진행하거나 광고주가 프로그램 제작을 찬하는 것으로서 TV+라디오+출판물+인터넷+옥외광고 등의 형태를 띤다.

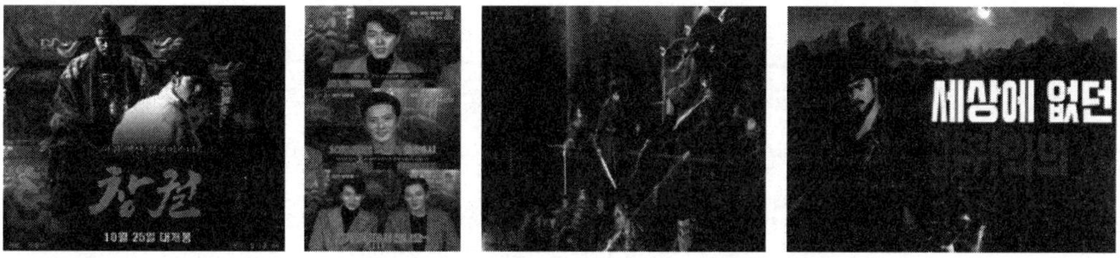

〈그림〉 '창궐' 영화, 모바일 V앱 홍보, 웹툰, 게임

(출처: 스타뉴스, 2018)

<창궐>은 현재 네이버 웹툰에서 50부작으로 연재하고 있으며 웹툰을 원작으로 영화를 만드는 것이 일반적이라면 <창궐>은 영화 시나리오를 바탕으로 웹툰을 제작한 사례이다. TV/극장광고, 버스광고, 스크린도어광고, 옥외 포스터광고, 배너광고, VIP 시사회 등 다양한 매체에서 홍보하였으며 바이럴 효과를 유도하였다.

이러한 크로스미디어는 '광고주'에게 One stop buying이 가능하고, 광고 집행 효율성을 강화시킬 수 있다. 또한 맞춤형 마케팅으로서 성공적 타겟 마케팅을 제고하고, 광고 도달범위 확대를 통해 소비자와 효과적 커뮤니케이션을 이룰 수 있다.

대표적인 동시매체 소비에 관한 연구는 미국의 BIG research에서 미디어 이용자들의 동시 사용행동을 조사하는 동시매체이용(Simultaneous Media Usage, SIMM) 연구를 1990년대 후반부터 지속적으로 수행하고 있다. 초기연구로서 2002년 조사 결과를 보면 18세 이상 미국 남성의 59%, 여성의 67%가 TV를 시청하면서 동시에 인터넷을 사용하는 것으로 보고되었고 (Advertising Age, 2002), 2006년에 수행한 SIMM VIII(2006, March) 자료에서는 인터넷 사용자의 약 70%가 동시에 TV를 시청하고 65%가 신문을 읽으면서 동시에 TV를 시청하는 것으로 나타났다. 또한 최근 11번째로 수행한 SIMM연구 결과에 의하면 15,727명을 대상으로 연구한 결과 미디어의 동시사용자수가 앞선 연구보다 증가하였으며 점차 비율이 증가하고 있다고 발표하였다.

또한 최근에는 유럽권에서도 다중매체의 동시소비에 관심을 갖고 이에 관한 연구를 수행하였다. EIAA(European Interactive Advertising Association, 2006)는 영국, 프랑스, 이탈리아, 독일, 벨기에, 그리고 네덜란드와 스칸디나비아에서 총 9,095명을 대상으로 동시매체 이용 연구를 수행하였다. 연구 결과에 따르면 응답자의 약 4분의 1인 38%가 인터넷 서핑을 하면서 텔레비전을 동시에 시청하며 이러한 미디어 멀티태스킹이 급속하게 증가하고 있다고 밝혔다. 인구통계학적으로는 유럽에서 미디어를 동시에 복합적으로 사용하는 소비자들은 16세에서 24세가 25%, 24세에서 35세가 29%로 주로 10대 중반에서 30대 중반이 다중매체 동시소비 이용자의 50%를 넘는 것으로 보고하였다. 더 나아가 본 연구에서는 멀티태스킹 활동을 하는 소비자의 성향에 관하여 살펴보았다. 결과에 의하면 TV와 인터넷을 복합적으로 사용하는 소비자는 그렇지 않은 소비자보다 온라인을 통해 옷이나 전자제품 등에서 더 많은 아이템을 구입하는 것으로 나타났다. 또한 10명 가운데 6명의 멀티태스커들은 비멀티태스커와 비교했을 때 자신들이 더 나은 상품을 살 것이라고 생각했고 이들 48%가 비멀티태스커보다 브랜드에 관한 자신들의 마음을 쉽게 바꿀 것이라고 응답하였다.

국내의 경우 이러한 크로스미디어 사용자가 빠르게 증가하고 있다. 이러한 측면에서 사용자의 관심이 머무르는 매체에 기업의 메시지를 전달하는 방식에 대한 고민이 필요한 시점이다.

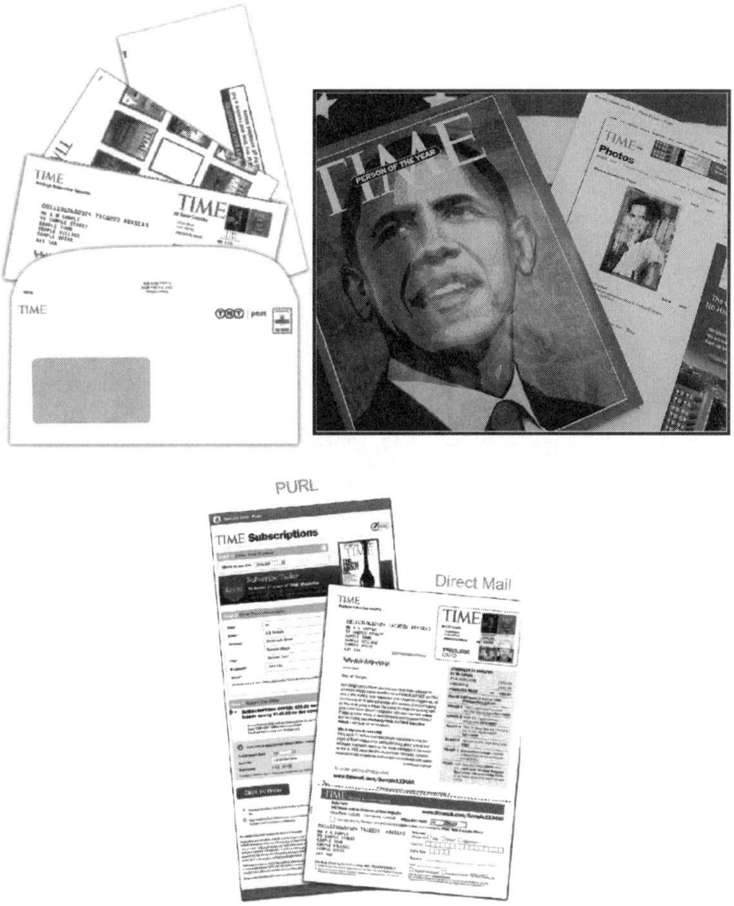

〈그림〉 영국의 마케팅 회사 Latcham Direct - 유럽 타임지 크로스미디어 캠페인

타임지의 등록 절차를 단순화하고, 구독신청을 늘리기 위해 Latcham Direct는 타임지가 독자들과 신청 관련 DM(direct mail)을 주고받는 전통적인 방식 대신 제록스의 소프트웨어 XMPie를 사용하는 온라인 프로세스를 만들었다. 디지털 인쇄기와 XMPie 솔루션은 발송되는 편지의 개인화와 편집이 가능한 제안용 카드를 가능하게 했음은 물론이고, 이 메일을 받는 타임지의 잠재고객이 구독신청을 위해 필요한 정보를 찾아 헤매지 않고 바로 온라인 구독신청 페이지로 연결시켜주는 PURL(Personalized URL, 즉 개인화된 웹페이지 주소)이라는 서비스의 사용을 가능하게 하였다. 즉 특정 독자만을 위한 웹페이지를 만든 것이다. 그 결과, 구독 응답률이 30% 증가하고 메일 수신자 75%가 구독신청을 하였다.

3) 크로스미디어 개념의 이해

크로스미디어란 미디어 즉 정보의 전달수단을 복수로 사용하여 최적의 커뮤니케이션 효과를 낼 수 있도록 하는 전략을 말한다. 현대에 있어 복수의 미디어는 전통적인 매스미디어와 디지털미디어로 구분된다. 현대의 크로스미디어 전략이란 캠페인 성격과 목표, 규모, 타겟, 지역 등의 변인을 고려하여 기존의 매스미디어와 인터넷, 모바일 등의 새로운 디지털 미디어를 유기적으로 결합한 전략을 말한다.

크로스미디어를 실제 전략적 측면에서 살펴보기 위해서는 크로스미디어 전략과 전통적인 미디어믹스 전략을 구분할 필요가 있다. 아래 <표>는 덴츠 크로스미디어 개발 프로젝트 팀은 미디어믹스와 크로스미디어를 구분한 것을 재정리 한 것이다.

〈표〉 미디어믹스와 크로스미디어의 구분

구분	미디어믹스	크로스미디어
타겟	인구통계학적 특성 등으로 구분한 타겟설정	타겟 인사이트 및 미디어 인사이트를 중시
커뮤니케이션 목적과 목표	도달 효율 관점의 인지 및 구매 의향의 최대화	넓이(Reach x Frequency)와 깊이(Depth)를 고려
플래닝 결과	미디어 예산 배분	커뮤니케이션의 시나리오(전개도)
사용하는 미디어	광고미디어+ PR+ SP+ 인터랙티브	복수의 접점을 효과적으로 결합

국내의 광고 전략에 대한 부분을 리뷰해 보면, 미디어믹스 전략을 크로스미디어 전략으로 잘못 오인하고 있는 사례가 많이 보이는 것이 현실이다. 이러한 문제에 대해서 간단히 미디어믹스와 크로스미디어 전략의 차이점을 분석하면 다음과 같다.

첫째, 타겟과 관련하여 보면 미디어 믹스 전략은 대부분 연령과 세대 등 인구통계학적 특성으로 소비자를 분류한다. 반면, 크로스미디어 전략은 소비자의 욕구나 생활가치, 미디어 행동 등 타겟 인사이트나 미디어 인사이트를 중시한다. 둘째, 커뮤니케이션 목적과 목표에 있어서도 미디어믹스 전략은 소비자에게 전하고 싶은 메시지를 얼마나 효율적으로 도달시킬 것인가를 중시하는 반면, 크로스미디어는 널리 알리는 것(넓이)뿐 아니라 구매로 이어지는 깊이를 중요시한다. 셋째, 전략수립의 결과에서도 미디어믹스는 예산의 규모와 배분을 중요시하는 반면에 크로스미디어는 소비자들이 능동적으로 참여하는 커뮤니케이션의 시나리오를 중요시한다. 넷째, 사용되는 미디어에 있어서도 미디어믹스는 우선 TV광고나 잡지광고, 교통 및 옥외광고 등 '광고' 미디어를 중심으로 효율적 조합을 시도하는 경우가 많다. 그러나 크로스미디어는 소비자와 브랜드를 연결하는 모든 컨택 포인트(접점)를 중립적으로 보고 나서 취사선택한 접점이 전략 수립의 대상이 된다.

따라서 미디어 믹스에서 기대되는 효과과정과 크로스미디어에서 기대되는 효과는 다르다. 이는 아래 그림을 통해 볼 수 있듯이 소비자와의 단순 접점을 늘리는 미디어 믹스 전략은 소비자의 관심이나 광고에 대한 선입견을 넘어서기 어려울 뿐 아니라 광고효과과정에 이르는데 매우 많은 과정을 거치게 되는 반면 크로스미디어의 효과과정은 소비자의 행동 차원과 자발적 활동 영역이 신속하게 진행됨으로서 광고의 마케팅 효과가 신속하게 확인 될 수 있으며 소비자를 통한 온오프라인의 입소문을 통해 정보의 재활성화를 통한 2차 효과를 기대할 수 있다.

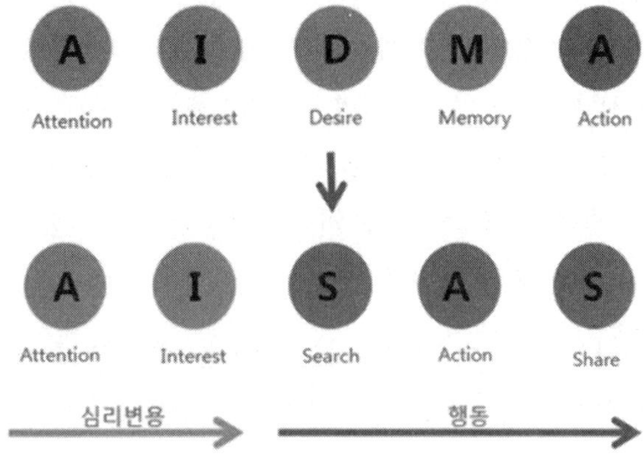

〈그림〉 크로스미디어 개념도

(출처 : 크로스미디어와 미디어믹스의 차이점, 이글루스)

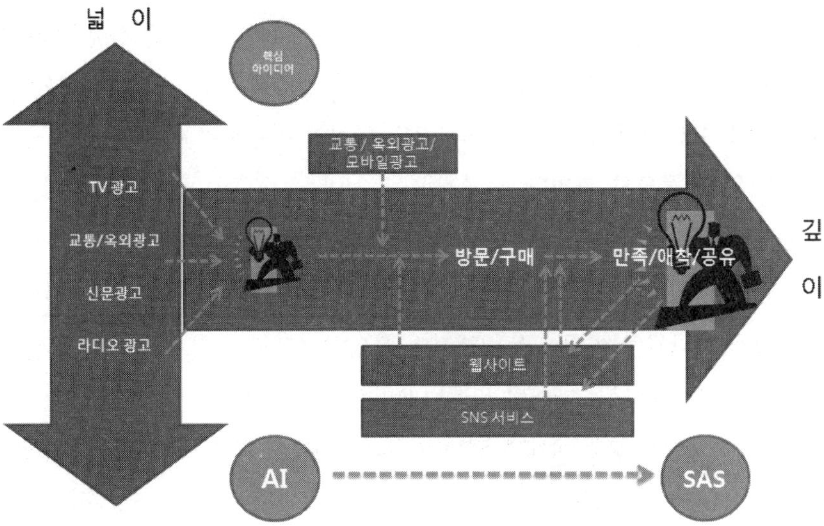

〈그림〉 크로스미디어 전략의 개념도

이러한 크로스미디어 마케팅 전략의 핵심적 개념으로 덴츠에서 제안한 모형에 추가적 보완을 하여 설명하면 위의 그림과 같이 제시할 수 있다. 소비자의 인사이트에 중심을 둔 관심사는 정보를 동일한 감각적 크리에이티브를 통해 다양한 매체를 통해 접하게 한다. 이는 소비자의 머릿속에 관심과 흥미차원의 관여를 높이게 된다. 이러한 소비자의 작은 생각의 영역을 복수의 접점(교통, 옥외광고, 모바일광고, 웹사이트)을 통해 강화시키고 이들이 온오프라인의 매장을 방문토록 한다. 이러한 행동영역에서 다시 웹사이트로의 접촉 영역을 확산시켜 정보를 공유하고 전달하는 활동을 할 수 있도록 유도하여 장기적으로는 광고 영역의 제품 사용의 차원에서 소비자의 머릿속에 브랜드화와 생활의 주요 정보를 소비자들 간에 공유될 수 있도록 하는 형태로 전환될 수 있도록 한다. 이를 위해서는 단순한 매체의 나열과 프로모션 집행의 연계를 고려하는 것을 넘어서 핵심적으로 고려되는 소비자의 동선과 매체 이용, 심리적 상태까지 고려된 시나리오가 있어야 하며 시나리오에 소비자가 향후 취할 행동까지 예측되어야 한다는 점에서 크로스미디는 소비자를 관객으로 두고 광고 메시지라는 대본을 매체라는 배우들이 실연하는 드라마가 되어야 한다. 마지막에는 관객이 무대 위로 참여토록 하는 마당놀이와 같은 장을 염두에 두어야 한다.

이러한 크로스미디어 기반 캠페인이 갖는 장점은 세 가지로 요약된다. 첫째는 양방향 커뮤니케이션을 원활하게 하며 둘째, 기존 매체와의 결합으로 시너지 효과를 주며 셋째, 단순히 소비자의 인식 속에 인지도나 선호도와 같은 추상적 목표가 아니라 체험하고 공유하고 구매하는 구체적 목표를 달성하는 데에 기여한다는 점이다.

현재 국내의 크로스미디어 전략을 살펴보면 주로 시간성을 배제한 '미디어의 복합사용'의 관점 및 전략적 토대 위에 진행되고 있다. 미디어별로는 주로 1)4대매체로 대변되는 구매체 2)인터넷, 모바일 등 디지털 기술을 기반으로 하는 다양한 뉴미디어 혹은 신유형매체 3)비매체로서 이벤트, 프로모션 등 세 가지 유형의 매체/비매체 전략을 복합, 교차하여 사용하고 있었으며, '미디어의 동시사용'에 관한 실무 전문가의 인식이 미흡하며 이에 따른 효율적인 매체 집행에 한계가 있는 것으로 보인다.

전통적 매체판매 상황에서는 하나의 광고에 대한 방해광고(clutter ads)가 많아짐에 따라 광고 매체를 통합하여 전략적으로 접근해야할 필요성이 더욱 증대되었다. 최근 들어 기업들은 점차 전통적 매체와 디지털 미디어를 병행하여 운영함으로써 소비자와 기업 혹은 브랜드의 접점(contact)을 늘리는 통합적 마케팅 커뮤니케이션(IMC) 활동을 시도하고 있는 실정이다. 그럼에도 실행적 측면에서 보면 국내의 현재의 크로스미디어 기반 마케팅 커뮤니케이션 활동은 선진국에 비해 걸음마 수준에 불과하다. 더욱이 크로스미디어 전략에 반드시 뒷받침되어야 할 아이디어 통일성과 매체별 표현방식 메시지 통일성이라는 측면이 매우 미흡하다. '미디어가 곧 메시지'이자 '미디어가 곧 아이디어'라는 관점에서 보면 미디어 크리에이티브와 밀접하게 연관되어 있다고 할 수 있다.

크로스미디어 논의와 관련하여 가장 시급하게 고려해보아야 할 점은 먼저 "크로스미디어는 단순한 미디어믹스인가, 크리에이티브 전략인가?"라는 문제이다. 단순히 동일한 크리에이티브를 복수 미디어에서 전개하는 것을 크로스미디어라 부르기에는 부족하다. 시너지효과를 낼 수 있도록 미디어뿐만 아니라 크리에이티브도 '크로스'시키는 것이 중요하다.

또한 웹사이트와 SNS 서비스를 통한 상호작용의 극대화를 통해서 수용자들의 관심과 참여 지지를 획득할 수 있는 소비자들의 이야기를 들을 수 있는 장의 확대에 대해 심각히 고려해야 할 것이다.

CHAPTER 3

진화한 소비자에게 접근하기 위해서

1. 컨버전스의 시대 마케팅을 하기 위한 이해
2. 패러다임은 콘텐츠 중심 커뮤니케이션으로 전환
3. 소비자가 공감하는 모바일 마케팅의 이해
4. 융합을 통한 새로운 마케팅 영역
5. 소비자에게 접근하기 위한 첫단추 인게이지먼트

1 컨버전스의 시대 마케팅을 하기 위한 이해

1) 컨버전스의 시대 마케팅 이해하기 1

대형 유통업체인 백화점 업계는 2017년 신규 점포 출점이 없거나 미비한 실적을 거두는 것으로 지적되고 있다. 이는 소비자들이 백화점 등의 쇼핑을 오프라인 유통업체보다 온라인을 통한 소비를 선호하기 때문이다. 이러한 변화로 인해 대형 유통업체는 한계를 겪고 있으며 오프라인 유통 전망이 약화됨에 따라 백화점에 입점하려는 브랜드 수도 점차 줄어들고 있는 추세이다. 즉 온라인이 활성화되며 오프라인 매장의 소비가 점차 줄어들고 있는 추세이다. 이에 따라 국내 신세계 백화점의 경우 특정 백화점에서만 볼 수 있는 자체 브랜드 강화를 통해 고객 유치 전략을 세우고 있다.

이러한 변화의 적응하지 못한 사례는 국내뿐만 아니라 해외에서도 볼 수 있다. 미국의 120년의 역사를 지닌 백화점 '시어스'의 경우 오랜 기간 동안 역사를 유지해왔음에도 불구하고 소비자의 변화에 맞는 전략이 미비하여 절반 이하의 매장이 폐점되었다. 즉 온라인으로 운영되는 아마존, 월마트의 성장으로 인해 오프라인 매장이 약화되기 시작한 것이다.

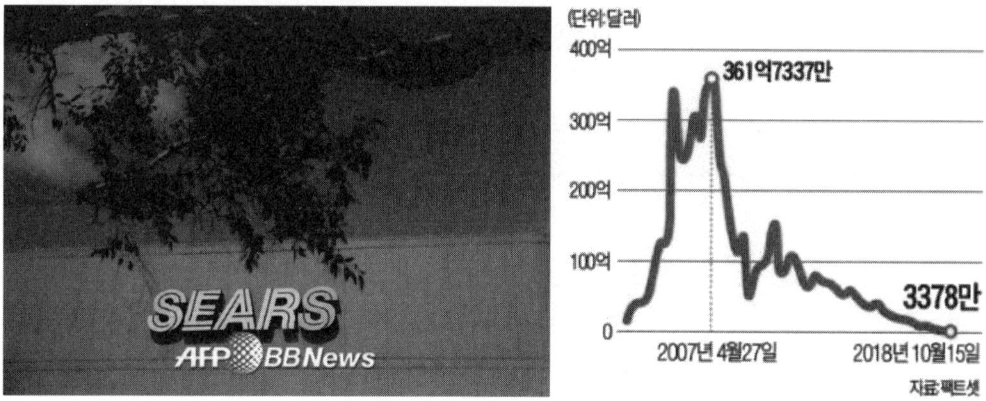

〈그림〉 미국 백화점 '시어스'
(출처: 팩트셋, 2018)

앞서 살펴본 사례와 같이 소비자의 욕구과 구매 행동은 변화하였고 이에 따라 온라인을 통한 유통이 활성화되고 있다. 변화하는 유통 환경에 적절히 대응하지 못한 대형 유통업체는 국내외적으로 쇠퇴하고 있는 것을 알 수 있다.

소비자의 급속한 변화는 스마트미디어를 통한 소비자의 생각과 행동의 근본적 변화에 기인한다. 최근 몇 년 동안 융합은 IT, CT뿐만 아니라 정치 · 사회 · 문화 등 다양한 영역에서 나름대로의 논리와 가능성을 만들며 회자 되고 있다. 본래 융합(Convergence)의 어원은 라틴어 'Convergere'라는 동사에서 유래되었으며, '함께'라는 의미의 'Con'과 '어떤 방향 또는 상태로 향하다(Bend)와 기울어지다(Incline)'라는 의미인 'Vergere'가 합쳐져 Convergence라는 용어가 생겨난 것이다. 융합은 우리말로 '어울림', '수렴'으로 번역되어지는데, 표준국어대사전에서 어울림이란 두 가지 이상의 것이 서로 잘 조화되는 것이라고 정의되어 있다.

그러나 이러한 융합이라는 개념속에서 소비자들이 어떻게 변화하고 진화하고 있는가에 대한 이해가 부족한 것이 사실이며, 가장 근본적인 융합에 대한 이해조차도 무분별하게 혼용되고 있는 것이 현실이다.

융합은 '서로 다른 기술이나 산업분야 간에 효율과 성능 개선 등을 목적으로 결합됨으로써 존재하지 않았던 새로운 기능이나 서비스를 창출하는 현상'으로 정의될 수 있으며, 기술 및 산업 측면에서 발생한 개념이다. 기술 측면에서의 융합은 서로 다른 기술요소들이 결합되어 개별 기술요소들의 특성이 상실되고, 새로운 특성을 갖는 기술과 제품이 탄생하는 현상을 말한다. 산업 측면에서는 타산업의 기술이 기존 산업 내 요구를 만족시킬 수 있는 유사성을 갖게 되면서 형성되는 것으로, 산업 내 융합과 산업 간 융합으로 구별된다. 산업 내 융합은 디지털 기술을 매개로 컴퓨터, 가전, 통신 등의 여러 기기들이 서로 유사한 기능을 가지면서 결합되는 현상을 나타내며, 통상 디지털 컨버전스로 통용된다.

구분	융합정도	개념	예시
Bundle	약(弱)	복수 기능을 하나의 패키지로 제공	iPod + iTunes
Overlap		서로 다른 제품 · 서비스간 동일한 기능이 추가	온라인 주식거래 전자사전과 전자수첩
Hybrid		여러 제품기능을 하나의 제품에 결합	복합기능 OA 기기 Smart Phone
Fusion	강(强)	제품 · 서비스가 합쳐져 새로운 가치 제공	MP3 Player (음악 + 데이터 저장기능) iPod, PMP (음악 + 영상 + 게임)

〈그림〉 융합정도에 따른 융합 개념

(출처: 미래 IT 융합기술 연구 위원회, "시장 · 고객 중심의 IT 융합기술 미래 플래닝", 2010.1)

이러한 컨버전스의 개념을 우리는 어떻게 이해하고 어떻게 마케팅해야 하는가에 대한 궁금증이 시작된다. 컨버전스의 개념은 미래 IT융합기술 연구위원회의 정의가 가장 명쾌하고 정확한 것으로 보인다.

먼저 **번들(Bundle)**의 개념은 가장 낮은 수준의 컨버전스 개념으로 각각의 기능을 유지한 채 결합된 하나의 패키지로 제공되는 것을 말한다. 흔한 예를 들면 국내 케이블 통신사에서 제공하는 전화+IPTV+인터넷 등과 같은 서비스의 경우 번들의 개념으로 이해할 수 있다. 이는 개별적인 기능을 결합하여 소비자에게 비용적인 혹은 통합적 서비스 제공으로의 효율성을 타진하는 등의 방식을 말하며, 아래의 티원 x 캣츠 패키지의 경우 두 제품을 번들로 판매하여 뮤지컬 공연 관람과 레스토랑에서의 식사에 대한 효율적 제공을 하는 방식을 말한다.

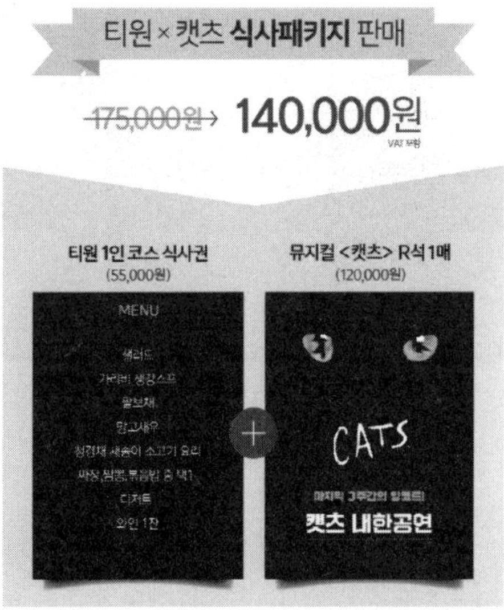

〈그림〉 티원x캣츠 식사패키지
(출처: 뮤지컬 캣츠 공식 홈페이지)

오버 랩(Overlap)의 경우는 보다 높은 수준의 컨버전스로 동일 제품이나 서비스에 두가지 이상의 기능이 추가되는 것으로 컴퓨터에서의 주식거래서비스나 전자사전(전자수첩과 전자사전)등과 같은 경우로 유사한 기능을 수행하는 제품이나 서비스에 동종 동류의 서비스를 제공하는 방식을 가진다. 또 오버랩의 경우 한 가지 기능을 수행하면 하나의 기능은 사용하지 못하는 ON/OFF개념의 한계를 가지고 있다. 소비자에게는 하나의 기기 혹은 장소에서 여러 서비스를 얻을 수 있다는 측면에서는 보다 효율적이고 고객 중심적인 제품, 서비스로 인식할 수 있으나 기기 또는 장소적 제약이 작용한다는 한계를 가지고 있다.

하이브리드(Hybrid)의 경우 여러 제품 기능을 하나에 제품에 결합하는 것으로 복합 기능의 OA기기나 스마트폰, 혹은 멀티플랙스 서비스 시설 등과 같은 것들의 경우 기기나 서비스가 물리적 제약이나 한계를 극복하여 소비자의 목적의도에 맞게 자유롭게 전환하는 것으로, 수소 연료전지 자동차(FCEV · Fuel Cell Electric Vehicle)의 경우도 소비자의 이용 목적인 최대의 연비절감과 자동차 고유의 성능 개선이라는 측면을 가솔린 내연 기관 대신 전기와 수소를 사용하는 연료전지를 사용하여 소비자의 이용 목적을 충족시켜주는 개념으로 보다 강한 형태의 컨버전스라고 볼 수 있다.

〈그림〉 수소 연료전지 자동차 작동원리

(출처 : 조선일보, 2019)

퓨전(Fusion)의 개념은 가장 강한 컨버전스의 개념으로 제품, 서비스가 합쳐서 새로운 형태의 가치를 제공하는 것으로 볼 수 있다. 퓨전의 경우에는 창조의 성격을 가지고 있어 기존의 없던 것들이 나타나는 경향을 보이는데, 최근의 경우 가장 두드러지는 것으로는 스크린 스포츠를 예를 들 수 있다. 스크린 스포츠의 경우 도심에 위치하고 있어 접근성이 높고, 실제의 골프와 같은 유사 경험, 경제적 부담 경감, 예약 및 부킹의 어려움 등의 어려움을 해소시켜주는 등 소비자에게 높은 가치를 제공해 주고 있다. 또한 사업 운영에서도 사업장의 운영 및 개설 이외에도 스크린 시스템 가상현실에 대한 노하우 등을 콘텐츠하여 수출사업으로 높은 부가가치를 누리고 있다.

〈그림〉 스크린스포츠
(출처: 중앙일보, 2018)

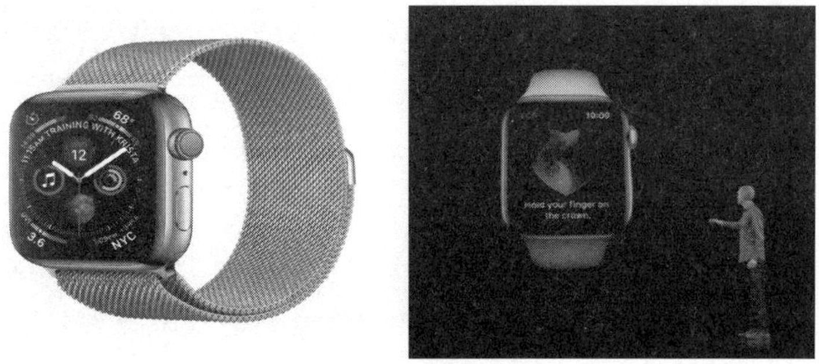

〈그림〉 애플의 애플워치4
(출처: ITWORLD, 2018)

이렇듯 컨버전스의 개념에도 다양한 수준유형과 제공되는 이점이 달라질 수 있다. 다양한 컨번젼스의 유형에 따라 각각의 컨버전스의 마케팅의 강점과 약점이 나타날 수 있으나 일반적인 측면을 논해보면 낮은 수준의 컨버전스의 경우 운영과 결합이 비용이 증대되어 자본의 중심의 결합이 이루어질 가능성이 높다. 이 말은 신규 시장으로서의 새로운 기업 참여보다는 기존의 기업들 간의 M&A 및 탈규제 중심의 경쟁이 시작되고 그 이후에도 출혈적 경쟁의 구도가 이뤄지는 것이 보통이다. 그 근본적인 이유는 소비자들의 결합된 서비스에서 가격 이외에 가치가 제공되지 않기 때문이다. 따라서 결국 가격 경쟁으로 치닫기 마련이다.

이와 반대로 컨버전스의 수준이 높아지면 높아질수록 자본보다는 기술적 개발, 시장 정착에 대한 리스크가 높아지는 것이 일반적인 현상이다. 일반적으로 하이브리드 퓨전의 컨버전스의 경우 수익성과 경쟁자 등장이 어려워 비교적 오랫동안 블루오션을 유지할 수 있다. 반면 컨버전스의 수준이 낮은 경우 이미 레드오션에 상황에서의 경쟁이라 높은 수익성과는 인연이 없는 편이다.

〈그림〉 소비자 가전 시장의 발전주기
(출처: Gartner, 2003, 정보조자분석서 참고)

그러나 높은 수준의 컨버전스의 경우 혁신적 기술의 개발을 통해 새로운 제품 서비스를 창조하는 것도 매우 어려운 일이지만 소비자의 선택을 받는 것도 매우 힘든 일이기 때문이다. 위 그림을 살펴보면 우리의 소비자 시장은 새로운 기대에 따른 환상이 사라지는 단계를 거쳐 점차 기술/시장 안정화 단계로 접어들며 안정된 성장을 보여주는 것을 볼 수 있다. 많은 제품들과 최근에서야 상용화된 제품들을 볼 수 있다. 지나친 기대가 이끄는 시대를 앞서가서 성공하지 많은 제품들과 서비스들을 볼 수 있다. 이 기간 동안 많은 제품들이 등장하고 사라지고 많은 기업들의 사라져가는 것을 경험해왔다. 우리는 새로운 기술 새로운 시장에 대해서 지나치게 낙관적이고, 일방적으로 사업을 운영해 나가는 모습을 보여주고 있다. 이러한 예는 인터넷이 급격하게 증가했던 2000년대 초중반에서도 비슷한 양상을 볼 수 있다.

새롭게 등장한 컨버전스 시대에서 국내외의 SNS기반 서비스, 소셜커머스, 맵개발 서비스 업체들을 살펴보면 이러한 최고 기대에서 기대환멸의 시기를 맞게 될 때 과연 얼마나 생존할 수 있을 것인가를 생각해봐야 할 것이다. 아래 앱스토어의 순위에서 살펴보아야 할 것은 크게 앱의 이용행태에 대한 내용이 바뀌었다기보다는 큰 사용범위에서 대상이 바뀌고 있다는 것에서 중심을 두고, 각 세부 사항에 요소들이 어떻게 이들의 순위를 바꾸고 있는가를 들여다 봐야 하는 것이다. 결국 소비자의 수요는 크게 변화하지 않았으나 이들의 드러난 혹은 드러나지 않은 욕구를 어떻게 충족하고 있는가가 매우 중요한 착안 지점이라는 것이다. 앞서 소비자 가전의 발전주기에서도 드러나듯이 소비자는 급격한 변화를 수용하지도 또 과거의 기술을 그대로 포용하지도 않는다. 단순하게 융합을 통해서 새로운 시장이 개척되지도 않는다는 것을 염두에 두고 논의를 확대해 나가야 할 것이다.

〈그림〉 2011 앱스토어 인기 순위/2015 앱스토어 인기 순위/2018 앱스토어 인기 순위

이는 가장 혁신적인 시장으로 생각되는 어플리케이션 앱스토어의 순위를 보면서도 생각해 볼 수 있다. 소비자들의 앱스토어 이용을 보면 현재는 스마트폰의 메신저틀로써의 사용, 엔터테인먼트 콘텐츠 이용, 온라인 배달 서비스, 대중교통 편의, 개인 네트워크 단말기의 수준에 있음을 알 수 있다. 또 하나의 시사점으로는 소비자 눈높이의 필요성을 이해할 수 있다. 현재의 고객들은 직관적이고 명쾌하게 이해할 수 있고, 이용에 있어서 단순하고 명확한 관계를 원하는 것으로 이해의 폭을 넓혀야 할 것이다.

따라서 컨버전스 시대의 기업마케팅의 본질은 새로운 기술과 시장의 변화에 대해서 현혹되지 말고 기본적으로 고객중심의 시장이 필요하다. 즉 고객 중심의 서비스 시스템이 개발되어야 한다는 것이다.

2) 마케팅의 새로운 패러다임 스마트미디어를 통한 인간관계의 구현

최근 롯데면세점의 캠페인 광고가 큰 이슈를 끌고 있다. 이들은 '방탄소년단'을 출현시켜 광고의 전반적인 분위기를 마치 뮤직비디오를 보는 듯한 스토리를 제공하였다. 이는 광고가 아닌 하나의 콘텐츠를 보는 듯한 새로운 접근 방식 전략으로 소비자 입장에서 자발적으로 이용할 수 있는 엔터테인먼트 콘텐츠를 제공한 것이다. 인사이트에 따르면 방탄소년단의 다양한 모습을 담아낸 광고는 유튜브 채널에서 조회수 900만 뷰를 돌파하며 빠르게 확산되고 있는 것을 볼 수 있었다.

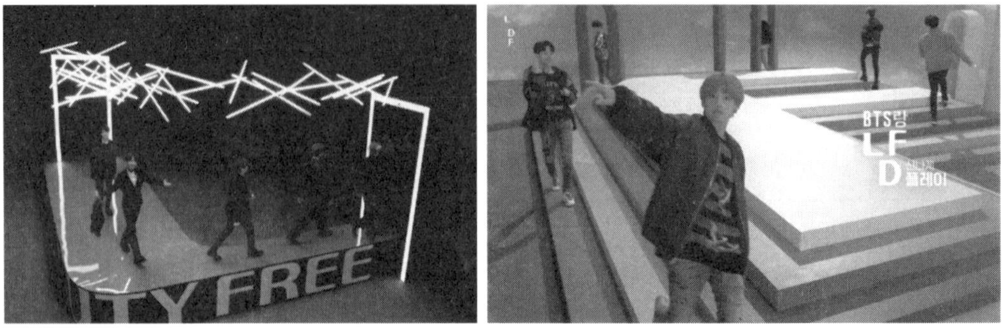

〈그림〉 유튜브 'LOTTE DUTY FREE'

앞서 사례는 단순하게 커뮤니티를 활용한 과거 마케팅접근이 아닌 그들의 정서과 공감을 활용한 기업과 소비자와의 인간관계의 구현의 사례로 볼 수 있다. 이렇듯 스마트미디어로 인한 환경이 변화함에 따라 4대 매체를 중심으로 광고를 운용해온 기존의 관행으로 부터 발상의 전환이 요구되고 있다. 마케터와 소비자 간의 양방향 커뮤니케이션에 중점을 둔 새로운 마케팅 틀에 대한 요구가 증대되었고, 기존의 광고 역할과 기능도 새로운 패러다임에 대응하는 방향으로 재정립되어야 할 국면에 처하였다.

매체가 소비되는 행태도 변하였다. 기존의 환경에서는 대량생산 대량소비라는 산업사회의 소비특성을 반영하듯 소수의 발신자의 정보를 다수의 수용자들이 일방적으로 수신하는 방식이었다. 말 그대로 매스 미디어(mass media)적 매체소비 행태였다. 그러나 정보의 가치가 중요시되는 정보화 사회에서는 기존의 획일화되고 다수에 집중된 소비문화 구조에서 벗어나 소수의 다양성을 인식하고 이를 수용하는 움직임이 사회 곳곳에 확산되게 되었다. 개인의 멋과 개성을 추구하는 한편, 원하는 정보를 적시에 누리려는 생활방식이 보편화되기 시작하였다. 이는 마치 산업화에 의한 대량생산 이전의 방식, 즉 소비자가 생산자를 찾아가 제품을 주문하던 주문생산행태가 부활한 것이라 할 만하다.

앞서의 변화는 모두가 이야기 하는 큰 주류이다. 그러나 마케터가 놓쳐서는 안 되는 또 하나의 큰 흐름은 인간관계 모바일을 통한 대인관계의 구현이라고 할 수 있다. 이미 사회과학에서 논의된 인간관계의 개념들이 모바일 미디어 환경에서 신속하게 대응하고 선도하는가에 따라 향후 마케팅시장의 흐름을 주도할 수 있을 것으로 생각한다.

〈그림〉 네이버 커뮤니티 앱 밴드
(출처: 네이버 밴드 공식 블로그, 2016)

인간이 사회를 형성하는 가장 기본적인 이유는 사람들이 본성적으로 친화 동기를 가지고 있기 때문이다. 친화 동기는 사람들이 타인과 관계를 맺고 유지하려는 본성적인 동기를 의미한다. 익숙한 것을 만들어 항상 곁에 두려고 하는 이 친화 동기는 크게 두 가지로 나뉜다.

첫째, 사람들은 두려움을 피하기 위해 모인다. 사람들은 본성적으로 두려움을 피하려는 동기가 내재해 있는데, 이러한 친화동기의 이면에는 사람들이 가지고 있는 자연, 동물, 다른 종족에 대한 두려움이 실패를 피하고자 하는 중요한 원인으로 작용한다. 이러한 원초적인 본능은 우리의 불확실한 정보 속에서도 빛을 발한다.

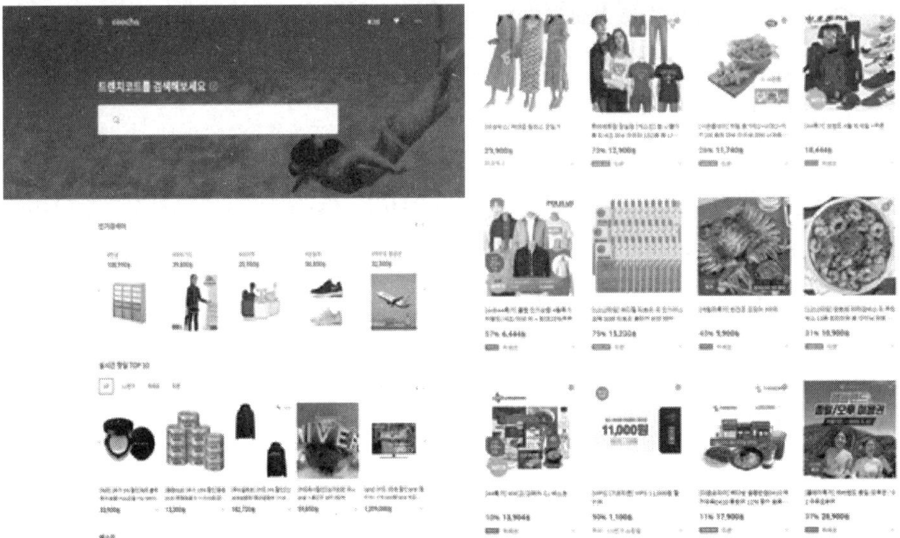

〈그림〉 소셜커머스들의 가격비교사이트 '쿠차' 홈페이지

현대의 정보과잉 안에서는 현대인들은 길잡이를 찾고자 원하며 이는 다양한 가격정보 사이트나 파워블로그 등의 새로운 정보 과잉을 부르는 아이러니를 갖고 있다. 그러나 이들의 요구는 지속적인 것으로 새로운 매체와의 조합으로 소비자들의 선택을 받을 수 있다.

현재 온라인 가격비교사이트 서비스의 경우 가격검색 기능의 강점은 다소 약화되었고 현재는 제휴를 통한 가격 추가할인이라는 서비스를 제공하고 있다. 그러나 이러한 경쟁은 앞서 경험한 소셜커머스의 가격 경쟁구도로 치킨게임(chicken game)으로 흐를 가능성이 높다.

이는 모바일이라는 매체에 PC기반 서비스를 일차원적 구현에서 혁신이 멈춰서 버렸기 때문이다. 이는 단순히 미디어를 통한 서비스의 접점을 늘린 것일 뿐 매체에 특화된 새로운 경험을 제공해 주지 못하게 된다. 모바일의 최적화된 체험을 제공하여 정보의 비대칭으로 발생하는 소비자의 두려움을 집단의 힘을 통해 해결할 수 있도록 혹은 그렇게 믿도록 하는 신규 서비스 도입이 필요하다. 이는 기존 서비스 업체의 도전이자 새로운 신규업체의 기회이기도 할 것이다.

〈그림〉 온라인 사진 공유 및 소셜 네트워킹 서비스 '인스타그램'

(출처: 이뉴스투데이, 2016)

둘째, 사람들은 다른 사람과 비교하고 싶어서 모인다. 사람들은 기본적으로 자신의 현재 모습에 대한 정확한 정보를 갖고자 하는 욕망을 가지며, 이러한 지적 욕망은 타인과의 비교를 통해서 이루어질 수 있기 때문에 사람들은 집단을 형성하게 된다.

▶페이스북 '좋아요'　　　▶인스타그램 '팔로워'

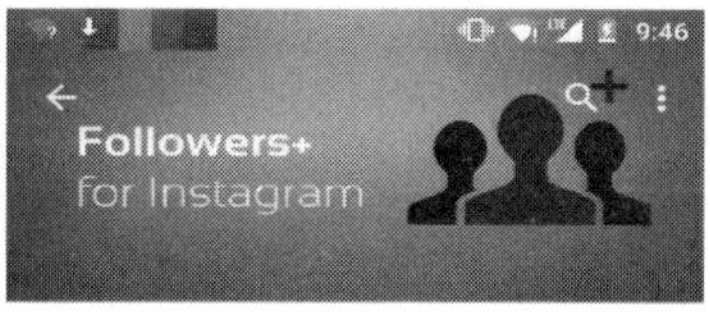

▶ 페이스북에 추가된 '리액션' 버튼

〈그림〉 소셜네트워크 내 정서적지지 상징물

이를 통해 개인은 정서적 지지(애착의 중요성)를 받을 수 있다는 이점과 다양한 정보를 얻을 수 있다는 이점이 있다. 인간의 기본적인 동기를 충족시켜준 것이 이른바 SNS로 이를 어떻게 기술적으로 원활하게 구현했는가가 시장을 재편한 케이스라고 볼 수 있으며, 카카오톡의 게임구조를 통한 이용자 간의 트래픽의 극대화는 좋은 전략이었다.

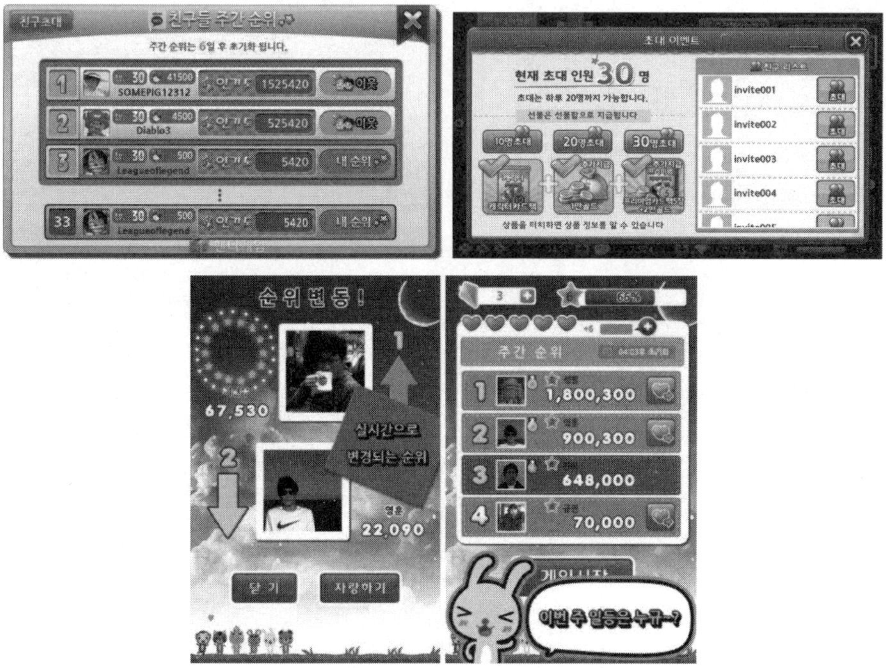

〈그림〉 카카오톡의 게임과 SNS 연결 구조
(출처: Daum 블로그, 2012)

그러나 이러한 사용자의 관계와 게임구조의 너무 강한 밀접함은 다양한 클릭과 이용을 통한 트래픽 증가에도 광고나 마케팅 수익으로 이끌기에는 너무나 밀도가 높았다. 과거의 트래픽에 대한 수익이 발생하지 않는 상황에서는 이러한 트래픽의 증가를 새로운 상호작용 요소로 이끄는 것이 필요하며, 이는 기존의 온라인게임 등에서 영감을 얻는 것도 좋을 것으로 보인다. 이는 인간생활의 집약적 구조로 현실과 같은 계층과 동료, 화폐, 공동의 작업 등이 가능한 구조의 재현이다.

이를 통해 이용자들은 개인의 사회를 구성하는 각 개인은 서로에게 영향을 주고받는 상호작용적 교류 형태를 갖게 되는데, 이때의 주체는 개인과 개인, 개인과 집단, 또는 집단과 집단이 될 수도 있다. 사람들은 혼자 있을 때와 다른 사람과 함께 있을 때의 행동이 다르다. 사회란 하나의 커다란 장이고 사람들은 그 속에서 서로 영향을 주고받으며 사는 사회적 동물이기 때문이다. 이와 같이 사회도 그 내부에는 상호의존의 관계가 형성되어 있어, 어느 한편의 변화는 다른 쪽의 변화를 불러일으킨다. 이를 통해 불확실성을 해소하고 안정을 갖게 되는 것이다.

▶유튜버 '대도서관'(좌)/'씬님'(우)

▶유튜버 '양띵'

▶ 유투버 '헤이지니'

〈그림〉 유튜브의 창조형 소비자인 '유튜버'

이렇듯 스마트미디어를 통해 인터넷 공간에서 자신의 관심사나 견해를 직접 알리고 공유하는 **창조형 소비자**들이 증가하고 있다. 이들은 기업이 일방적으로 제공하는 제품과 브랜드 관련 커뮤니케이션 외에 더 많은 정보력과 판단 기준을 갖고 있다. 또한, 미니홈피나 온라인 동호회 등을 운영하며, 스스로 미디어가 되어 힘을 발휘하고 네트워크화로 시너지효과를 낸다. 그러나 그들의 스마트 미디어의 본질은 원초적인 인간의 원칙에 기반을 두고 있음을 간과해선 안 될 것이다.

3) 컨버전스의 시대 마케팅 이해하기 2

컨버전스란 디지털 기술로 인하여 콘텐츠 및 서비스를 구현하는 단말기가 서로 수렴하는 현상, 또는 방송, 통신 등의 미디어가 디지털 기술의 발달로 서비스의 경계와 구분이 점차 모호해지는 현상을 일컫는다. 디지털 융합은 동일한 콘텐츠를 방송망과 통신망 모두를 통해 전달 가능한 현상으로 크로스 플랫폼(Cross Platform), 통합플랫폼과 유사하거나 혹은 부분 집합의 개념으로 볼 수 있다.

기술의 발전에 따라 과거 TV, 모바일, 인터넷에서 이루어졌던 각각의 서비스를 하나의 매체로 통합하여 이용하는 것이 가능해졌다. 즉, 방송통신 융합으로 인해 매체간의 장벽이 사라지면서 다중적 매체 특성을 지닌 새로운 사업 영역으로 확대될 전망이다. 이에 따라 통신 컨버전스로 인해 개별적으로 발전하던 산업구조에서 새로운 가치사슬 구조가 구축되고 있다.

이러한 컨버전스에서 가장 중요한 핵심 가치로 부각되는 것은 인터랙티브다. **'인터랙티브'(Interactive)** 미디어의 가장 큰 특징은 디지털화와 쌍방향커뮤니케이션이 가능하다는 것인데, 인터넷 · 모바일 · 인터랙티브 TV 등을 예로들 수 있다. 디지털화된 부호들을 새로운 형태로 전달할 수 있는 인터랙티브는 기존의 광고, PR, 텔레마케팅 등과 연계하여 통합적 마케팅 커뮤니케이션의 수단으로 중요한 의미를 지닌다. 또한, 인터랙티브 미디어에서 구현되는 상호작용성은 디지털 미디어와 사용자 간, 디지털 미디어로 연결되어있는 사용자 간, 미디어와 미디어 간에 여러 가지 형태와 차원의 상호교류가 가능함을 뜻한다. 특히, 상호작용성은 최근 소셜커머스에서 자율적 선택권을 보유한 소비자들을 유인하기 위한 효율적인 수단으로 활용되고 있다. 즉, 소비자들 간에 혹은 소비자와 판매자 간에 대화 채널을 형성하여 이들 간의 관계를 더욱 긴밀하게 만들고 개인화하며, 소비자의 구매과정을 수월하게 해주는 방향으로 마케팅활동이 이루어지고 있다.

〈그림〉 소셜커머스 '티몬' 구현 형태
(출처: 티몬 공식 홈페이지, 공감신문, 2019)

향후 컨버전스 시대의 소비자는 소극적이고 수동적인 수용자에서 능동적이고 적극적인 사용자로 변화하게 된다. 지금까지 마케팅에서 매스 미디어는 획일적 메시지를 일방적으로 전달하는 일 대 다수(one-tomany)의 커뮤니케이션 형태를 취했기 때문에 수용자들은 읽고 싶지 않은 정보, 혹은 보고 싶지 않은 내용에도 강제적으로 노출되었다. 그러나 상호작용이라고 하는 속성을 내재한 디지털 시대가 되면서 누구나 원하는 정보를 시간적, 공간적 한계에 구애받지 않을 뿐 아니라 콘텐츠와 상호작용을 하면서 자신만의 콘텐츠를 스스로 구성해 나갈 수 있게 되었다. 디지털 기술이 접목됨에 따라 모든 정보가 디지털화되고, 이는 디지털 전송로를 통해 자유롭게 유통되므로 아날로그적 미디어에서는 찾아볼 수 없었던 상호작용적 미디어의 특성을 띠게 되는 것이다. 또한 이를 통해 과거의 마케팅커뮤니케이션의 접근법에 일대 변화가 일어나게 되는 것이다. 이러한 소비자의 변화에 대해서 IBM 비즈니스 컨설팅 그룹은 소비자의 복잡성, 디지털기술, 비즈니스모델, 파트너전략의 네 가지 주요 영역에서 트렌드 전망에 대해 다음과 같이 예측하였다.

〈표〉 소비자의 복잡성, 디지털기술, 비즈니스모델, 파트너전략 변화

소비자의 복잡성	디지털 기술
• 소비자의 콘텐츠 소비에 대한 자유와 통제권이 증가 • 소비자가 훨씬 더 현명해짐 • 소비자 활용이 소비자 정의 핵심 • 권한 관리가 소비자 엑서스와 행동에 영향을 미침	• 콘텐츠 제작과 제공을 위한 새로운 방법 • 콘텐츠 표준과 네트워크의 정교화 • 규모와 범위를 확대하기 위한 기술의 이용 • 가전제품, 휴대제품이 소비자의 통제권 강화 • 콘텐츠 관리는 중요한 차별화 요소
비즈니스 모델	**파트너 전략**
• 비즈니스 모델이 새로운 환경에 적응 • 미디어 비즈니스 환경의 변화 • 비즈니스 인텔리전스로 인한 혜택 제공 • 비즈니스 모델이 새로운 소비 패턴에 맞춰 변화하고 대응 • 자산 축적으로 인한 규모 달성 • 비즈니스는 지속 가능한 차별화 요소에 집중	• 소비자들의 요구를 잘 충족시키기 위해 서비스 제공업체와 중간 기업이 등장 • 파트너 관리가 새로운 가격 구조와 매출 증대의 기본이 됨 • 비즈니스 파트너는 규모와 오퍼링의 가치 증대를 위해 상호 작용하여 협업 • 기업 간 프로세스와 워크플로우를 관리하기 위해 비즈니스가 통합

이러한 변화에 대응하기 위해서 산업측면에서는 타산업의 기술이 기존 산업 내 요구를 만족시킬 수 있는 유사성을 갖게 되면서 형성되는 것으로, 산업 내 융합과 산업간 융합으로 구별된다. 산업 내 융합은 디지털 기술을 매개로 컴퓨터, 가전, 통신 등의 여러 기기들이 서로 유사한 기능을 가지면서 결합되는 현상을 나타내며, 통상 디지털 컨버전스로 통용된다.

디지털 융합은 디지털 기술이 접목되고 통신, 가전, 컴퓨터 등의 기기들이 서로 유사한 기능을 가지며, 기업의 새로운 사업기회를 다양하게 창출하고, 기업은 융합화, 복합화를 통해 기존사업의 한계를 극복하고 새로운 성장 기회를 모색하게 될 것이다. 디지털융합은 유·무선망에서 독자적으로 서비스를 영위하던 서비스 망 간의 연동에 의한 온·오프라인의 융합, 게임, 디지털영상, 이러닝 등 콘텐츠분야 간 융합이 발생하고 있다. 또한 통신과 방송의 주력 서비스들이 광대역 통합네트워크 기반 위에서 디지털과 양방향의 특성을 가지는 결합 커뮤니케이션 서비스로 전환되는 통신-방송의 융합, 다양한 콘텐츠를 한 개의 단말기에서 구현하는 정보기기 간 융합으로 발전할 전망이다. 대표적인 것이 아이폰과 아이패드, 갤럭시탭 등이 대표적이나 이러한 형태의 제품도 하나의 가능성이지 최종 종착지는 아니라는 것이다.

▶아마존의 킨들 전자책 콘텐츠 서비스와 킨들 HDX 태블릿

〈그림〉 컨버전스 기반, 콘텐츠 기기 융합의 한 가능성

이러한 변화를 통해 기존 마케팅 산업은 세 가지 큰 변화에 직면하고 있다.

첫째, 산업 간의 경계약화이다. 그동안 고유의 제작방식과 유통구조로 인해 발전의 한계를 겪고 있던 기존 관련 산업은 새로운 성장 모텀을 서비스의 고도화 즉, 고객 중심 서비스에 맞춰야 하는 도전에 직면하게 될 것이다. 고객 요구를 반영하기 위해서는 그간의 산업 고유의 경계를 허물고 융복합을 추진할 수밖에 없게 되었다.

둘째, 기술의 혁신과 소비다. 새로운 기기, 발달된 네트워크는 다양한 미디어 채널을 제공하고 있으며, 컴퓨터 그래픽과 같은 제작기술의 발전은 다양한 마케팅 상품과 서비스를 개발하고 제공할 수 있는 환경을 마련해 주고 있다. 이러한 변화는 과거 수동적인 수용자들을 보다 역동적이고 참여적이고 자기중심적인 개인화된 형태로 바꿔 놓았다.

셋째, 고객가치의 다양화이다. 경제적으로 윤택해지고, 자신만의 가치를 추구하는 소비자들이 늘어남에 따라 수용자에게 다가가기 위해서는 소비자들이 찾고, 참여하고, 의사표현과 커뮤니케이션 관계가 지속화 및 고급화되는 환경을 요구하고 있다. 웹 2.0 확산에서 볼 수 있듯이 수요자로서의 고객이 아니라 실제 제작하고 자신의 의견을 콘텐츠에 반영하는 프로슈머로서의 확산은 향후 광고 산업의 융합현상에 큰 시사점을 제공하고 있다.

기업의 프로슈머 활용 사례 자료: 각 회사

기업	이름	비고
SK텔레콤	앱스토어	미국 애플 앱스토어, 구글 안드로이드 마켓, MS 윈도 마켓플레이스, 노키아 오비 스토어, 삼성전자 삼성 앱스토어 등 세계적 추세
SK브로드밴드	브로드& TV 쇼핑	일반 주부 등이 손수제작물(UCC)을 만들거나 쇼 호스트로 직접 나와 생활용품, 식료품 등을 판매
삼성전자	파워 블로거 마케팅	비용이 많이 드는 옥외광고 등을 줄이고 소비자를 마케팅에 참여시키는 파워 블로거 마케팅 확대
현대·기아차	오토 프로슈머, 오토 컴패니언	자동차 개발, 네이밍 등에 소비자 참여 확대

〈그림〉 국내 기업들의 프로슈머 활용 사례
(출처: 김민구, 경제상식사전, 길벗, 2015)

이러한 변화를 기반으로 새로운 미디어에 대한 소비자의 지출이 급속도로 증가하고 있으며, 소비자의 선택 폭이 확대되고 시간이 제한되면서 사람들의 관심은 점차 기존 매스 미디어에서 새로운 융합 미디어로 이동하고 있다.

이러한 변화 속에서 유기적이고 선제적으로 대응하기 위해서는 스마트 비즈니스 전략이 선행되어야 할 것이다. 이는 기업의 물리적 개념적 범위의 확장을 하는 것으로 기업의 내부와 외부를 모두 개방하는 것이다. 아래 그림은 미디어와 콘텐츠 산업에 대해 한정된 것으로 보이나 현재 국내의 모든 기업에게 제시하는 바가 크다. 과연 이 그림으로 제시된 "개방"이라는 개념들로 체크리스트를 만들어 보았을 때 과연 얼마나 많은 점수를 받을 수 있을 것인가 생각해보았을 때 그리 낙관적으로 평가할 수 없을 것이다.

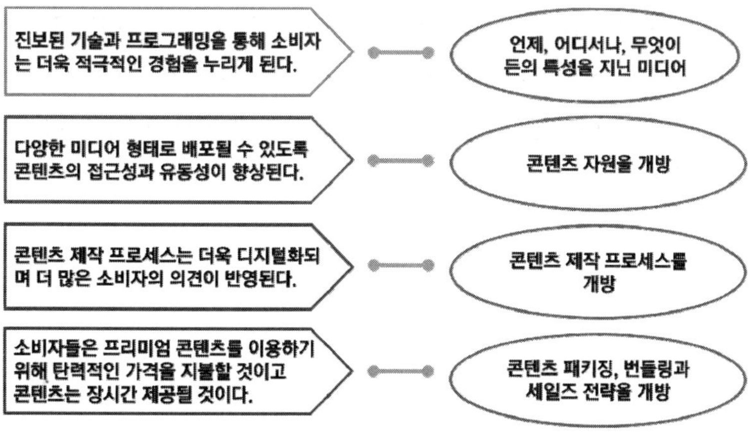

〈그림〉 스마트 비즈니스 기업의 핵심가치 "개방"
(출처:IBM Business Consulting Services analysis, IBM Institute for Business Value analysis, 2004)

이 그림으로 제시된 “개방”이라는 개념들로 체크리스트를 만들어 보았을 때 과연 얼마나 많은 점수를 받을 수 있을 것인가 생각해보면 그리 낙관적으로 평가할 수 없을 것이다.

이는 국내의 기존 기업들이 디지털융합의 변화 속에서 자꾸 국내경쟁력이 저하되는 주요 원인으로 구분되는 것이다. 대표적인 사례로 삼성과 LG가 구글 앤디 루빈 부사장의 안드로이드폰 제작 제안을 거절한 것이 대표적인 것으로 우리 기업의 모습을 여실히 보여주는 사례라고 할 수 있다. 향후 소비자의 변화와 시장의 컨버전스 속에서 살아남기 위해서는 새로운 기업 경영 질서를 받아들이고 변화에 대응이 아닌 변화를 앞서서 받아들이는 스마트 비즈니스의 도입이 중요하다. 이를 통해 향후 컨버전스 시장에서 기업이 지향해야 하는 가치는 수용자의 참여를 기반으로 한 오감 체험형, SNS 기반, 언제 어디서나 즐길 수 있는 개인 맞춤형 서비스 등을 구현할 수 있는가, 이를 인터랙티브적인 매체 특성을 바탕으로 소비자와의 양방향적인 커뮤니케이션이 가능한가의 개념이다. 아울러 세분화된 매체 특성 및 적시성을 바탕으로 개별 소비자의 니즈에 맞춘 커뮤니케이션 디자인이 수행하면서 IMC와의 접점을 극대화할 수 있는가가 향후 생존 진화 성패의 향방이 결정될 것이다.

사례1) 기업 마케팅 커뮤니케이션 도구로써의 홈페이지 개선방안

웹 2.0은 유저가 주도하는 것이 가장 큰 특징이다. 이 말의 핵심은 대규모 미디어 등이 아닌 개인이 자유롭게 정보를 발신할 수 있는 환경이 구축되었다는 점이다. 이러한 변화에 따라 구매 단계에서 검색이라는 활동이 매우 중요하게 되었으며, 입소문에 대한 관심이나 니즈가 급격하게 증가하였고 롱테일의 틈새 상품들의 가치가 증대되었다. 그러나 이러한 변화에 대응하는 마케팅적 노력에도 불구하고 성과는 그리 높지 않은 것이 현실이다. 이는 본질을 충분하게 이해하지 못한 상태에서 신기술을 도입해봐야 허상으로 끝나버릴 가능성이 높다. 따라서 홈페이지를 통한 마케팅커뮤니케이션에 대한 기본에 대한 이해가 선행되어야 한다.

본 칼럼에서는 기본적인 개념에 대한 확인과 평가에 대해서 선행적 검토를 출발하고자 한다. 인터넷 사용자의 급격한 증가, 인터넷의 중요성에 대한 각국 기업 인식의 변화, 인터넷 홍보의 효율성 증가와 함께 향후 수 년 내에 오프라인 매체를 제치고 가장 효과적인 통합 매체로 성장할 전망이다.

〈표〉 매체의 특성과 기능

구분	공중규모	타깃 공중 도달 효과성	정보의 양	상호 작용성	맞춤 능력	1000명당 비용	쇼핑 경험	상품 과시력	메시지 통제	전후관계 통제	수명
잡지	다양함	고	대	없음	중	저	중	저/중	고	저	고
텔레마케팅	다양함	중/저	중	고	매우 높음	매우 높음	중	저	저/중	저	저
DM	다양함	고	대	없음	고	고	고	고	고	중	저
TV 광고 인포머셜	 대 중	 저 고	 소 대	 없음 없음	 저 저	 저 저/중	 저 중	중 매우 높음	 고 고	 저 고	 저 저
라디오	중	고	중	없음	저	저	저	저	고	저	저
신문 중앙지 지방지	 대 중	 저/중 중/고	 대 대	 없음 없음	 저 중	 저 중	 저 중	 저 저	 고 고	 저 저	 중 저
카탈로그	다양함	중/고	중	없음	저	중/고	중/고	중	고	중	중
인스토어 (비인적)	중	중	소	저	저	고	중	중	고	저	저
개인 판매	소	고	대	매우 높음	매우 높음	매우 높음	고	매우 높음	중	저	저
아웃도어	중	중/고	소	없음	저	중	저	중	저	저	
인터넷	중	중/고	대	고	고	중	중/고	중/고	고	저	고

출처 : Hutton, James G, & Mulhern, Francis J.(2002). *Marketing Communications: Integrated Theory, Strategy & Tactics*. Hackensack, NJ: Pentagram Publishing, p.111. Newsom, Turk, & Kruckeberg(2004)에서 재인용, p.231.

기업의 마케팅 커뮤니케이션 도구로서 인터넷 홈페이지는 **1)시간적, 공간적 무제약성, 2)쌍방향 커뮤니케이션의 가능성, 3)저렴한 비용, 4)표적집단에의 접근 용이성, 5)방대한 정보 제공 가능성, 6)주 이용자의 의견 선도자적 특성, 7)직접 마케팅의 가능성** 등 여타 매체와 차별되는 많은 장점을 가지고 있다.

그러나 이러한 장점에도 불구하고 인터넷 홈페이지를 통한 마케팅 커뮤니케이션에는 단순한 정보의 제공 혹은 일방적인 고지 등의 많은 한계가 있었다.

■ **기업 마케팅 커뮤니케이션 도구로서의 홈페이지의 평가 기준**

국내외의 웹의 특징들을 고려한 기존 연구들을 토대로 볼 때 인터넷 홈페이지 평가기준으로 **접근성, 콘텐츠, 디자인, 상호작용성, 연계성**의 개념을 도출할 수 있었다. 이는 〈표〉 인터넷 홈페이지 평가 기준에 따라 분석해 볼 수 있다.

〈표〉 인터넷 홈페이지 평가기준

평가항목	세부 평가 내용
접근성	사용자가 찾고자 하는 홈페이지에 얼마나 편리하게 접근할 수 있는가?
콘텐츠	정보의 양과 질은 어떠하며, 업데이트는 얼마나 자주 되는가?
디자인	사용자의 흥미를 끌 수 있으며, 재방문을 유도할 수 있는가?
상호작용성	사용자와의 상호작용 가능성은 어느 정도인가?
연결성	홈페이지 내의 하이퍼링크의 수와 유형은 어떠한가? 홈페이지로 접근할 수 있는 방법의 수와 방법은 간편한가?

접근성에 있어서 인터넷 홈페이지의 도메인의 경우 이용자들이 접근하기 위한 편의성이 어떠한가를 심각히 고려해야 한다. 이용자들의 입장에서 이용자 접근 편의이 낮다면 도메인에 대한 교체를 심각하게 고려해 보거나 단순한 형태의 형태로의 전환을 고려해야 한다. 또한 이용자들의 선호하는 검색엔진 상위에 링크될 수 있도록 검색어의 관리 및 지속적인 관리가 중요한 화두가 될 것이다.

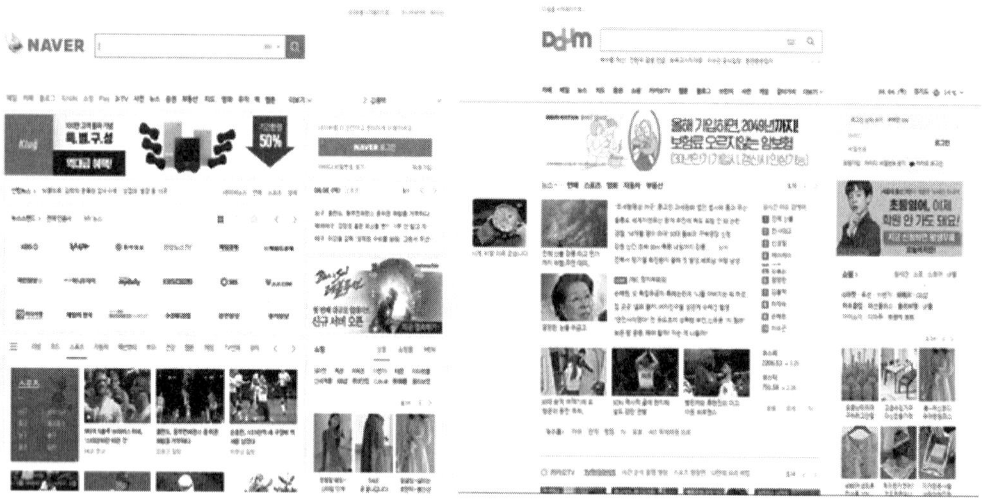

〈그림〉 포털사이트 '네이버'와 '다음'의 도메인

콘텐츠의 경우 인터넷 콘텐츠는 신문과 같은 정보와는 다른 특성을 가지고 있다. 이용자가 원하는 바로 그 정보가 필요한 것이지 많은 정보가 중요한 것이 아니다. 이와 관련되어 검색엔진의 시멘틱 시스템의 구축이 필요하다. 또한 콘텐츠는 유희적 요소를 포함하고 있어야 한다.

구체적인 정보 이외에도 방문자들이 즐기고 영위할 수 있는 콘텐츠의 구비가 필요하나 현재는 인쇄매체를 웹상에 구현한 형태에서 벗어나지 못하고 있다. 이를 위해서는 제품과 서비스와 관련된 스토리텔링 기법을 사용하여, 특정 지역과 관련된 사진 자료들과 이야기를 제공하고, 고품질 고화질의 사진 영상을 제공하여, PC, 모바일 미디어에 사용할 수 있도록 이용자 중심의 콘텐츠를 구비해야 한다. 스토리텔링이 중요한 것은 단순한 사진의 나열도 스토리를 기초로 하여 공감과 감성을 이끌어 낸다면, 지속적인 방문자 확보 및 더 나아가 열성적 참여자로 발전도 가능하다. 또한 콘텐츠에 대한 게시판을 운용하여 이용자끼리 콘텐츠를 공유할 수 있도록 하는 시스템을 고려해야 한다.

디자인의 경우 국내외의 홈페이지는 매우 혁신적인 형태로 제공되고 있으나 이용자로 하여금 학습을 요구하는 측면이 있다. 이와 관련해서는 이용방법에 대한 안내를 통해 초기 이용자 특히 해외 이용자들의 편의성을 극대화하는 방식의 디자인 개편이 필요하다. 현행의 디자인은 보기는 좋으나 보이기 위한 것에 치중한 것으로, 정보의 질, 속도 저하는 만족도를 저해한다. 또한 수용자와 대화할 수 있는 형태와 새로 업데이트된 정보 확인이 쉽지 않아 이 또한 개선사항으로 고려해야 한다.

〈그림〉 삼성전자 공식 블로그와 페이스북 페이지 '삼성전자 뉴스룸'

상호작용성은 매우 중요한 개념으로서 상호작용성이 높으면 높을수록 홈페이지에 대한 태도는 긍정적이다. 상호작용성을 극대화하는 방향에 있어서는 홈페이지에서 직접 소비자와 소통하는 공간을 제공하는 방식이 유용하나 커뮤니케이션 방식의 통제의 어려움 부적절한 이용자로 인한 커뮤니케이션 채널의 오염 등의 문제점을 가지고 있다. 따라서 이에 대한 절충적 방안으로 SNS 기반의 마이크로 사이트를 운영하거나 블로거들을 통한 분산적인 상호작용 연결 방식 등을 고려하여 간접적 형태의 연계망을 갖추는 것도 바람직할 것으로 고려된다.

앞서서도 지적한 내용으로 가장 시급한 것으로 **연계성**이다. 웹상에서 연계성이 낮은 홈페이지를 알리기 위해서는 대중미디어를 통한 대대적인 광고와 홍보를 진행해야 한다. 그러나 대부분의 홈페이지의 경우 포탈 등의 링크나 블로그 등의 정보 루트를 통해서 방문하도록 한다. 결국 웹상에서의 네트워크의 연결성이 얼마나 집중적이고 넓게 분포하고 있는가가 홈페이지의 성패를 가른다고 볼 수 있다. 그런 측면에서는 국내외를 막론하고 가장 시급한 것으로 고려된다. 이를 위해서 개별적으로 자사의 커뮤니케이션의 웹상 연결성을 진단하여 홈페이지의 건전성을 측정하는 것이 매우 필요하다.

■ 기업 마케팅 커뮤니케이션 도구로서의 개선방향 및 기대효과

접근성의 증대를 위해서 네이버, 다음, Google 등의 검색순위에 계속 오를 수 있도록 노력이 필요하며, 기업의 개별 이슈 등에 따라 포탈에서 링크로 연결될 수 있도록 연결망을 구축해야 한다. 이를 개선하기 위해서 홍보 대행사를 통한 트렌드 이슈와의 연결성 강화와 뉴스 제공과 분기별 프로모션을 통해 초기 방문자들이 쉽게 접근할 수 있도록 하는 접근성을 확대해야 한다. 또한 모바일에 최적화된 페이지를 개발하여 모바일 미디어에서도 손쉽게 접근할 수 있도록 해야 한다.

콘텐츠의 양질의 확보와 참여를 위해서 많이 사용되고 있는 콘테스트 등의 프로모션도 좋은 해법이지만, 기존의 사이트와 연결된 협업 모델을 확보하는 것이 중요하다. 개인과 블로그 비영리 사이트와 연계를 통해 콘텐츠 수급의 안정성과 더불어 기존 콘텐츠 이용자들을 자연스럽게 방문할 수 있도록 하며, 이들이 다시 재가공된 제품과 서비스에 대한 콘텐츠를 제공하여, 보다 생동감과 현실감이 있는 모습을 콘텐츠화할 수 있다. 또한 다양한 미디어의 콘텐츠로 재가공할 수 있도록하고 이용자들이 활용할 수 있도록 하여 정보의 유희적 효용성을 느낄 수 있도록 해야한다.

디자인의 경우 사용자의 인터넷 환경과 컴퓨터의 사양에 따라 구현되는 페이지를 다양화할 수 있도록 해야 하며, 동시에 이용자의 특성을 고려한 운영이 되어야 한다. 이를 통해 이용자의 수요에 기반한 신속성과 원활한 정보 탐색이 가능하거나 유희적 이용이 가능하도록 지원할 수 있어야 한다. 이에 대한 수요자 기반에 의한 선택과 집중이 필요할 것이다.

상호작용성은 현재 국내 홈페이지 대부분 매우 부족한 상황이다. 이를 위해서는 소셜미디어를 통한 소통방식이 매우 필요한 상황이다. 소셜네트워크 사이트는 자신의 온라인 공간에 프로파일을 작성하고 다른 이용자들과의 연계를 통해 콘텐츠를 공유하거나 커뮤니케이션을 하는 소셜미디어이다. 소셜네트워크 사이트는 온라인상에서 공통의 관심사를 가진 사람들 간의 관계형성을 지원하고, 이렇게 형성된 지인 관계를 바탕으로 인맥 관리, 정보 및 콘텐츠 공유 등 다양한 활동을 할 수 있도록 지원하는 서비스를 의미한다. 공통의 관심사를 지닌 사용자들 이 특정한 공간에 모여 활동하는 온라인 커뮤니티서비스와는 달리, 소셜 네트워크 서비스는 사용자 개개인의 관계가 모여 다른 사용자와 관계를 형성하고, 이러한 사용자들 간의 관계가 축적되어 더 큰 하나의 네트워크를 형성하게 된다. 이러한 네트워크에서 참여, 공개, 대화, 연결을 통해 상호작용성을 극대화할 수 있으며, 초기 방문자들을 열성적인 참여자로 전환이 가능할 것이다. 이를 통해 기업에 대한 이미지를 향상시킬 수 있으며, 사용자 여론의 수집, 분석이 용이하며, 사용자의 요구를 반영하는 의제(Agenda)를 설정하고, 신뢰감을 높일 수 있게 해 준다.

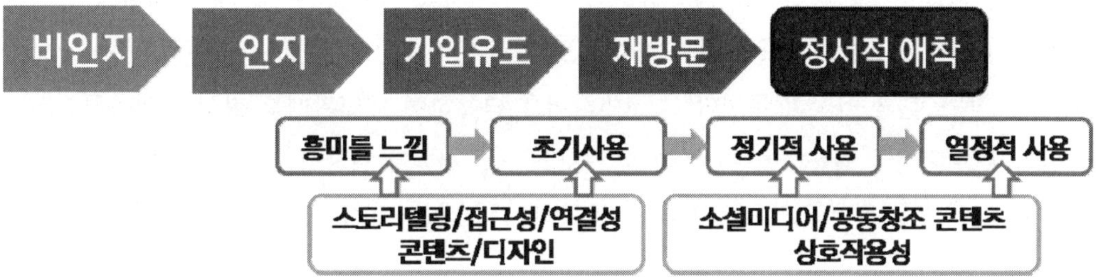

〈그림〉 웹서비스 라이프 사이클

2 패러다임은 콘텐츠 중심 커뮤니케이션으로 진화

최근 다양한 기술의 발전을 통해 소비자의 라이프스타일은 변화하게 되었고 특히 모바일은 일상생활의 보편화된 플랫폼으로 자리 잡기 시작하였다. 또한 밀레니엄 세대는 쉽게 디지털 문화를 즐기며 타인과 상호작용하는 디지털문화에 접어들게 되었다. 이러한 온라인화의 예시로 최근 EBS방송을 통해 온라인의 적극적인 활용에 관한 사례를 보여주었다.

SNS를 활용하여 창업한 사람들의 생활을 보여주는 스토리로 소셜미디어를 이용한 창업자들은 사람들의 구전활동을 마케팅 방법으로 내세우고 있는 것을 확인할 수 있었다. 또한 이들은 온라인을 유통방법으로 선택함으로써 큰 마케팅 비용을 들이지 않아도 자발적으로 홍보효과를 얻는 것을 알 수 있었다. 그에 따라서 기업들은 많은 팔로워를 보유하고 있는 인플루언서를 마케팅 방법으로 선택하였고 인플루언서를 일종의 브랜드와 소비자를 연결하는 중개인이라고 표현하기도 하였다. 연예인보다 실제 사용하고 소개하는 인플루언서가 소비자들의 신뢰도를 높이기 때문이다. 소셜미디어를 활용하여 대인관계를 형성한 인플루언서는 자신의 SNS를 적극 활용하여 온라인에서 브랜드를 소개하기 시작한 것이다. 또한 소비자들은 이러한 콘텐츠를 적극적으로 시청하고 공유하며 확산을 가져오는 효과를 창출해낸다.

〈그림〉 쇼셜미디어 마케팅 사례

(출처: EBS '열려라 플랫폼')

인플루언서들이 만드는 수평적이고 개방적인 상품정보 생태계는 세계화, 정보화시대의 기술 혁신에 힘입은 매체의 발전과 확장은 문화적 요소를 상품화하는 형태로 변화하고 있다. 요즘 문화산업을 중심으로 화두가 되고 있는 디지털 콘텐츠, 방송콘텐츠, 문화콘텐츠 등 많은 영역에서 콘텐츠라는 용어가 사용되고 있다. '콘텐츠(contents)'는 '내용' 또는 '목차'라는 의미를 가지고 있는 콘텐트(content)의 복수이다. 〈문화산업진흥기본법(2001)〉에 의하면 콘텐츠란 부호, 문자, 음성, 음향 및 영상 등의 자료 또는 정보로서 모든 종류의 자료 또는 지식 및 이들의 집합물을 뜻한다.

이러한 콘텐츠에 대한 관심은 IT(Information Technology)가 발달하면서 컴퓨터, 텔레비전, 모바일, 인터넷 등 미디어 환경이 변화와 맞물려 ICT(Information & Communication Technology)분야도 활발하게 논의되고 있다.

콘텐츠는 단순히 내용물이 아닌 사용가치가 있는 정보의 집합체로서 산업적 의미를 지닌다. 콘텐츠의 산업적 의미와 성격에 따라서 여러 합성어가 만들어지는데 여기서 파생되는 합성어 중 하나가 바로 문화콘텐츠이다.

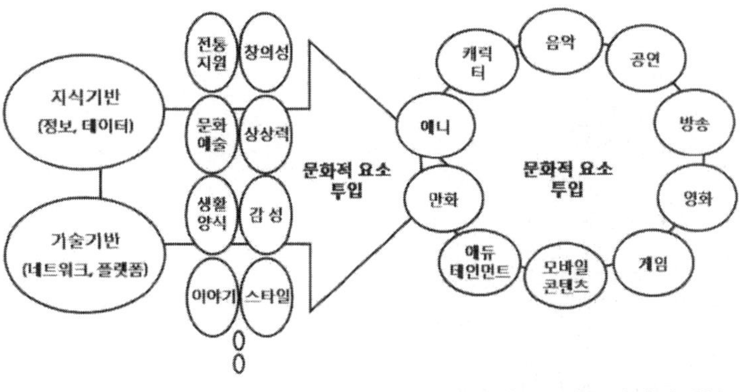

(출처: 김평수, 윤홍근, 장규수(2007), 문화콘텐츠 산업론, 커뮤니케이션북스, P.5)

문화콘텐츠(culture content)란 창의력, 상상력을 원천으로 '문화적 요소'가 체화되어 경제적 가치를 창출하는 문화상품(cultural commodity)을 의미하며 문화콘텐츠의 창작 원천인 '문화적 요소'에는 생활양식, 전통문화, 예술, 이야기, 대중문화, 신화, 개인의 경험, 역사기록 등 다양한 요소들이 포함되어 있다고 이야기한다.

이러한 콘텐츠 구분은 콘텐츠 간 결합, 통신과 방송의 융합, 미디어믹스 등으로 그 경계가 모호해짐에 따라 장르별 구분의 의미가 약해지고 있다. 이런 문화콘텐츠의 개념은 위의 그림에서 도식화해서 살펴볼 수 있다.

이와 같이 문화콘텐츠에 대한 정의는 매우 다양하지만 공통적으로 발견되는 용어를 발견할 수 있는데 미디어를 통해 제작, 유통되고 경제적 부가가치를 지니며 작가의 창의력과 상상력 그리고 다양한 문화적 요소를 포함한다는 것이다.

플랫폼과의 경쟁이 치열해지고 따라서 플랫폼의 가치 제고를 위하여 결국 콘텐츠에 의존할 것이며 플랫폼 부문의 자본이 다시 제작부문으로 이어지고 다시 우수한 콘텐츠가 플랫폼의 가치를 제고하는 선순환 구조를 가져오는 계기를 가져올 것이다. 또한 콘텐츠 제공사업자의 중요성도 증대될 것으로 예상되었으며, 그러한 변화의 양상을 우리는 다양한 미디어를 통해서 경험하고 있다.

이러한 원인은 미디어 발달을 통한 소비자의 수요와 그에 대한 충족이 자유로워지는 것에 기인되는데, 소비자들의 인터넷 모바일 등의 인터랙티브 미디어 사용이 증가하면서 소비자들은 자신이 원하는 서비스를 선택해서 소비하는 양방향 서비스에 더욱 익숙해졌다. 이러한 변화는 자신이 원하는 콘텐츠를 검색하는 것에 익숙하며 자신의 취향에 적합한 콘텐츠의 소비를 원하고, 이에 따라 다양한 콘텐츠를 제공하면서 양방향 서비스가 가능한 미디어 서비스의 수요가 증가하고 있다.

〈그림〉 SBS의 '케이팝스타6(2016)'과 M-net의 '프로듀스 48(2018)'

과거 매 시즌별로 화제를 불러일으켰던 SBS의 'K-POP Star'와 M-net의 '프로듀스 48'의 경우가 좋은 예가 될 수 있다. **첫째,** 양방향 서비스가 가능해지면서 소비자들은 원하는 비디오 서비스(VOD)뿐만 아니라 음원 등의 T-Commerce 서비스가 구현되고 있다. AC닐슨 기준 11.6%의 시청률을 기록하였던 "K-POP Star"는 당시 동시간대 프로그램 기준으로는 높은 시청률을 기록하고 있다고 보기에는 다소 무리가 있다. 그러나 이른바 본방사수의 동시간대 시청자보다 이후 VOD를 통해 IPTV, 인터넷, 모바일을 통한 2차 시청률이 지속적으로 증가함으로서 사회적으로 높은 영향력을 미치고 있다.

이러한 현상은 단순히 VOD서비스의 구입을 통한 수익모델보다는 인터랙티브 미디어를 통한 이용 시 강제적으로 노출되는 로딩광고를 통해 광고의 수익 증대와 동시에 콘텐츠를 이용하기 위해 자신의 시간과 광고를 거래하는 시간의 개념에서의 Commerce의 개념이 수용자들로 하여금 받아들여지고 있는데 관심을 기울여야 할 것이다. 이는 콘텐츠를 통한 2차 3차의 수익원천이 발생할 것으로 기대되며 광고가 없는 유료 버전의 서비스 또한 예상해 볼 수 있다.

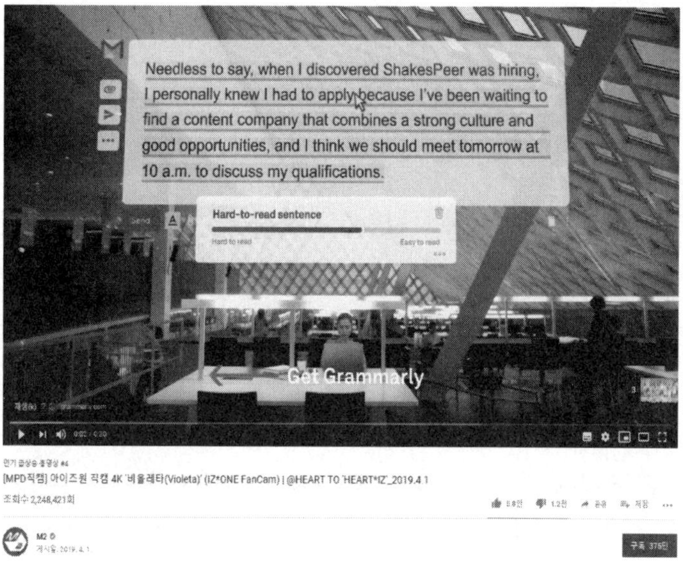

〈그림〉 콘텐츠 소비를 위한 강제적 로딩광고

둘째, 개인화 서비스가 가능하며, 채널이 다양해지면서 채널이 각각의 특성을 가지면서 소비자 개인의 선호를 충족시켜 줄 수 있을 것으로 예상된다. 개인들이 자신이 원하는 방송만을 선택하여 수신할 수 있게 되고 이것을 이용할 수 있다. 예를 들어 카카오TV를 통해 제공되는 다시보기 서비스를 통해서 확인할 수 있는데, 수십만 건의 단순한 다시보기가 아닌 프로그램과 참가자, 평가자에 대한 평가와 투표를 통해 콘텐츠 향유 공간으로서의 기능을 수행한다는 점에서 의미를 가져야 할 것이다.

이는 단순한 소비가 아닌 참여중심의 공간이 형성된다. 자신의 의견과 자신이 응원하는 참가자에 대한 의견, 이슈에 대한 몰입을 통해 자연스럽게 집단지성의 형성이 용이하게 되며, 이러한 행동의 방향은 구체적인 음원구입이나 소셜미디어상에서의 메시지 확산 등을 통해 간접적인 생산자로서의 역할을 수행하게 된다.

▶카카오TV 다시보기 ▶음원사이트 멜론의 음원

〈그림〉 콘텐츠 중심의 재수용 재소비 구조

셋째, 이러한 콘텐츠 중심의 서비스 결합은 이용자의 이탈을 방지하는 역할을 수행하며, 콘텐츠의 중심의 번들서비스 개념의 구현될 것이다.

예를 들어 과거의 번들의 개념은 매체 간 결합을 가진 형태로서 모바일 · 인터넷 · TV · 집전화 등의 결합 상품을 말하고 이를 중심으로 미디어 간의 영향력과 마케팅 전략을 논하였다면, 프로그램에서 배출된 수상자와 프로그램과 지속적으로 연결되어 등장하는 기획사(SM, YG, JYP)의 개념은 콘텐츠 중심의 번들의 개념으로 접근해야 할 것으로 보인다. 이는 단순한 사람들의 관심을 유지하는 선상에서 벗어나 콘텐츠에 소비에 공동 참여하는 대상화가 될 수 있으며, 이는 지속적인 콘텐츠 소비의 확장이 가능할 것으로 보인다.

▶ 프로듀스101은 시청자 투표로 인한 매주 참가자들의 순위변동을 발표하고 탈락시켜, 매주 시청자와 콘텐츠를 함께 만들어가는 방식

〈그림〉 M-net의 공개 오디션 프로그램 '프로듀스101'

앞서 제시된 그림과 같이 단순히 음악을 오디션 프로그램이 아닌 음악콘텐츠라는 범주를 정하고 다양한 콘텐츠 재양산(OSMU) 구조를 가지고 이를 참여 수용자들이 참여하도록 할 때 현재의 기준 산업범주의 수익모델과는 전혀 다른 확대가 가능할 것으로 보이며 이러한 접근 방향의 이해와 확산이야말로 창조경제의 핵심으로 사고의 변화가 필요할 것으로 보인다.

□ 김비서가 왜그럴까

▶원작 웹툰 '김비서가 왜그럴까'

▶드라마 '김비서가 왜그럴까'

▶ 김비서가 왜그럴까는 인기 웹툰을 기반으로 드라마로 콘텐츠를 재양산한 사례라고 볼 수 있다. 창의력, 상상력을 기반으로 제작된 웹툰을 드라마콘텐츠로 재생산하며 탄탄한 서사와 재미를 검증받은 스토리를 이용함으로써 드라마 산업의 효과를 가져다 준 사례이다.

□ 포켓몬스터

▶원작 만화 '포켓몬스터'

▶모바일 게임 '포케몬 고'

▶ 포켓몬 고 게임의 경우 원작 만화의 스토리를 가지고 와서 소비자들에게 마치 주인공인 된듯한 경험을 제공함으로써 참여를 유발한 사례이다.

〈그림〉 콘텐츠 재양산 구조 사례

이러한 변화로 인해 소비자들은 누구나 원하는 정보를 시간적, 공간적 한계에 구애받지 않으며 콘텐츠와 상호작용하기를 원한다. 또한 소비자들은 그에 그치는 것이 아니라 직접 콘텐츠를 생산하는 형태로 진화하게 된 것이다. 이러한 변화로 인해 소셜미디어 마케팅 영역에서 새롭게 등장한 것은 '인플루언서 마케팅'이다. 인플루언서란 영향력있는 개인을 의미하는 말로 일반인을 비롯한 연예인이나 셀럽, 소셜미디어 스타 등을 포함한다. 이를 통해 일반인은 콘텐츠를 소비할 뿐만 아니라 동시에 생산자가 될 수 있으며 만들어낸 콘텐츠를 쉽게 공유할 수 있기 때문에 누구나 인플루언서가 될 수 있다는 것이다. 이들은 다양한 플랫폼에서 영향력 있는 개인으로 마케팅역영을 확대하고 있다. 사진을 이용하여 인스타그램의 인플루언서가 되거나, 영상을 활용하여 유튜브에 올림으로써 MCN(CREATOR)가 되기도 한다. 미국의 포브스지에서는 2018년을 지배할 영향력있는 마케팅 트렌드로 브랜드 네이티브 콘텐츠를 만들어 소비자의 의사결정에 영향을 주는 '인플루언서 마케팅'을 주목하였으며 이는 단순한 입소문 마케팅을 넘어 트렌드의 주류로 자리 잡았다.

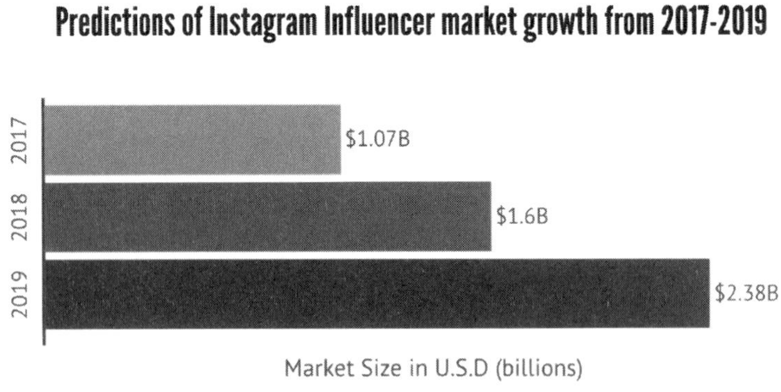

〈그림〉 인플루언서 영향력
(출처: 포브스지)

최근 밀레니얼 세대의 47%는 소셜미디어가 그들의 구매행동에 직접적인 영향을 끼친다고 하였으며, 닐슨 코리아의 광고 유형별 신뢰도에 따르면 92%의 온라인 소비자가 친구나 지인의 추천을 신뢰하고 의존하는 반면, 소셜 플랫폼에서 접하는 광고를 신뢰하는 이들을 36%에 밖에 못 미친다고 하였다. 즉, 인플루언서 마케팅의 핵심은 TV나 영화 속에 등장하는 유명인과 다르게 소비자와의 양방향 소통을 통해 문화를 만들고 사회적 거리감을 좁히며 친근한 이미지를 이용하는 것이다. 인플루언서는 이미 고정적인 팔로워를 보유하고 있어 다른 소비자들을 끌어들이기 쉬운 사용자이다. 따라서, 기업이 인플루언서를 매개로 덜 직접적이면서도 친숙한 방식으로 잠재 고객과 소통할 수 있기에, 다양한 규모의 인플루언서를 통한 스토리텔링은 기업들에게도 매우 중요한 마케팅 방법으로 받아들여지고 있다. 특히 이러한 스토리텔링의 중요한 것은 단순한 사진의 나열도 스토리를 기초로 하여 공감과 감성을 이끌어낸다면 효과적이라는 것이다.

〈그림〉 인플루언서 유형

그 중 미디어 콘텐츠와 해시태그를 통해 공감 반응이 가장 활발하게 이루어지는 인스타그램 플랫폼이 1020세대에서 점차 증가하고 있다. 인스타그램을 이용하는 사람들은 자신이 팔로잉 하는 인플루언서의 취양을 추종하며 그들의 관심사와 라이프스타일을 모방하려는 경향이 강하다. 그렇기에 인스타그램의 해시태그를 이용하여 자신이 사용하는 제품 혹은 브랜드를 보여줌으로써 소비자들에게 거대한 영향력을 행사한다. 인플루언서의 유형은 위에 보여지는 그림처럼 그들이 영향력을 미치는 규모에 따라 구분되어진다. 이러한 플랫폼은 단순한 소비가 아니라 참여중심의 공간으로서 간접적인 생산자 역할을 수행하는 것이다. 대표적인 사례는 인스타그램에서 약 16만 8천 명의 팔로워를 지닌 싱가포르의 '유니스 에나벨'이다. 그녀는 사용하거나 구매하는 다양한 제품에 관한 정보는 팔로워에게 항상 제공하며 이러한 파급력은 하나의 마케팅으로서 활용되는 것이다. 그녀는 실제로 헤어케어 브랜드 'Sunsilk'의 홍보대사로 선정되었으며 브랜드의 홍보대사 역할을 수행함으로써 마케팅 효과를 가지고 온 사례라고 볼 수 있다.

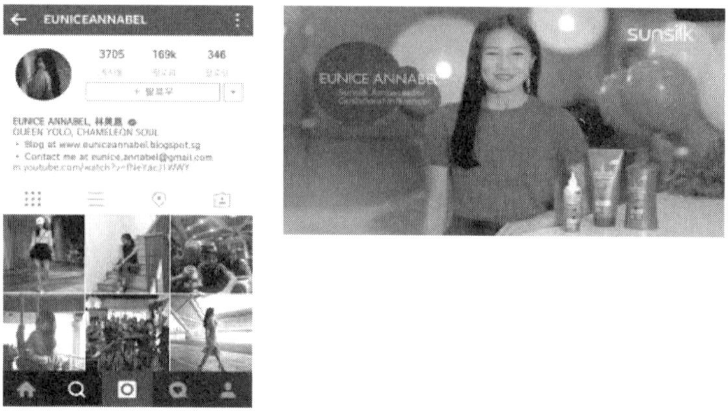

〈그림〉 인스타그램 '유니스 에나벨'

이뿐만 아니라 유튜브 플랫폼 또한 높은 성장률을 보이고 있다. 이는 모바일의 전연령 이용률이 높아지고 있으며 유튜브 채널과 페이스북, 인스타그램, 트위치 등 디지털 미디어를 잘 활용한다는 점 때문에 다중채널 네트워크 'MCN(Multi channel networks)'이라고도 말한다. 인터넷 방송 플랫폼에서 활동하는 1인 창작자들의 시대가 열림에 따라 아이돌 못지않은 영향력을 지니고 있다.

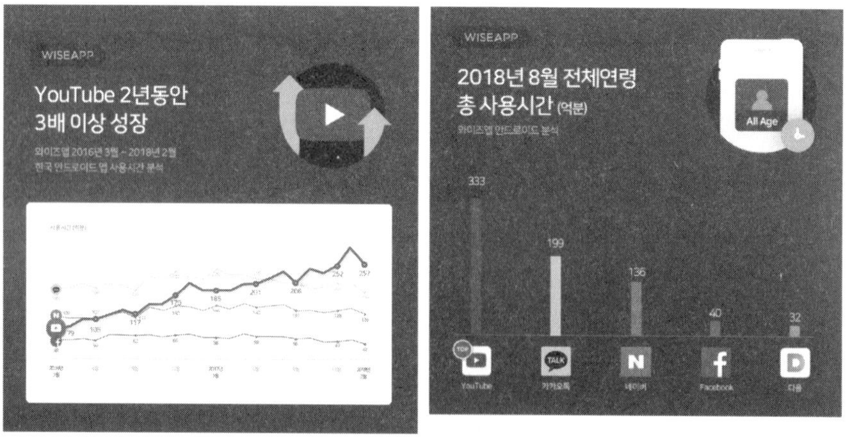

〈그림〉 유튜브 성장률

(출처: 와이즈 앱)

기업들이 유튜브 채널에 주목하는 이유는 매스 미디어에 주로 등장하는 연예인과는 달리 새로운 인플루언서가 등장하기 때문이다. 즉, 콘텐츠에 직접 등장하는 창작자는 광고모델로서 제품이나 서비스, 브랜드 자체를 설명하는 시언자이자 동시에 소비자이며 브랜드를 대표하는 하나의 이미지와 같은 여러 가지의 역할을 수행한다. 또한 수많은 소비자를 충성 고객으로 두어서 특정 인플루언서의 새로운 콘텐츠가 올라올 때마다 알림을 받고 그 콘텐츠를 소비하는 것이다. 그 예로 유튜브 영상 콘텐츠에 가장 영향있는 뷰티 제품을 시연하는 '이사배'이다. 그녀는 210만 구독자를 보유하고 있으며 국내 뷰티 유튜버 중 구독자 수 2위를 차지하였다. 최근 MBC 《라디오스타》에 출연하며 실시간 검색어를 48시간 동안 차지하였으며, 그녀가 시연한 제품은 완판을 하는 등의 큰 영향력을 보이고 있다. 최근 아모레퍼시픽은 유명 여배우 대신 이사배를 자사 제품광고 모델로 하여 소비자에게 더욱더 가깝게 다가가고 이사배라는 인플루언서를 통해 제품 및 브랜드에 대한 신뢰도를 제고하는 전략을 취한 것이다. 다시 말해 기존 브랜드 차원의 전략보다 소비자와 친근한 모델을 세움으로써 후광효과를 이용한 사례라고 볼 수 있다.

〈그림〉 인플루언서 '이사배'와 아모레퍼시픽의 협업

이러한 인플루언서 마케팅의 핵심은 구전 커뮤니케이션으로 소비자에게 일방적으로 메시지를 강요하고 주입하는 것이 아닌, 소비자들이 생활 속에서 자연스럽고 흥미롭게 브랜드의 메시지를 접하고 이에 공감을 이끌어내어 확산하는 것이다. 인플루언서의 영향을 받은 소비자들이 자연스럽게 브랜드가 전달하고자하는 스토리에 반응하고 공유하는 것이다. 특히 소비자 스스로 만들어가는 광고이며 리뷰이기 때문에 신뢰도는 더욱 높고 그 정보를 마치 친구가 직접 주는 정보처럼 인식한다는 면에서 주목해야 할 마케팅이다.

3 소비자가 공감하는 모바일 마케팅으로 이해

최근 유통업계는 오프라인의 강점과 온라인의 장점을 활용한 전략을 진행하고 있다. 그 사례로 편의점 업계를 볼 수 있다. 소비자들의 대중화가 된 편의점은 최근 기존 오프라인 매장을 중심으로 서비스를 제공하는 것에 그치지 않고 온라인과 오프라인을 연결하는 마케팅 O2O서비스를 진행하고 있다. 공정거래위원회에 따르면 지난해 2018년 편의점 점포수는 4만 170개로 점차 증가하는 것을 확인하였다. 이처럼 점점 가맹점 수가 늘어나면서 온오프라인을 구분 없이 서비스를 제공하여 유통 간의 경계를 무너트리고 있다. CU의 경우 배달어플리케이션 '요기요', 베쉬코리아의 배달 대행 서비스 '부릉'과 협업하여 배달서비스를 제공하였다. 어플리케이션의 GPS를 기반으로 소비자가 위치한 가까운 CU 매장내의 상품재고를 확인하고 이를 주문하는 서비스를 제공하는 것이다. 뿐만 아니라 CU어플인 '포켓 CU'를 통하여 원하는 상품을 예약 후 오프라인 매장에서 받아보는 서비스를 제공하였다.

GS25 또한 O2O서비스로 배달서비스를 제공하였고 이에 그치는 것이 아닌 마이크모빌리티 통합플랫폼 '고고씽'과 협업하여 마이크로 모빌리티 출전 서비스 공간대여 및 충전 시설을 제공하고 있다. 이마트 24의 경우 와인 O2O서비스를 진행하고 있다. 와인큐레이션 업체와 협업하여 소비자가 어플리케이션으로 와인을 주문한 후 근처에 위치한 '이마트 24'에서 픽업하는 서비스를 제공하고 있다. 이는 전문 매장에 갈 시간에 없는 고객을 위한 서비스로 최근 오프라인 매장 방문이 어려운 소비자의 라이프스타일을 반영하여 제공되는 서비스들을 볼 수 있다.

▶ GS25 '라이프스타일 플랫폼'

▶ 이마트24 '와인 O2O서비스'

〈그림〉 편의점 업계의 O2O서비스 사례

(출처: GS 리테일, 이마트24)

이처럼 최근 온오프라인의 경계가 허물어진 스마트 모바일시대는 개인의 라이프 스타일에 변화를 유발하며, 이는 회사의 고객이나 내부직원, 외부 협력사에 이르기까지 기업의 전 부문에 영향을 준다. 크게는 기업의 업무환경과 업무프로세서를 효율화 할 수 있는 부분과 기업운영방식 이외에 고객에 대한 가치제공 방식, 비즈니스모델에도 큰 변화를 가져오고 있다. 통신, 미디어 등 모바일 빅뱅에 직접적인 영향을 받는 산업에 속한 기업뿐 아니라 전통적인 서비스업에 속한 기업들도 모바일과의 융합을 통한 새로운 사업기회가 발생하고 있다.

■ 모바일 기반 새로운 비즈니스 모델 창출

모바일 환경의 진화는 다양한 산업에서 기존의 가치 사슬을 변화시키고 기존의 산업에서의 중요한 가치체계를 변화시켜, 시장 규모를 확대하고 새로운 사업기회를 갖는다.

〈표〉 모바일 환경에서 나타나는 새로운 비즈니스 모델의 유형

비즈니스 모델의 유형	세부 구분	가치 창출의 방식	모델의 예
① 모바일 정보 제공	제품+서비스	기존 제품 활용에 유용한 정보를 모바일로 '제공'	기존 제품에 GPS센서를 부착해 도난을 방지
	서비스+서비스	모바일 정보 '제공'을 통해 기존 서비스의 가치를 강화	운송 중인 제품의 위치를 실시간으로 고객에게 안내
② 모바일 정보 활용	제품/서비스 재구성	모바일로 '수집'되는 고객 관련 정보를 활용해 기존 제품/서비스를 재구성	모바일 센서를 통해 고객들의 동선을 분석하고 매장 내 제품 배치를 개선
	유연한 과금	모바일로 '수집'되는 고객 관련 정보를 활용해 유연한 과금 방식을 제공	판매 가격 대신 운행거리를 기준으로 정기적으로 과금
③ 모바일 인프라 구현	모바일 비즈니스 모델 추진에 필요한 '제품'을 개발		소형 모바일 센서, 음성인식 SW 등 모바일 환경 구축에 필요한 제품 개발

모바일 환경에서 나타나는 비즈니스 모델은 가치 창출 방식에 따라 크게 3가지로 구분 가능하다. ① **모바일 정보 제공 모델**의 경우 기존의 제품에 모바일을 통한 실시간 정보제공 서비스를 더해 새로운 제품 서비스 모델을 개발하는 것으로(제품+서비스 유형) 펜디의 고급자전거 셀러리아는 GPS 위치추적 센서를 내장하여 분실에 대한 고객의 우려를 해소한다. 애플의 애플워치에서는 스마트워치 최초로 심전도(ECG · Electrocardiogram) 측정 센서를 장착해 사용자의 심전도 결과를 저장해 의사와 공유할 수 있다. 이는 고객의 경험에 부합된 서비스를 구현을 통해 통합된 솔루션을 제공하는 형태를 제공하고 있다.

① 펜디의 자전거 셀러리아 GPS 서비스

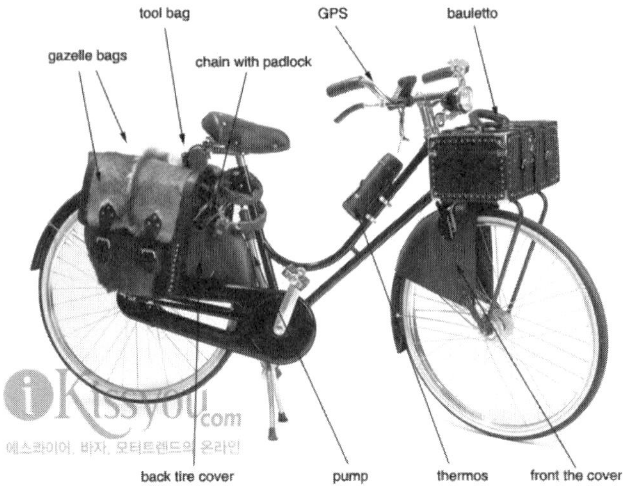

(출처: 아이키스유)

② 택배의 위치와 정보를 알려주는 모바일 앱 서비스

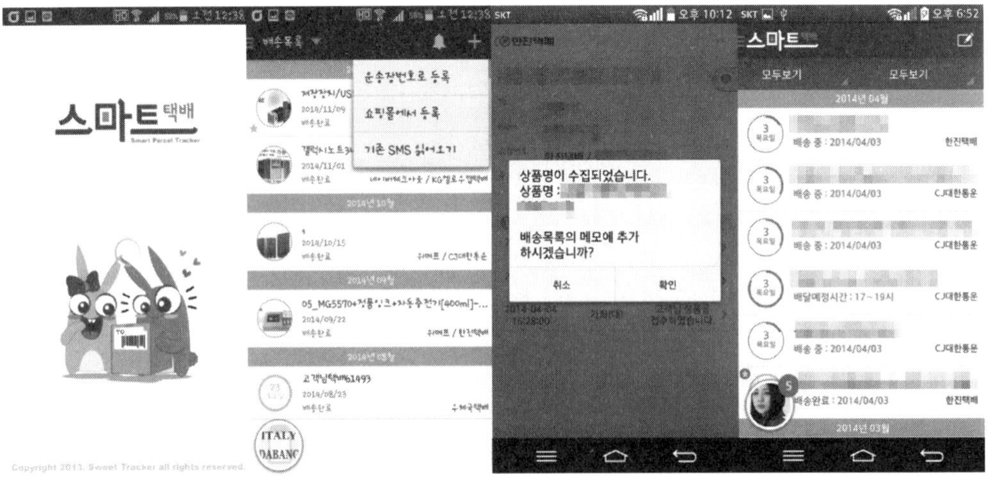

〈그림〉 모바일 정보 제공 모델 사례

(출처: 네이버블로그, 스마트택배 어플로 택배 배송조회하기, 2014)

기존의 서비스에 실시간 정보제공 서비스를 더해서 차별화된 서비스를 제공하는 유형의 경우(서비스+서비스 유형의 경우) 뱅크 오브아메리카는 고객의 현 위치에서 가장 가까운 현금자동 인출기를 찾을 수 있는 어플리케이션을 출시하여 기존의 서비스 활용도를 제공하고 있고, 국내의 우리, 신한, 국민은행의 경우에도 어플리케이션을 통해 현금 인출이나 대부분의 은행 업무를 수행할 수 있는 서비스를 제공하여 은행 방문의 불편을 해소하고 있다.

① 구글의 스마트폰 여행 어플리케이션 '구글 트립스'

② 노르위치 유니온의 GPS기반의 보험 서비스

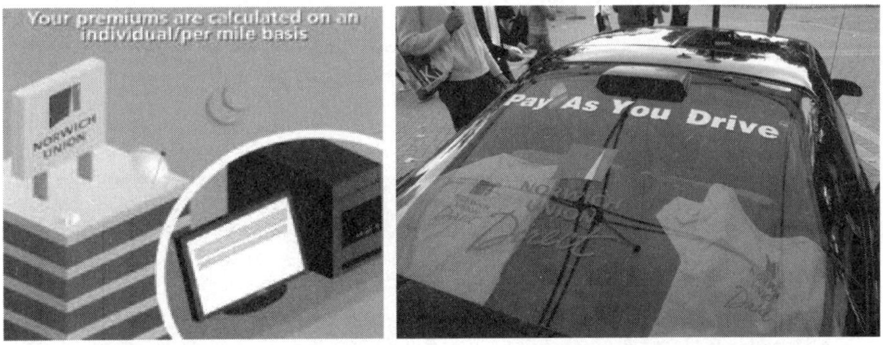

▶ '운전한 만큼 보험료를 내세요'라는 슬로건을 내걸고 고객 맞춤형 보험상품을 판매하고 있는데, 운행거리가 적은 운전자들은 저렴한 가격에 보험에 가입할 수 있으며, 계약보다 적게 운행할 경우 다음 계약기간으로 이월도 가능하다.

〈그림〉 모바일 정보 활용 모델 사례

② **모바일 정보 활용 모델**의 경우 모바일로 수집된 고객 관련 정보들을 분석하여 제품 및 서비스의 제공 방식을 최적으로 재구성하는데 활용 하는 것으로 노키아는 어플리케이션 업체 도플을 인수하여 스마트폰을 사용하는 여행자의 개인별 여행기록을 분석해 여행지 정보와 코스, 이동거리, 에너지 소모량 등을 조언해주는 서비스를 제공한다. 영국의 자동차 보험회사인 노르위치 유니온은 차량에 GPS를 부착하여 보험가입자의 운전거리와 운전 습관에 따라 보험료를 책정하는 시스템을 도입하고 있다.

① 농업용 자동방제 드론

▶ 실시간 모니터링을 통해 방제속도 및 방제량 제어 가능

② 뱅크오브아메리카의 애플페이를 통한 ATM 현금인출 서비스 (출처: ITWORLD, 2016)

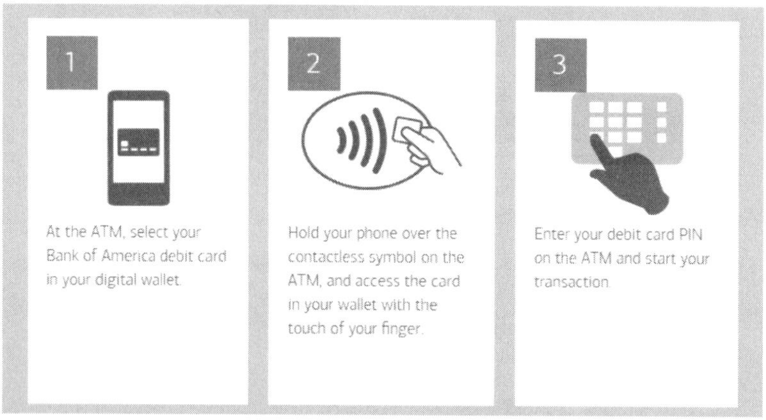

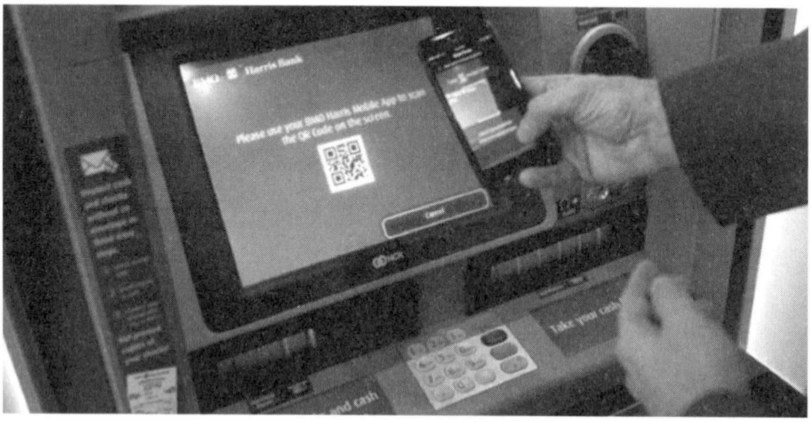

▶ NFC를 지원하는 ATM기에는 카드 판독기 아래에 NFC 표시가 있다. 아이폰을 꺼내서 카드가 저장된 월릿(Wallet) 앱을 실행시키고, 뱅크 오브 아메리카 직불 카드를 탭하면 된다. NFC 기호 위에 휴대폰을 갖다대고 ATM의 키패드에 PIN 번호를 입력한다. 그러면 바로 현금을 찾을 수 있다.

〈그림〉 모바일 인프라 구현 사례

③ **모바일 인프라 구현** 모바일 기반의 새로운 비즈니스 모델 구현에 필요한 각종 센서를 개발하는 비즈니스 모델이다. 단순한 위치 및 수량정보를 파악하는 데에서 발전된 형태로 보다 많은 트래픽을 유발하는 정보를 파악하는데 주력한다. 이용자의 상황에 맞게 특정정보를 맞춤으로 제공하는 것이 관건으로 이용자가 이동 중인지 정지 상태인지, 이용자의 감정상태, 이용자의 욕구의 수준에 따라 제공되는 정보의 형태가 달라진다.

■ 소셜미디어 기반 스마트 커머스의 확산

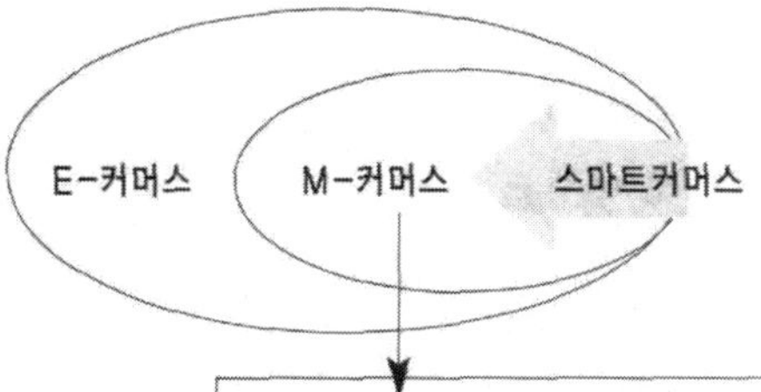

• E-커머스 : PC, 핸드폰 등 인터넷을 통한 구매
• M-커머스 : 핸드폰을 통한 구매(모바일 인터넷)
• 스마트커머스 : 스마트폰/아이패드를 통한 구매

① 실물 : 의류, 책, CD, 잡화, 식품, 가전 등
② 서비스 : 티켓(영화/문화공연/교통 등), 모바일 상품권, 여행 등
③ 디지털 컨텐츠 : 벨소리, 게임, 전자책, 동영상, 정보 등
④ 금융 : 뱅킹, 결제/인증

} 광의M-커머스

〈그림〉 소셜미디어 기반 스마트 커머스 종류

스마트폰과 무선 인터넷, 엠스토어의 확산으로 커머스 패러다임이 변화하고 있는 상황이다(Morgan Stanley, internet Trends, 2010.4).

LBS로 인한 실시간 쇼핑, 가격의 투명화, 할인 폭 증가 등의 변화 야기, 모바일 인터넷이 유선 인터넷의 패턴과 유사하게 발전하여 '10년 모바일 커머스(M-커머스)'가 본격적으로 성장될 것으로 전망하고 있다(인프라 -〉 플랫폼 -〉 콘텐츠 -〉 커머스).

소셜 미디어의 확산으로 소셜 플랫폼에 기반한 새로운 소비, 소셜 커머스 부상(Forrester Research, the Future of Social Web, 2009 모바일 및 소셜 플랫폼 생태계는 혁신적 M-커머스 서비스 출현 기반 제공하고 있다.

스마트폰의 보급과 함께 가장 먼저 인기를 끈 LBS 관련 어플리케이션은 구글, 네이버, 다음 등의 인터넷기업들이 만든 지도 앱이다. 국내 이용자들에게 친숙한 네이버, 다음이 스마트폰용 지도 앱을 만들어 장소검색, 길찾기, 대중교통, 교통량 등의 정보를 충실히 제공함에 따라 많은 스마트폰 이용자들이 지도 앱을 즐겨 이용하게 됐다.

〈그림〉 증강현실을 활용한 아이나비의 지도 앱과 현대 · 기아차 홀로그램 AR 네비게이션
(출처: 아이나비 공식 홈페이지, HMG 저널, 2019)

스마트폰의 하드웨어적 기능을 좀 더 적극적으로 활용한 분야는 LBS와 결합된 증강현실 AR: Augmented Reality) 앱이다. 스마트폰에 탑재된 GPS와 카메라를 동시에 활용한 증강현실 앱은 이용자가 위치한 실제 거리의 화면에다 모바일 인터넷으로 받아온 정보를 합성하여 보여준다. 증강현실 맵에 따라 맛집을 검색해 보여주거나 은행, 커피숍, 병원, 약국 등을 표시해 주기도 한다. 또는 특정 장소에 이용자가 태깅(tagging: 부연 정보를 입력하는 것)을 함으로써 장소에 대한 정보를 추가하거나 또는 타인이 입력한 정보를 조회할 수도 있다. 이와 같은 모든 것은 이용자로 하여금 상거래를 유도하는데 이용된다.

〈그림〉 'Foursquare', SK플래닛 'Syrup' LBS 활용한 모바일 광고 사례
(출처: 한국인터넷진흥원, 국내외 LBS 산업 동향 보고서, 2018)

모바일 커머스와 밀접한 관계를 갖고 있는 것이 바로 모바일 광고다. 위치 정보와 광고가 결합함으로써 더 강력하게 상거래를 유도할 수 있게 된다. LBS를 활용하는 모바일 광고의 기본 작동 방식은 다음과 같다. 스마트폰에서 콘텐츠를 조회하는 중 근처 업소의 광고가 나오게 되고, 광고를 클릭하면 광고주의 위치를 나타내는 지도와 함께 버튼 두 개가 표시된다.

첫 번째 버튼은 '찾아가기'로서 버튼을 클릭하면 해당 점포를 찾아가는 방법을 자세하게 제공한다. 두 번째 버튼은 '전화연결'로서 버튼을 클릭하면 바로 광고주와 통화를 할 수 있다.

광고를 클릭하거나 또는 전화를 연결할 때 광고주에게 과금을 하게 된다.

위의 두 가지 방식은 PC에서는 경험할 수 없었던 것으로서 이용자에게는 광고를 넘어서서 정보의 성격을 띠게 되며, 상거래를 유도함으로써 광고주와 이용자 모두에게 보다 나은 혜택을 제공 한다.

스마트폰의 위치정보 기능을 커머스와 잘 융합함으로써 지역 업소에게 새로운 상거래의 기회를 제공해 줄 수 있다. 단지 모바일을 통해 물품을 쇼핑하는 것이 모바일 커머스의 전부는 아니다. 모바일 커머스가 가진 엄청난 기회는 바로 스마트폰을 위시한 모바일 기기를 통해 오프라인과 온라인을 효과적으로 연계함으로써, 오프라인의 상거래를 유도하고 그런 과정에서 수익을 창출하는데 있다.

▶ 이마트 몰 앱

▶ SSG페이

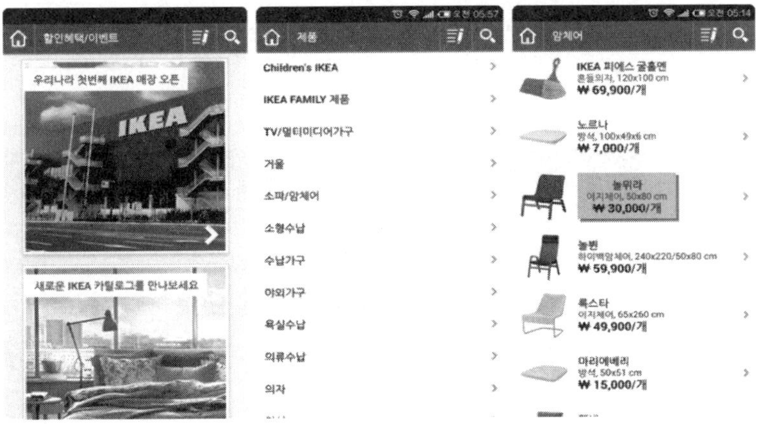

▶ 이케아 앱

▶ 실시간으로 고객이 원하는 상품의 오프라인 매장 제고 상황과 가격을 알려주며, 모바일 카탈로그를 통해 소비욕구를 높임

〈그림〉 모바일 앱을 통한 오프라인 거래 촉진 사례

이러한 모바일 커머스는 스마트 커머스로 진화하면서 새로운 변화를 맞게 된다. 스마트폰과 소셜 미디어 기반의 스마트 커머스가 부상하여 기존의 정체된 모바일 커머스를 견인하고 있다. 스마트 커머스는 스마트폰의 어플리케이션(AR, QR 코드)을 통해 오픈된 앱 스토어와 소셜 미디어를 매개로 소셜마켓에 접속하여 개인화된 상품과 가격으로 거래에 참여할 수 있게 된다. 현재의 거의 무료화된 데이터 요금과 유통 비용이 사라진 가격으로 인해 커머스의 이용이 폭발적으로 증가하고 있는 상황이다.

〈표〉 기존 M-커머스와 스마트 커머스 비교

	기존 M-커머스	스마트 커머스
Contents	웹	애플리케이션(AR, QR코드 등)
Platform	이통사중심의 패쇄형	오픈 플랫폼, 앱스토어
Network Price	종량제에 따른 비싼 요금	3G정액제
Terminal	피처폰, 작은화면, 불편한 UI	스마트폰, 터치스크린, GPS
커머스 관련 이용률	쇼핑 4.1%, 티켓 1.4%, 쿠폰 3.7%	쇼핑 24.2%, 티켓 23.2%, 쿠폰 26.7%

(출처: 한국인터넷진흥원)

이러한 강점들로 기존의 정체 되었던 모바일 커머스와는 다른 차별화 요소를 가지고 있으며, 이를 기반으로 폭발적인 성장세를 구가하고 있다. 또한 스마트 커머스의 경우 소비자들의 위치 정보와 축적된 데이터를 통해 web 3.0에 가까운 서비스로 진화할 수 있다. 스마트 커머스를 통해 축적된 서비스이용 성향, 실생활에서의 사용자의 행동 패턴, 소셜 미디어에서 드러난 활동 등을 기초로 보다 정교화 된 소비자 지향의 경험제공 서비스가 가능하게 된다.

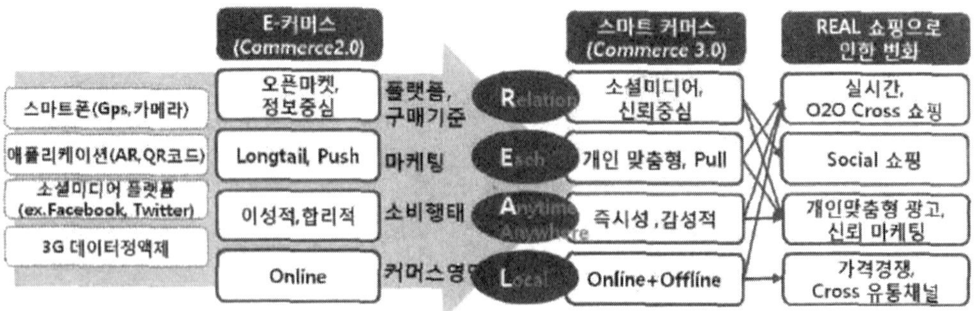

〈그림〉 3R의 개념 커머스의 변화

이러한 변화들은 기존의 핵심적 마케팅의 영역이 3R의 개념(Reality, Realtime, Relation Relation)으로 커머스의 플랫폼, 커머스의 영역, 소비행태, 변화가 일어나게 된다.

소셜미디어의 관계에 기반하여 소비자의 쇼핑경험이 실시간으로 공유되고 소셜 미디어의 정보의 양과 정보의 지향성이 상품의 가치를 규정하는 소셜 미디어 기반의 social 쇼핑이 확대될 것이다. 결국 소셜미디어에서의 이용자와의 친화성, 혹은 접근성, 노출이 빈번한지, 그로 인한 관계성이 긍정적인지가 상품의 존재를 알리고 가치를 전달하는 가장 우선적인 요소가 된다. 스마트폰의 개인화와 즉성요소가 만들어내는 실시간 맞춤형 정보의 제공이 소비자가 원하는 바로 자신의 욕구에 근접한 그것이라는 개념으로서 reality와 realtime을 제공한다. 이러한 특성에 따라 소비자들은 과거와 다른 구매기준, 구매 가치들이 등장하게 된다.

지역기반의 서비스상품을 파격적 할인 가격으로 소셜 미디어의 지인끼리 구매를 유도하여 소비자, 판매자 모두에게 가치를 제공하는 소셜 쇼핑으로 확대되는데, 이는 소비자에게는 저렴한 가격 및 지인과의 쇼핑 경험 공유 가치를 제공하고 판매자는 집중 광고 및 소비자의 입 소문 등을 통한 홍보 효과를 가지고 있다. 그루폰을 선두로 소셜 쇼핑이 전 세계적으로 확산되었으며, 국내도 쿠팡, 티켓몬스터, 위매프 등의 소셜 쇼핑 사이트가 수십여 개로 증가하였다.

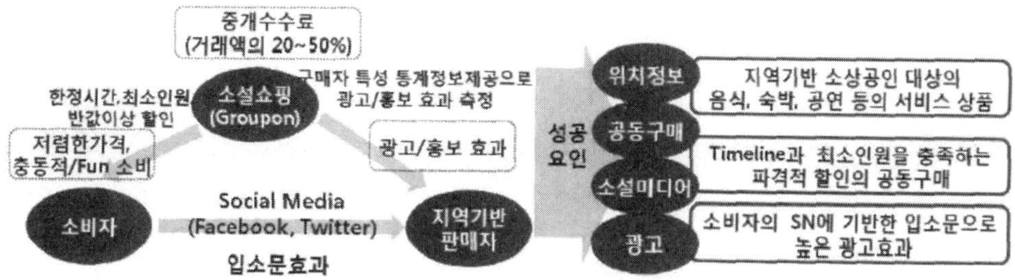

〈그림〉 커머스가 광고가 결합된 소셜 쇼핑의 성공요인

(출처: KT경제경영연구소, 대신증권 리서치센터)

〈그림〉 쿠팡 소셜 쇼핑

그루폰은 LBS, 공동구매, 광고, 소셜 미디어를 절묘하게 융합한 소셜 커머스의 대표적으로 성공한 사례로서 현재 20여개 국가, 170여개가 넘는 도시에서 서비스를 제공하고 있다. 하루에 한가지의 서비스 상품을 목표 인원에 도달해야만 살 수 있고, 또한 추천한 친구가 구매 시 인센티브를 받을 수 있어서 그루폰에서 판매하는 서비스 상품의 내용이 소셜 미디어를 통해 전파되는 구조를 갖고 있다. 그루폰 앱을 실행시키면 위치정보를 통해 자신이 위치한 장소에 해당하는 쿠폰을 바로 조회하여 구매를 할 수 있으며, 구매한 쿠폰을 손쉽게 확인하고 사용할 수 있다. 또한 그룹 폰은 LBS+SNS로 유명한 포스퀘어(Foursquare)와 제휴를 하여 그룹 탭(Group Tabs) 서비스를 개시하였다.

그룹탭에 가입한 후 공동구매 목록에서 참석 예약을 한 다음, 해당 업소에 가서 포스퀘어를 통해 체크인을 하고, 예고된 시간 내에 체크인한 인원이 정해진 인원수를 넘으면 할인 서비스를 제공받을 수 있게 된다. 포스퀘어의 체크인 개념이 커머스와 더 직접적으로 연동된 사례라고 볼 수 있다.

실제 위치 기반을 통해 즉시성의 개념이 온라인의 쇼핑의 개념 및 오프라인의 지역성과 결합되는 형태의 새로운 쇼핑영역이 등장한다. 지역기반의 레스토랑/커피숍/미용서비스 등 Offline 중심의 서비스가 모바일을 통해 판매되고 오프라인에서 이용 가능하게 되는 형태를 볼 수 있다. 상품정보검색/가격비교는 온라인에서, 메뉴주문/할인 제공/결제 등은 오프라인에 이뤄지는 형태 등을 볼 수 있다. 예를 들어 스타벅스 음료점에서 사이렌 오더는 모바일 앱을 통해 온라인에서 매장 및 메뉴 검색을 하고 오프라인에서 메뉴주문, 결제 서비스 제공함으로써(Offline to Online) Offline상에서 상품 체험 후 실시간 상품정보, 가격비교 등을 통해 Online을 통해 구매를 하는 확대된 개념이다.

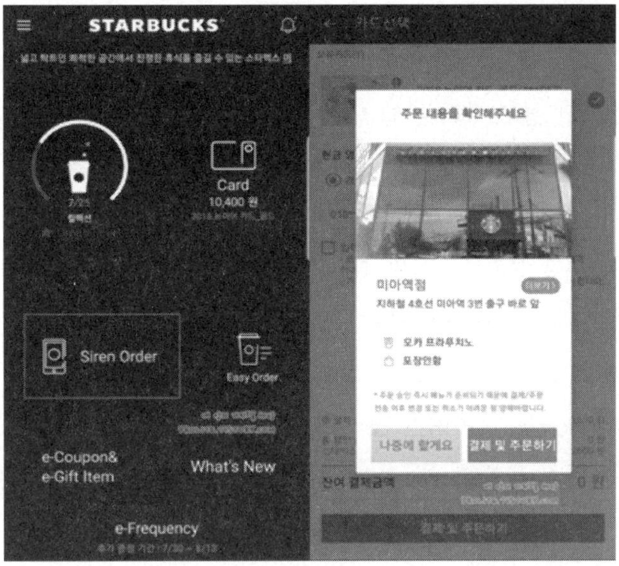

〈그림〉 스타벅스의 모바일 앱 주문 서비스 '사이렌 오더'
(출처: 티스토리, 2018)

이외에 카메라와 바코드를 활용, 상품은 실제 매장에서 보고, 모바일을 통한 상품 정보검색 및 가격 비교로 저렴한 온라인 매장에서 구매한다. Amazon은 스마트폰으로 오프라인의 상품의 사진(혹은 바코드)을 찍어서 보내면 해당 상품의 정보를 보내주는 Amazon Remembers 서비스가 호응을 받고 있으며 Red Laser는 카메라로 상품의 바코드를 읽어 가장 저렴한 쇼핑몰을 검색 해주는 서비스를 제공하고 있다.

▶ 아마존 Flow 앱은 바코드나 객채를 인식해 증강현실을 통해 상품 정보를 알려주는 서비스를 제공

〈그림〉 아마존의 상품 정보 제공 서비스 '아마존 Flow'

(쇼핑행태 변화) 즉시성&개인화로 인한 실시간 맞춤형 쇼핑 확대 될 것이며, 즉시성과 위치성의 결합으로 개인 Context기반 실시간 맞춤형 소비 증가 할 것이다.

상품정보, 가격비교, 구매리뷰, 추천, 구매, 구매 후기까지 구매활동 전체가 One-stop 으로 가능하여 실시간 쇼핑이 확대 될 것이며, 개인의 위치와 상황에 맞는 맞춤형 PuH 서비스 확대 될 것이다. eBay의 경우 아이폰 앱을 통해 옥션 마감정보 제공을 통해 실시간 쇼핑으로 투명한 가격, 가격 경쟁 확대로 유통구조도 변화시키고 있다. 또한 모바일 채널을 중심으로 오프라인 매장과의 연계가 증가하고 있다. 개인 맞춤형 타겟 광고 및 쿠폰 등의 마케팅방식이 변화하여 소비자의 감성적/충동구매의 증가가 예상된다. AR 기술과 QR코드 기술은 현실 세계와 가상세계의 상호작용을 극대화하여 감성적이고 다양한 광고가 가능하게 될 것이다.

이러한 소비시장의 변화는 단순히 온라인에서 쇼핑의 경험이 소요되는 것이 아니라, 소비자들의 쇼루밍(Showrooming), 리버스 쇼루밍(Reverse-Showrooming)과 같은 다양한 쇼핑 활동을 통해 이루어진다. 쇼루밍(Showrooming)이란 오프라인 매장이 온라인 쇼핑몰의 전시장(Showroom)으로 변화는 현상을 의미하는 것으로 즉, 소비자들이 오프라인 매장에서 제품을 직접 확인하고 실제 구매는 온라인을 통해 이루어지는 과정을 의미한다. 반대로 리버스 쇼루밍(Reverse-Showrooming)의 경우 온라인을 이용하여 최적의 정보를 획득한 후 적절한 오프라인 매장을 이용하여 구매하는 방식이다. 이러한 현상을 통해 온라인 상거래와 오프라인 상거래의 경계가 점점 허물어져 가고 있으며 소비자들은 점차 온라인과 오프라인을 구분 지어 상거래 활동을 하지 않고 있다.

대표적으로 최근 모바일 상거래 시장에서 많은 주목을 받고 있는 O2O를 꼽을 수 있다(Online-To-Offline). O2O란 ICT 기술을 기반으로 각종 온라인 서비스에 오프라인 사업을 연계함으로써 새로운 가치와 향상된 편의를 제공하는 융합 비즈니스 모델을 의미하며 소비자를 온라인 서비스에서 실제 오프라인으로 연결해주는 서비스를 의미한다.

최근 1인 가구가 급증하면서 이를 겨냥한 생활밀착형 서비스가 확대되고 실시간 소비활동이 가속화되며 다양한 정보 및 편의성 제공이 다양화되었다. 이를 적극 반영한 O2O서비스는 시간과 장소를 구애받지 않는 장점 때문에 이용하는 소비자들이 빠르게 증가하고 있는 추세이다.

국내의 경우 소득 수준 향상, 맞벌이 인구 및 2인 이하 가구 등의 사회 · 경제적 변화로 인한 소비자 니즈의 증대에 따라 O2O플랫폼의 시장 중 일상 영역의 서비스로 배달서비스가 급증하고 있는 추세이다. 이는 소비자의 일상적인 영역에서 가장 많이 활용되는 서비스로 가장 많이 활용되는 서비스로 급증하고 있으며, O2O서비스의 이점을 적극 활용하여 최근 모바일로 주문하면 지역 농가에서 상품을 직접 가져와 소비자 문 앞에까지 배달하는 서비스까지 확대되고 있다.

〈그림〉 국내 배달 앱 3사

이러한 변화로 인해 단순히 오프라인에서 상품을 획득하는 것을 넘어 오프라인 매장 안에서 온라인에 접속하여 정보를 획득하는 것이 가능하게 되었다. 이를 연결시켜주는 매체가 디지털사이니지이다. 디지털사이니지란 기술 혁신에 따라 고화질·대형 디스플레이, 스마트폰과 센서를 이용한 사용자 맞춤형 기술, 클라우드 기술 등 다양한 기술이 적용 중이며, 최신기술과 결합된 다양한 양방향 서비스가 출현하고 있다. 뿐만 아니라 디지털 옥외광고는 광고 목적으로 처음 시작되었으나, 현재는 다양한 IT 및 콘텐츠 기술과 융복합되어 교육, 정보 제공, 예술적 활용까지 가능한 새로운 미디어로 활용되며 새로운 매체로서 시간, 공간, 사용자 상황에 맞는 다양한 서비스를 제공해주는 형태로 변하고 있다.

즉, 디지털 옥외광고와 다양한 분야의 융합 기술 개발로 빅데이터 기술을 이용하여 컴퓨터 데이터의 실시간 인식 및 분석 능력을 통해 사용자의 현재 상황과 가장 적합한 빅데이터 인사이트를 실시간으로 제공하는 형태로 변화하며 이에 따른 소비는 가속화될 전망이다.

O2O서비스 기반의 디지털사이니지의 시작점은 모바일을 활용한 마케팅이다. 디지털사이니지는 오프라인 공간을 기반으로 한 미디어 서비스로 오프라인과 온라인을 이용하여 소비자의 정보를 수집 및 필요와 욕구에 따른 정보를 제공하고 행동을 유발시키는 솔루션을 제공한다. 이는 ICT 융합산업의 장점인 온라인과 오프라인을 연결해주는 제 4 스크린의 역할로 옴니채널(Omni Channel)을 활용하기 때문이다. O2O와 옴니채널의 트렌드로 오프라인 매장에서는 디지털 옥외광고와 관련 기술을 적극 적용하였고 점차 그 범위가 확대되기 시작하였다. 처음에는 고객의 편의와 매출의 확대 및 데이터 분석에 초점을 두었다면, 최근 무인 주문 시스템의 수요가 증가하면서 비용 절감에 대한 니즈가 반영되었다. 소비자의 패턴 분석과 이를 통한 상품 개발 및 서비스를 제공하면서 온라인과 모바일, 오프라인을 하나의 유기적인 시스템으로 통합되었다.

예를 들어 아마존(Amazon)의 경우 최초로 완전 무인화를 실현시킨 무인 편의점인 '아마존 고(Amazon go)'를 운영 중이다. 아마존 고를 이용하려면 먼저 스마트 폰을 활용하여 앱을 다운로드 받은 후 상점 입구에서 스마트 폰을 활용하여 자동 체크인 후 진열대에 놓인 물건을 집으면 인공지능(AI) 센서가 고객을 인식하여 온라인 장바구니 목록에 추가되는 서비스를 제공한다. 뿐 만 아니라 쇼핑을 마친 후 체크아웃이 되면 연동된 카드를 통해 자동으로 결제되는 편의성을 제공하고 있다. 이처럼 온라인, 오프라인을 모바일로 연결하여 이용시간 감소라는 고객의 편의성을 제공하였고 판매자 입장에서는 인공지능 기술을 바탕으로 구매 패턴, 순서 등의 빅데이터를 구축하여 고객별 맞춤서비스 제공을 위한 DB(Date Base)관리가 용의해진 것이다.

〈그림〉 '아마존 고(Amazon go)' 무인 결제 시스템

이렇듯 아마존의 시작으로 다양한 국가에서 무인 결제 시스템의 방식을 이용하려는 도입이 활성화되고 있다. 이는 인공지능 서비스 등 다양한 ICT기술을 적극 활용하여 소상공인을 위한 시스템으로 인건비 절감에 기여하는 등의 경제적 효과를 가져 올 뿐만 아니라 오프라인 매장에서 모바일을 통해 결제하는 활동을 제공함으로써 온오프라인을 유기적으로 연결하는 사례라고 볼 수 있다.

〈그림〉 국내 무인 결제 시스템 편의점
(출처: 매일경제, 2018)

디지털 옥외광고는 온 · 오프라인을 유기적으로 연계할 수 있는 통합마케팅 커뮤니케이션 방안으로 오프라인에서는 직접 체험을 통한 만족감 제공, 온라인은 개인화된 맞춤형 서비스로 편의성 및 차별화된 쇼핑경험을 제공할 수 있다. 뿐 만 아니라 다양한 온라인에서 쿠폰 등을 발급하여 오프라인 방문 시 활용할 수 있도록 하는 등 온·오프라인이 연결된 쇼핑 서비스를 제공하고 있다. 그 예로 미국의 노드스트롬 백화점의 경우 오프라인 매장에서는 판매하지 않고 고객과의 상담을 이루는 공간으로 쇼루밍(매장에서 구경만 하는 형태)을 지원하고 온라인을 통해 구매할 수 있도록 고객 편의 서비스를 제공한다. 이는 기존 옴니채널을 적극 반영한 사례로 오프라인의 경우 디지털 옥외광고를 통해 실물 크기의 아바타에 맞춤 재킷을 입힌 후 자신의 모습을 스크린에서 확인할 수 있으며 다양한 디자인과 옷감을 비교해 볼 수 있는 경험이 가능한 체험형 공간으로 다양한 여가활동을 즐길 수 있는 공간을 제공한다. 그리고 온라인에서는 구매와 선택한 물품의 시간을 예약 및 실시간 위치 파악을 통해 방문일정에 맞춰 물건을 제공하는 O2O 서비스를 제공한다. 즉, 서비스와 기술의 조화를 이룬 것으로 전자상거래를 이용해 오프라인으로 유입되는 선순환 구조를 구축한 예이다.

〈그림〉 미국 노드스트롬(Nordstrom) 백화점
(출처: 한국일보, 2019)

이렇듯 최근 신규 매장 및 쇼핑몰 매장의 경우 디지털 옥외광고를 활용한 서비스가 필수로 자리매김하고 있으며, 스마트 스토어(Smart Store)에 대한 관심으로 디지털 옥외광고에 대한 요구가 증가하고 있다. 온오프라인의 연결을 통해 시간과 공간의 경계가 허물면서 고객과 소비자의 욕구와 필요를 충족시켜 주는 기능으로 발전하고 있다, 즉, 기존 오프라인이라는 공간의 개념이 디지털 옥외광고의 도입으로 경계가 모호해진 것이다.

따라서 이러한 변화에 맞추어 소비자의 접근방식을 재정립해야 할 것이며, 소비자의 매체 접근과 쇼핑과 관련한 소비리스트에 자사의 서비스가 선점할 수 있도록 하는 선점 전략의 수행이 매우 중요할 것이다. 뿐만 아니라 스마트폰 및 O2O관련 비즈니스 활용도가 높은 밀레니엄세대에서는 다채널 비즈니스의 주요 목적이 욕구해결을 위한 대안검색의 비용절감과 가성비 중심의 쇼핑행태로 나타나고 있어 O2O비즈니스의 중요성이 더욱 확산되고 있다.

4 융합을 통한 새로운 마케팅 영역

1) 3D 홀로그램 콘텐츠

최근 새 정부 출범과 함께 창조경제와 관한 많은 이야기들이 회자되고 있다. 그러나 창조경제의 패러다임이나 마케팅패러다임으로서 분명한 모델이 나타나지 못하고 있는 것이 현실이다. 이러한 문제점 해결을 위한 모색으로 최근 화제가 되고 있는 3D 홀로그램 기술과 콘텐츠가 결합한 WAPOP과 애버랜드에서 운영 중인 K-POP 홀로그램 사례를 통해 새롭게 적용할 수 있는 마케팅 영역에 대해서 접근하고자 한다.

입체영상의 원리는 기본적으로 인간의 양안시차(binocular disparity)를 이용한 기술로 이러한 현상은 우리의 두 눈이 서로 다른 위치에서 사물을 바라보기 때문에 두 눈 사이의 거리만큼 생기는 시차로 인해 발생한다. 인위적인 눈의 착각을 발생시킴으로써 인간의 뇌는 2차원의 이미지를 마치 3차원으로 지각하고 입체감을 느끼게 되는 것이다. 3D 입체영상이 기존의 2D 영상과 차별되는 가장 큰 특징은 이러한 입체감 지각을 통해 감각적인 경험의 기회를 제공한다는 것이다. 이는 최근 확대 운영되고 있는 대형 멀티플렉스 극장의 양적확장과 3D TV의 보급으로 인해서 많은 소비자들이 경험하고 있다[1].

그러나 이러한 상황에 비해서 3D와 관련된 영상콘텐츠 산업의 수준은 아직 걸음마 수준에 머무르고 있다. 이러한 이유는 크게 두 가지로 언급될 수 있는데 콘텐츠의 생산 비용증가와 투자수익률에 대한 불확실성이다. 기존영상과 관련되어서 많은 기기적 개선과 상대적으로 높은 제작 유통 비용에 비해 현재 소비자들의 소비방식이 한정적이기 때문에 높은 수익률을 기대하기 어렵다는 것이다. 결국 한정된 소비와 한정된 콘텐츠로 인해 닭이 먼저냐 달걀이 먼저냐는 모순된 논리에 빠질 수밖에 없는 상황이었다.

이러한 측면에서 최근 이랜드의 WAPOP과 애버랜드의 K-POP 홀로그램의 경우 좋은 솔루션의 예로 접근해 볼 필요성이 있다.

---

1) 출처: 김충현외(2013) 3D 입체영상과 광고의 제품유형별 광고태도와 브랜드 태도. 광고홍보학회 추계 학술대회

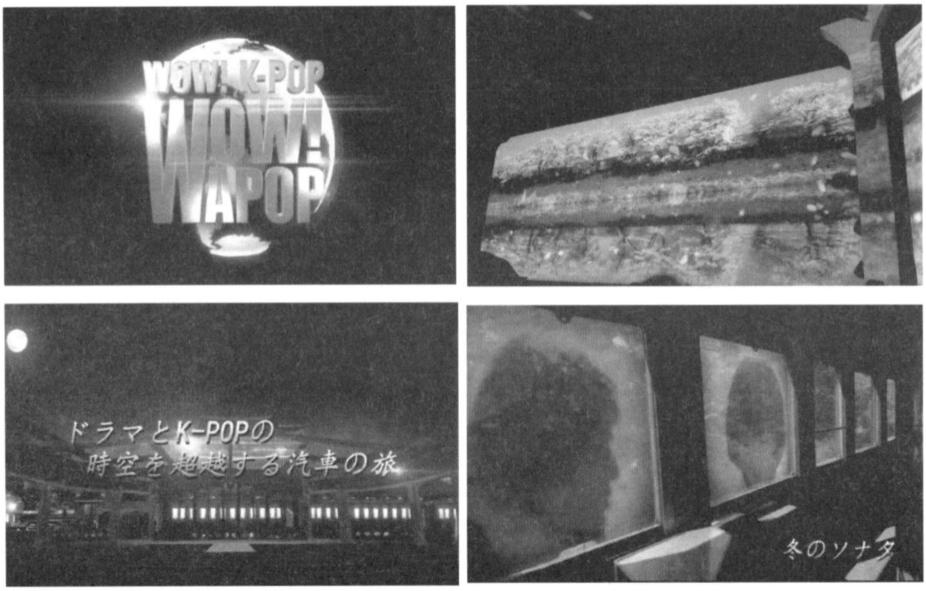

〈그림〉 WAPOP 사례

먼저 WAPOP의 경우 270도의 파노라마 화면을 통해서 한류 드라마를 소재로 영상물과 한류가수들이 결합된 공연들을 진행하고 있다. 단순히 한류 드라마 영상을 보는 것에 국한되어 있는 콘텐츠를 제공하였다면 많은 해외 관광객들이 몰려들기 어려웠을 것이다. 그러나 여기에 한류의 주도적 위치를 가지고 있는 가수공연을 접목시킴으로서 새로운 형태의 융합된 한류 콘텐츠를 만들게 된 것이다.

단순히 성공적인 비즈니스 모델을 넘어서 WAPOP을 주의 깊게 바라봐야 하는 마케팅 포인트가 있다. 3D 입체영상은 2D 영상에 비해 상대적으로 높은 몰입감을 유발할 수 있으며 수용자의 커뮤니케이션 방식과 태도에 있어서도 차이를 보인다. 예를 들어 영화 아바타의 경우 2D 영화의 경우 이야기에 대한 몰입을 야기하나 이야기 자체에 대해서 관조하는 형태라면 3D 영화에서는 현장감과 몰입을 통해 자신이 주인공과 같은 현실감에 영역에 쉽게 들어설 수 있는 원리이다. WAPOP의 경우 과거 즐겁게 느꼈던 한류드라마와 홀로그램을 통한 실재적 경험으로 과거의 경험을 그 현장에서 추억하게 할 수 있는 실재감을 주게 되며 한류 스타의 공연을 통해서 이곳에서 밖에 경험할 수 없는 특별한 경험을 만든다는 것이다.

이것은 과거 전통적인 미디어 환경에서 미디어의 화면 크기나 화질, 시청거리, 시청각도, 음질 등과 같은 미디어 형식을 넘어서서 프로그램 장르와 같은 콘텐츠의 현실성이나 사실성 정도를 의미하는 미디어 내용 그리고 성별, 연령, 몰입경향 등과 같은 수용자 특성에 관한 접근을 통한 비즈니스모형으로 정리된다.

이러한 영향을 통해서 앞서 아바타과 같은 현장감 있는 실재감 즉, 원격 현장감(프레즌스)의 효과가 발생한다. 이는 영화나 문학 등에서 자주 겪는 심리적 상태로 주로 각성, 기억, 설득, 흥분, 중독증, 즐거움 등으로 만들어 수용자가 느끼는 현실세계의 완전한 이탈을 통해 새로운 경험 등을 만들어 낸다는 것이다.

〈그림〉 WAPOP 프로그램

또 하나의 사례인 애버랜드 3D K-POP 홀로그램 공연의 경우 월드스타 싸이와 투애니원의 홀로그램 공연을 통 진행하고 있다. 앞서의 WAPOP의 경우 하나의 한류 드라마콘텐츠를 정하고 공연가수들을 특징화 시켜 차별화를 꾀했다면, 3D K-POP 홀로그램 공연의 경우는 가수라는 콘텐츠를 스케줄링 함으로서 다양한 수요의 부응할 수 있는 탄력적 콘텐츠 운용이 강점으로 보인다.

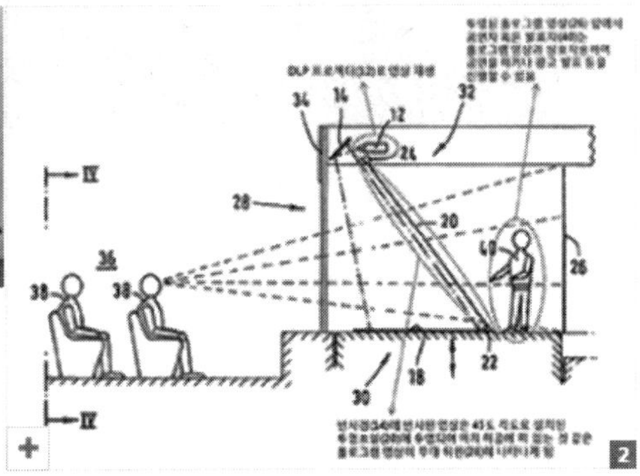

1 '페퍼스 고스트' 방식의 플로팅 홀로그램 무대 설계도

2 '페퍼스 고스트' 방식의 플로팅 홀로그램 원리를 설명한 그림 〈출처: 한국콘텐츠진흥원〉

이러한 경향은 기업 제품발표회나 마술쇼 등 제한된 영역에서 이따금 쓰이던 홀로그램 기술이 문화 콘텐츠와 맞물려 공연 영역으로 발을 넓히고 있다. 국내 가수의 상설 공연장을 마련하려는 시도가 특히 활발하다. K팝과 한류 열풍 덕분이다. 홀로그램 영상 기술은 공연예술 외에도 조금씩 활용 처를 넓히는 추세다. 박물관이 대표 사례다. 홀로그램 공연이 관객과 가수가 호흡하는 활동적인 콘텐츠라면, 박물관의 홀로그램 전시는 정지된 콘텐츠다. 해외 박물관의 예술품을 홀로그램 기술로 국내에서도 볼 수 있게 되는 셈이다[2].

시간과 공간을 뛰어넘는 3D 체험은 홀로그램 기술을 떠받치는 중요한 특징이다. 기존 아날로그 방식의 무대에서는 볼 수 없었던 인물의 복제, 복원, 창조와 같은 경험이 관객에게 환상적인 체험을 줄 수 있다. 얼굴 한 번 보기 힘든 싸이의 공연을 매일 10여회 방영하는 공연장, 이미 수년 전에 세상을 떠난 가수를 무대 위로 불러들이는 콘서트, 좋아하는 가수가 하늘을 나는 연출까지 가능하게 되고 이를 대중들이 모여드는 상업지역에 설치하여 운영한다면 다양한 마케팅 이벤트나 혹은 광고 커뮤니케이션이 활용이 가능할 것으로 보인다. 이는 과거 기술기반의 기기설치를 통해서 차별화된 마케팅활동을 하려고 했던 사업방식에 새로운 시사점을 제공해 주고 있으며, 향후 다양한 문화예술콘텐츠와의 조합과 기획 연출을 통해 새로운 창조경제 산업으로 자리매김할 것이 분명하다.

〈그림〉 디스트릭스의 싸이와 무한도전의 캐릭터를 결합한 360도 입체 영상관

2) http://navercast.naver.com/contents.nhn?rid=122&contents_id=39442에서 일부 수정발췌

이러한 3D홀로그램 기술의 혼합현실은 시공간을 뛰어넘는 원격현장감을 극대화 시킬 수 있는 것이다. 이는 실제로 존재하는 현실과 가상현실을 융합한 것으로 사용자의 시지각을 미디어 기기에 완전히 의존하게 되는 것을 의미한다. 가상공간인 것을 인지하면서도 시각 혹은 청각 정보에 따라 공간에 몰입하면서 가상이 아닌 현실로 치환되는 것이다. 이는 이용자의 경험과 싱크로율이 높을수록 더욱 몰입감은 증가하며 가상공간의 체험이 완성되는 것이다. 이러한 몰입의 예로 최근 '갓 오브 워' 게임의 게임 소개영상을 살펴볼 수 있다. 이들은 NBA 농구팀의 홈구장에서 특별한 이벤트를 진행하였다. 게임 주인공이 그의 아들과 함께 북유럽의 세계를 탐험하는 스토리로 게임의 전반적인 스토리를 담은 영상을 농구장에 3D 프로젝션으로 표현하여 소비자들에게 압도적인 경험을 제공한 사례라고 볼 수 있다. 이를 통해 마치 소비자들이 게임 속에 존재하는 것만 같은 경험을 제공하였으며 농구장이라는 공간이 아닌 게임속이라는 공간으로 치환된 사례라고 볼 수 있다.

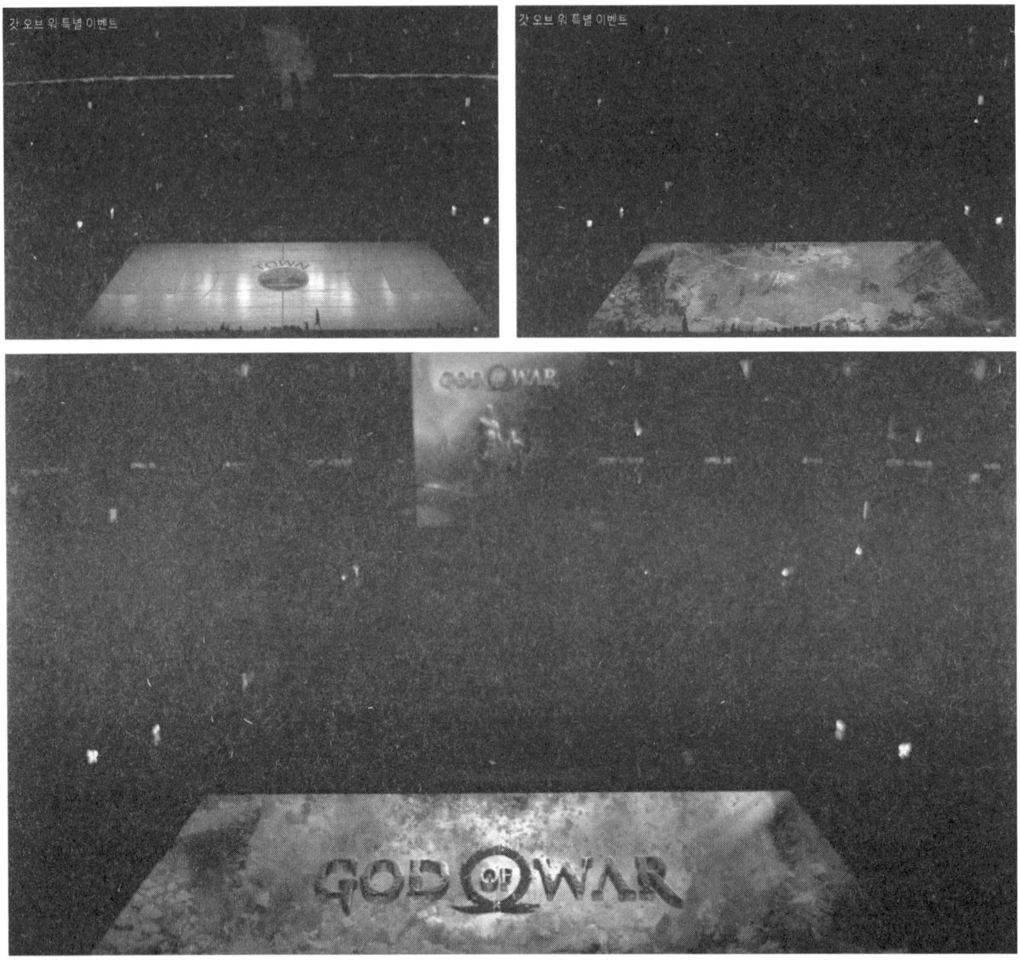

〈그림〉 '갓 오브 워' 혼합현실 사례

앞서서 언급한 3D홀로그램을 통한 가상공간에 대한 존재감 몰입을 통한 원격 현장감(프레즌스)과 같이 수용자가 느끼는 현실세계의 완전한 이탈은 시 · 청각 기억을 증가시키고, 경험 빈도가 높아질수록 이에 따른 각성 수준과 즐거움, 재미 등의 효과도 증가 한다는 강점을 가진 만큼 이러한 기술적 구현과 콘텐츠의 결합을 통해 다양한 마케팅 상품과 커뮤니케이션 전략을 구사하는데 효과적일 것으로 보인다.

2) 브랜드 경험으로서의 디지털사이니지광고

디지털사이니지의 개념은 TV, 컴퓨터, 모바일 등 일반적인 디지털디바이스와는 조금 다르다. 기술적 측면과 정보내용에서는 유사하지만 디지털사이니지는 개인적 디바이스와는 달리 공용공간에서 운영된다는 특징을 갖는다. 집 밖에 있는 생활공간인 도심, 교통시설물, 쇼핑몰,

경기장, 리테일숍 등 다양한 공간에서 운영되기 때문에 각각의 장소적 특성을 반영한 디지털사이니지가 만들어진다.

즉, 디지털사이니지는 특정 OOH(Out Qf Home)공간에서의 목적성에 맞도록 정보와 내용을 제작하여 표출하는 맞춤 정보 제공 시스템이다. 최근 편의점 매체들은 영화 관련 정보, 뮤직비디오, 날씨 검색 등 소비자 지향적인 콘텐츠로 소비자의 관심을 얻고자 한다.

이러한 사이니지의 접근전략은 지나가다가 필요에 의해 접촉되거나 저절로 눈에 띄는 장소에 놓여있는 디지털사이니지는 사용자의 필요성과 목적성을 충족시켜주면서 무료로 제공된다는 특성을 가지고 있다. 또한 개인 디지털기기와 연결되어 제 3의 혜택을 제공하여 다양한 인터랙션을 체험함으로써 소비자 경험을 풍부하게 할 수 있다.

그렇다면 이렇게 디지털사이니지를 통한 브랜드 경험에서 가장 중요한 핵심은 무엇인가? 그것은 상호작용성을 통한 소비자 참여다. 소비자들의 상호작용에 참여하는 요인은 무엇인가? 간략하게 정리하면 참여의 유형을 통제성, 반응성, 개인화, 실재감 등으로 정의할 수 있다. 통제성은 '소비자가 광고의 내용이나 순서 등을 선택할 수 있는 정도', 반응성은 '소비자의 입력에 광고가 응답하는 정도', 개인화는 '소비자개인정보를 통해 소비자에게 1:1로 맞춰주는 정도', 실재감은 '가상의 공간이 현실처럼 느껴지는 정도'로 정의되고 있다.

이러한 상호작용 요소들은 기술의 발전으로 기능적 측면과 정보적 측면이 충족되면서 그 매체적 가치가 높아지고 있다. 그러나 소비자가 전제된 상호작용광고가 집행되고 있는가에 대해서는 의문을 갖게 된다. 따라서 소비자의 가치에 부합하고 소비자의 상호작용할 수 있는 디지털사이니지의 운영에 대해 살펴볼 필요가 있다.

(1) 소비자의 정서와 상황맥락을 고려한 디지털사이니지 광고의 적절성

소비를 뜻하는 영어 단어 consume의 어원적 정의는 '얻다(to get)'이고. '정서'에 해당하는 영어단어 emotion은 어원적으로 '움직이다(to move)'라는 뜻을 가지고 있다. 이 두 단어를 한데 모으면, 어떤 것을 얻으려면 소비자를 움직여야 한다는 말이 된다. 소비 행위는 감정을 떼어 넣고 생각할 수 없다. 소비는 더러는 긍정적이며 더러는 부정적이기도 한 정서적인 요소로 가득 찬 경험이다. 그리고 각각의 상황에서 얻는 경험이 소비자에게 실제로 어떤 의미로 다가가는지에 따라 제각기 다른 정서적 반응을 이끌어 낸다. 이러한 정서는 제품과 서비스 브랜딩의 일부로 사람들에게 어떤 브랜드가 무엇을 상징 하냐고 물으면 대다수의 사람들은 어떤 형태로든 정서적 동일성을 보여준다.

과거 매스미디어들은 이러한 소비자들의 정서적 가치에도 불구하고 대부분 일종의 상징을 제공하여 브랜드의 로고나 회사의 CI에 의미를 부여하며 일방향적으로 주입하는 선에서 멈춰 있었다. 하지만 기술적 진보와 더불어 마케팅 전략의 큰 변화가 지속되면서 옥외광고도 온라인 광고와 마찬가지로 쌍방향커뮤니케이션(인터랙티브) 기능을 구현할 수 있게 되었다. 초기에는 단순히 흥미를 유발하기 위한 디지털 미디어 기능의 일부로 인식되던 인터랙티브 기능은 버스쉘터의 QR코드 광고를 통해 정보 전달의 창구로, 그리고 매장 외부 디스플레이와 결합하면서 쌍방향커뮤니케이션이 가능하며 상품 구매로 직접적으로 연결되는 고리로 작용하고 있다.

인터랙티브 기능을 통해 옥외광고에서 가진 제일 큰 장점은 쌍방향 커뮤니케이션을 통한 흥미 유발과 정서의 공유를 나눌 수 있게 되었다는 점이다. 소비자로 하여금 광고에 흥미를 유발하게 해 브랜드를 인지시키면 서 브랜드 경험 및 정서를 공유할 수 있도록 되었다는 것이다. 다양한 아이디어의 적용이 가능하지만 근본적으로는 소비자를 인지할 수 있는 동작 인식 기능이 기본이 된다. 이러한 동작 인식 기능을 사용한 인터랙티브 미디어는 구매 접점에서 소비자가 브랜드에 더욱 친숙하게, 그리고 무의식적으로 다가갈 수 있도록 돕는 역할을 하고 있다.

따라서 인터랙티브의 장점을 극대화하기 위해서는 먼저 이용자의 중심에서 매체적 특징을 규정하여 현행 의 디지털사이니지 집행전략에 대한 재고가 필요하다. 이를 위해서는 소비자의 일상 분석자료의 심층적 분석 을 통해 그에 대한 소비자 시간과 장소에 따른 정서적 고려가 필요하다.

예를 들어 단순노출형과 인터랙티브 사이니지의 경우 지하철, 버스와 같은 교통시설에서는 단순노출의 사이니지가 주효하다. 또한 극장이나 놀이 공원 쇼핑공간의 경우 인터랙티브형 사이니지 효과가 높을 것이라는 것이 일반적인 인식이며, 일견 사실이라고 해석할 수 있다. 하지만 이것은 부분적인 진실이며, 소비자의 상황과 정서를 고려한 전략에 따라 마케팅 효과는 달라질 수 있다.

출근시간대의 바쁜 시간과 정서 상태에 의해 옥외광고물에 대한 노출 시간은 좀 더 줄어들게 되며 이 순간의 많은 광고정보량이 과연 효과를 얻을 수 있는가는 의문이 들며 반면 퇴근시간대의 경우 옥외광고물에 정보량의 허용범위는 보다 많아 질 수 있다는 것이다. 결국 이 부분은 개별 소비자를 고려한 메시지와 크리에이티브를 어떻게 제공하는가에 따라 매체효과가 달라질 수 있으며, 이러한 문제가 선행되어야만 인터랙티브가 발생하고 브랜드 경험을 통한 브랜드 가치 확립이 가능하다는 것이다.

예를 들어 벨기에 브뤼셀 공항의 사이니지의 경우 에스컬레이터를 타고 가면서 이용자의 체온을 측정하여 그에 대한 정보와 관련된 제품 광고나 브랜드를 노출 시켜 높은 주목성과 브랜드 경험을 제공하고 있다.

디지털사이니지 메뉴의 경우 좌석안내 및 음식주문을 사이니지가 대체하고 다채로운 메뉴에 대한 사진정보와 요리사의 소개를 통해 좋은 반응을 얻고 있으며, 대기시간 등의 단축으로 만족도 극대화를 이룬 사례로 볼 수 있다.

극장이나 놀이동산의 코몰라이브, 디지털뷰의 경우에도 동일한 문제를 가지고 있다. 평일이나 주말이냐에 따라 제공되는 콘텐츠와 그를 표현하는 크리에이티브는 소비자의 정서를 고려해야 하는 데도 불구하고 정보의 종류와 가치에 대한 측면에만 가치를 부여하고 있는 문제를 가지고 있다. 또한 사이니지를 통해 브랜드 경험을 보다 흥미롭게 할 수 있도록 제공하고 있다.

새롭게 등장하고 있는 디지털사이니지의 기술적 구현과 보급도 중요한 문제이지만 세계적 석학 마샬맥루 한이 언급한 바와 같이 "도구는 인간의 확장이고, 매체도 인간의 확장의 개념이다." 소비자에게 선택받고 경험을 나누기 위해서 인터랙티브 매체의 공간과 이용자 정서맥락의 적절성, 우리나라 소비자문화를 고려한 정보와 오락적 효용을 제공할 수 있도록 해야 하며 이를 통해 보다 고객지향적인 마케팅 활동과 광고 산업에 새 바람을 일으킬 수 있을 것이다.

3) 마케팅 커뮤니케이션의 기본: 브랜드 경험으로서의 옥외광고 이해하기

현대의 소비자들은 과거처럼 제품의 기능만을 중시하지 않으며 제품이나 소비와 관련된 감성에 의하여 많은 영향을 받고 있다. 따라서 소비자들의 감성을 사로잡는 것이 중요한 마케팅과제로 부각되고 있으며, 이러한 흐름은 기존의 마케팅이나 광고활동에 있어서 제품편익에 국한되어있던 인식에 대한 접근을 소비자들의 소비 경험적 측면을 중시하는 시각을 갖게 되었다.

최근 주목받고 있는 간판 및 매장개선을 통한 커뮤니케이션 효과는 미디어로 제공되던 인식과 가치를 실제 매장에 반영하여 소비자의 경험적 측면을 충족, 전국 어떤 매장을 가더라도 고유한 소비경험과 만족을 느낄 수 있도록 하고자하는 것이다. 그리고 옥외광고와 매장은 소비자에게 브랜드 접촉이 가장 용이하고 반복적 효과를 줄 수 있는 매체로 볼 수 있다. 이는 옥외광고가 통합적 마케팅 커뮤니케이션의 한 축으로서 마케팅 지향적인 옥외광고 전략을 수립하여, 마케팅커뮤니케이션 전략의 가치를 확보하는데 중요한 부분을 차지한다고 할 수 있다.

(1) 옥외광고의 기능

옥외광고물은 구체적인 상호나 광고내용과 관계없이 광고물을 보고 고객들이 찾고자 하는 업소를 쉽게 찾을 수 있어야 하며, 가능한 오래도록 기억에 남도록 하는 특이성이 있어야 한다. 이를 위해서 디자인요소를 고려해야 하며, 다른 옥외광고와도 조화를 이루어야 한다.

또한, 옥외광고는 넓은 공간을 일정동안 점거하여 불특정 다수의 사람들을 소구대상으로 하는 광고물이며, 어느 일정공간을 점거하여 그 시각영역에 강제적으로 또는 반복적으로 시각적 자극을 주는 광고의 장(場)이기 때문에 인쇄매체에 의한 광고와는 달리 독특한 특성을 가지고 있다.

옥외광고를 요소별로 구분하여 보면 첫째, 외형을 이루는 크기와 형상, 둘째, 내용을 전달하는 문자와 문안과 도형, 셋째, 광고효과를 살리는 색채조명 그리고 이모든 요소들을 종합 배치하는 구성을 나눌 수 있다.

또한 색상과 연합 되어 있는 의미, 정보 또는 상징 등이 색채의 심리적 효과에 영향을 미친다. 우리의 색채 연관되어있는 연합 때문에 우리가 어떤 개념에 대해 생각할 때는 그 개념과 관련된 정보들이 자동적으로 활성화되어 의식 속으로 떠오르는 것이다. 컬러는 감성 요소의 체계화와 상품 감성의 분류, 기호 소비자의 표적화를 가능하게 하는 수단으로 아이덴티티 관리 프레임에서 작용한다. 궁극적으로 브랜드의 개성을 이루어 브랜드 구축 관리를 가능케 한다.

예를 들어 같이 붉은색 글씨의 옥외광고물이 제품의 속성과 부합되면서 제품의 속성을 강화시켜주지만 노란색으로 색상이 변경된 경우에는 커뮤니케이션 전달력의 감소와 제품 속성의 전달에 실패하는 되는 것이다.

(2) 옥외광고의 하이어라키 효과

소비자 구매의 대다수는 저관여(Low Involvement) 상황에서 일어난다. 저관여 상황에서는 적극적인 탐색이 약하고, 오히려 관심은 대부분 비자발적이며 각 개인이 여러 이유에서 특정 매체에 노출될 때 발생한다. 그 에 따라서, 소매상의 판매 전략으로서는 계획적이 아닌 저관여에 의한 비계획적 구매가 매우 중요한 역할을 하며, 이러한 비계획적 구매를 유도하는 변수로서 옥외광고와 상점 내 자극(In-Store Stimuli)이 주로 작용 한다고 볼 수 있다.

광고태도의 개념은 감성적이고 경험하는 소비자의 가정에서 출발한다. 광고는 제품 속성에 관한 소비자의 신념에 바로 영향을 주기 위하여 구체적 제품속성이나 편익을 직접적으로 전달하기보다는 광고에 대한 호의적인 태도를 형성함으로써 브랜드에 호의까지 도출해 낸다는 것을 의미한다.

(3) 매장 표준화(S.I: Store Identity)를 통한 브랜드 아이덴티티 구축

옥외광고는 감성요소의 체계화와 상품 감성의 분류, 기호 소비자의 표적화를 가능하게 하는 수단으로 소비자에게 작용하고 궁극적으로 브랜드의 개성을 이루어 브랜드 구축 관리를 가능케 한다. 상점들을 평가하는데 이용되는 우선순위는 편리성, 판매원, 재품구색, 매력적인 실내디자인 등의 상점 속성(Store Attributes)에 의하여 결정된다. 상점 이미지가 소비자의 욕구와 가까울수록 상점에 대한 태도는 보다 긍정적이 되며, 상점에서 쇼핑할 가능성은 더욱 커지게 된다. 만일 소비자가 상점 내 정보처리와 상점 내에서의 상품선택에 만족을 느끼는 경우에는 그 상점에 대한 긍정적인 이미지가 강화되어 그 상점을 재방문할 가능성이 증대된다. 이와 같은 강화(Reinforcement)가 계속적으로 이루어지면 상점충성(Store Loyalty)이 생기게 된다. 따라서 매장 표준화에 Store Identity는 판매 환경 차별화 전략으로서 기업과 상품에 대한 하나의 정보이며, 기호화된 정보를 체계화하기 위한 것이다. 이는 소비자에게 브랜드이미지를 형성하여 상점을 선택하게 만든다고 볼 수 있다.

BTL(Blow The Line)적인 활용을 통한 이미지 커뮤니케이션적 접근이 필요하며, 이를 위해서는 옥외광고의 요소가 소비자에게 미칠 수 있는 영향에 대한 사전 조사가 필요한 것이다. 이를 위해서 색의 배치, 매장의 외관과 실내 색상에 대한 배치에 대한 영향요인의 축적을 통해 독특하고 차별화된 고객의 만족을 얻을 수 있는 SI구축이 필요하며, 브랜드 아이덴티티와 강한 연합이 이루어 질 수 있도록 해야 할 것이다.

이렇듯 소비자의 브랜드 접점과 경험의 기초가 되는 옥외광고와 그로인한 매장이미지 형성은 마케팅커뮤니케이션 전략의 가장 핵심이며 본질적인 요소이다. 최근 프랜차이즈 점의 확산 및 개별 사업장의 간판개선 등에 있어서 앞서의 요소들이 마케터의 고민들이 선행되어야 할 것으로 보인다.

5 소비자에게 접근하기 위한 첫단추 인게이지먼트

전통적인 매스미디어 환경에서 벗어나 오늘날 다양한 채널을 통해 접하는 광고 수가 많아지며 업계에서는 크리에이티브에 크게 의존한 형태에서 벗어나 미디어 특성을 활용한 크리에이티브 개발 혹은 전통적인 매체와 뉴미디어의 조합을 통해 소비자들에게 적극적인 동참을 유도하는 광고캠페인이 이루어지고 있다. 이러한 융합의 몇 가지 사례를 통해 확인할 수 있다.

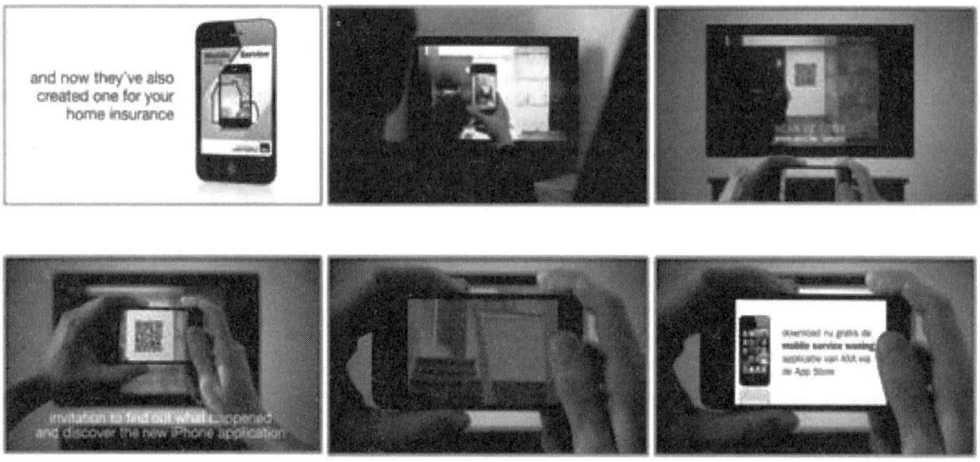

〈그림〉 AXA make TV ad you can step into Movie
(출처: SM Culture&Contents, 2018)

AXA Belgium은 벨기에 최초로 아이폰용 자동차 어플리케이션을 제작하였다. 이를 위한 캠페인 광고로 마치 한편의 드라마같이 긴박한 영상이 1인칭 시점으로 이루진다. 마치 지붕위에 운석 같은 것이 떨어지며 불을 끄러 대문 안으로 들어가야 할 것 같은 상황에서 QR코드가 나타나며 광고가 끝이 난다. 이러한 스토리를 통해 호기심이 생긴 소비자들은 TV화면 속의 QR코드를 스캔하고 자연스럽게 어플리케이션을 다운받아 다음 이야기를 볼 수 있다. 즉, 전통적인 매체와 뉴미디어의 결합을 활용한 캠페인 광고 사례이다.

〈그림〉 Ariel Big Stain Movie
(출처: SM Culture&Contents, 2018)

중국에 위치한 세제 브랜드 P&G china은 건물 5층 정도의 크기의 흰색 티셔츠를 제작해서 도시에 매달아 두었다. 소비자의 참여를 이끌어서 케첩소스를 뿌리도록 유도하였다. 이렇게 뿌려진 소스는 프로젝터 맵핑을 통해 얼룩을 표현하였고 이러한 얼룩을 Ariel의 세제를 이용하여 지워주는 체험을 제공하였다. 이처럼 다양한 광고들은 전통적인 매체와 뉴미디어의 융합을 통해 소비자에게 차별화된 브랜드 경험을 제공하였고 소비자들은 직접적인 경험을 통해 광고에 긍정적인 영향을 미치기 시작한 것을 확인할 수 있다.

IACK(2008)의 연구에 따르면 성인 38%가 TV광고에 심한 방해를 느끼고 7%는 신문과 잡지에서도 같은 정도의 방해를 느낀다고 한다. PVR(personal video recorder) 이용자들이 광고를 대부분 회피한다는 조사결과를 보면 소비자들이 늘어난 광고에 대해 어떤 태도를 갖고 있는지 짐작될 정도다. 이러한 현상은 꾸준히 뚜렷해지고 있다. 조사에 의하면 광고가 TV시청을 방해하고 있다는 응답은 점점 늘어나고 있는 반면, TV광고를 프로그램만큼 즐기고 있다고 답하는 비율은 점점 감소하고 있다. 절대적인 광고 노출량은 늘었는데도 소비자의 광고회피 또한 늘고 있어 노출량에 대한 정량적 수치만으로는 광고 효과 측정이 어려워졌다. 이제 급부상하는 화두가 바로 인게이지먼트다.

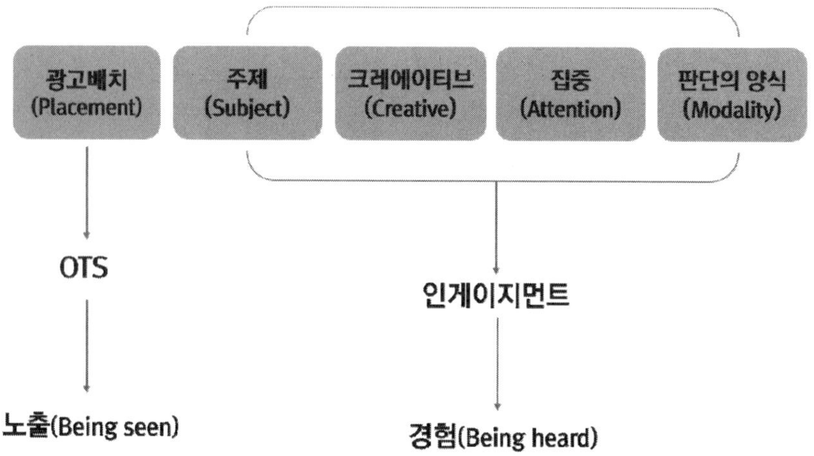

〈그림〉 스티브 콕스의 SOM(share of mind)

이렇듯 인게이지먼트에 대한 관심은 미디어가 세분화(fragmentation)되면서 시작되었다. TV와 신문 등의 전통미디어 시대에는 노출 자체가 중요했고, 광고와 플랫폼(platform)은 한정되어 있었다. 그러나 오늘날에는 다양한 채널들을 통해 수없이 많은 광고들이 쏟아져 나오고 있다. 하루에 접하는 광고의 개수가 평균 5천개가 넘는다고 하니 과거에 비해 매체 환경에 큰 변화가 있었던 것은 분명한 사실이다. 광고에 노출된 소비자를 충분히 확보하기 위해서는 늘어난 커뮤니케이션 채널의 수만큼이나 많은 노출이 필요하다. 실제로 광고의 노출량도 과거보다 훨씬 늘어났다. 문제는 늘어난 노출량이 결코 소비자들에게 긍정적으로 영향을 미치는 것이 아니라는 점이다. 미디어 전문가의 스티브 콕스(steve cox)는 인게이지먼트를 얻기 위해서는 SOM(share of mind)를 확보해야 하고 SOM은 광고배치, 주제, 크리에이티브, 집중, 판단양식 등의 구성요소들이 필요하다고 했다. SOM은 광고량 점유율을 뜻하는 SOV(share of voice)를 변환시킨 개념이라고 생각하면 이해가 쉬울 것이다. 즉, 소비자의 마음속에 해당광고 메시지가 차지하고 있는 비중이 인게이지먼트의 정도라는 것이다. 광고의 유통을 통해 단순 노출을 시키는 것이 첫 단계라면, 소비자들을 모이게 하기 위해서는 경쟁사보다 관심 가는 주제, 강력한 크리에이티브와 관심도, 판단의 양식(modality)이 필수적이며, 이 요소들을 통하여 진정한 인게이지먼트를 얻을 수 있다고 주장한다. 한 가지 더 추가하여 CMT(captive message time)라는 개념을 소개하여 인게이지먼트를 설명하였다. 소비자들이 각각의 광고에 얼마나 많은 시간을 보내는가 하는 것 역시 인게이지먼트의 중요한 요소라는 것이다.

<표> 인게이지먼트의 구분과 구성요소

구분	구성요소	내용
Steve Cox	주제, 크리에이티브 집중, 판단의 양식	인게이지먼트를 얻기 위해서는 SOM(share of mind)가 필요
Shula	콘텐스트(미디어 환경), 콘텐츠(크레에이티브), 소비자(관심)	인게이지먼트는 소비자와 미디어 그리고 메시지를 연결해 주는 고리
IAG 리서치	미디어 인게이지먼트, 토픽(타겟), 인게이지먼트, 크리에이티브 인게이지먼트	적절한 타겟에 적절한 시점에 크리에이티브한 메시지를 적절한 매체에 노출시킨다면 인게이지먼트를 높일 수 있다.
OMD	광고, 미디어, 브랜드	광고, 미디어, 브랜드의 인게이지먼트가 광고 집중도에 영향을 미친다.
Ephron(2006)	미디어, 광고, 브랜드	적절한 미디어에 크리에이티브 메시지를 담아 소비자 경험에 맞는 브랜드 인게이지먼트가 조합되어야 한다.
Wang(2006)	관련성(미디어-광고), 소비자 참여, 구매 접점 노출	브랜드+컨텍스트의 관련성 중시

인게이지먼트는 관여도의 사전조건 작용으로 나타나며 미디어에 몰입하는 양을 거쳐 미디어를 통해 획득한 정보를 이해하는 정도로 '미디어 인게이지먼트', '광고 인게이지먼트', '브랜드 인게이지먼트'의 세 차원의 구성요소들이 서로 '관련성'이라는 차원에서 수렴되어야 한다고 주장하였다.

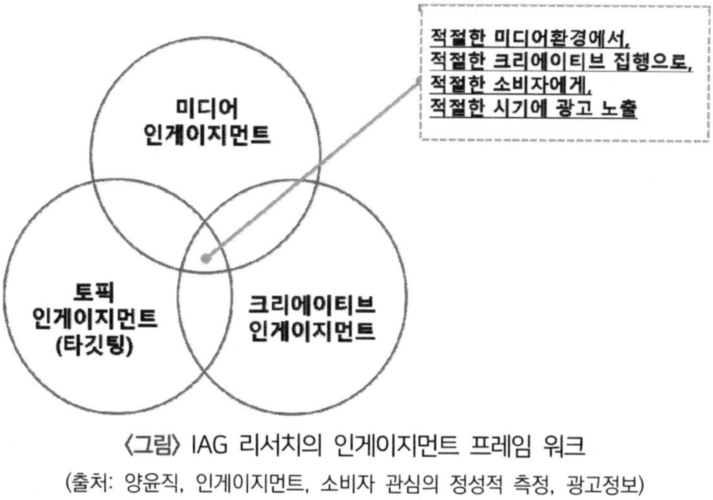

〈그림〉 IAG 리서치의 인게이지먼트 프레임 워크

(출처: 양윤직, 인게이지먼트, 소비자 관심의 정성적 측정, 광고정보)

인게이지먼트를 만들어내는 정성적인 요인은 스마트 폰을 비롯한 스마트 디바이스 자체의 매력성이나 관심정도, SNS광고의 핵심 메시지, 디지털 미디어 광고의 구성과 질 등이 될 것으로 예상할 수 있다. 이에 대해 바바라 잭은 IAG 리서치(Intermedia Advertising Group)에서 인게이지먼트를 유도하는 요소로 미디어 인게이지먼트, 토픽 인게이지먼트, 크리에이티브 인게이지먼트라고 밝히면서, 적절한 타겟에게 적절한 시점에 크리에이티브한 메시지를 적절한 매체에 노출시키면 인게이지먼트를 높일 수 있으며, 위 3가지 중 하나라도 충족시키지 못하면 인게이지먼트를 얻기 어렵다고 주장하였다.

어울릴 수 있는 미디어를 통해야만 구매를 유도할 수 있으며, 광고 인게이지먼트는 소비자 개인이 의미로 해석 될 수 있는 메시지와 크리에이티브가 반영 되어야 하고 브랜드 인게이지먼트는 소비자들의 경험과 광고 커뮤니케이션들이 조화되어 브랜드를 선호할 수 있는 인게이지먼트가 선행되어야 구매로 이어질 수 있다고 하였다.

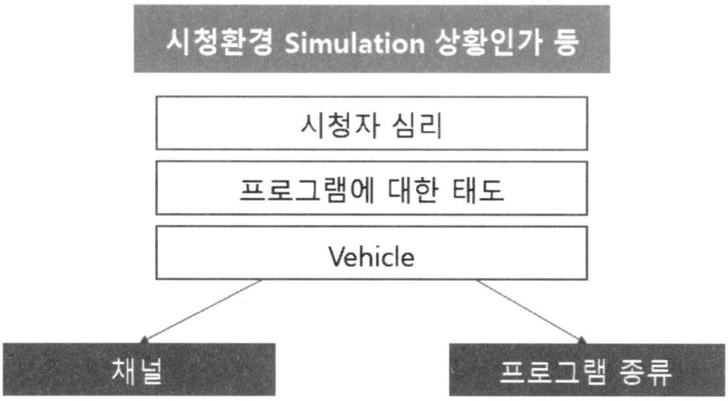

〈그림〉인게이지먼트에 영향을 미치는 요소들(Sam Balsars, Madison World)

오늘날 광고에서 인게이지먼트는 주목해야 할 개념인 것은 틀림없다. 다매체 환경이 되면서 소비자를 트래킹하는 것이 점점 어려워지고 있고, 늘어난 광고는 소비자들의 광고회피를 가속화시키고 있다. 또한, 광고단가가 상승하면서 광고량을 무한정 늘리는 것도 한계가 있다. 브랜드 자체가 점점 복잡해지면서 복잡한 메시지가 요구되는 시대이다. 디지털기술의 발전과 함께 소비자들은 미디어콘텐츠를 편집하거나 제거할 수도 있다. 그 예로, TV는 PVR에 의해 음악은 아이팟에 의해서 콘텐츠의 편집과 제거가 가능하다.

집중도(ATTENTION)가 의식적인 사고(THINKING)의 양이라면, 인게이지먼트는 잠재의식적인 느낌(FEELING)의 양이다. 그래서 인게이지먼트는 느끼고(FEEL), 생각하고(THINK), 행동(DO)하는 프로세스를 거쳐 광고의 회상도(RECALL)보다 구매에 더 큰 영향을 미친다. 미디어 인게이지먼트는 광고에 관심을 갖고 집중하도록 도와주는 것이다. 그것은 광고의 회피를 막는 것과는 다른 문제이다.

마케팅 커뮤니케이션에서 인게이지먼트를 높이는 첫 번째 방법은 실제로 광고를 본 소비자들을 파악하는 것이다. 그런 다음 광고의 인게이지먼트를 높일 수 있는 매체의 특성을 분석해서 크리에이티브와 브랜드를 연결시키는 것이다. 더 나아가 인게이지먼트가 광고에 접목되기 위해서는 미디어 뿐만 아니라, 브랜드, 크리에이티브 등의 다른 요소들의 인게이지먼트도 함께 고려되어야 하는 시각이 필요하다.

① Working for Visa 증강현실 캠페인

▶ Try something new with Visa 캠페인을 통해 증강현실을 사용하여 사람들과 상호작용하였고 새로운 무언가를 실제로 경험하게 하여 인게이지먼트를 높임

② LG 울트라HD TV의 바이럴 캠페인

▶ 엘리베이터 추락 연출편

▶ 면접 중 운석 충돌 연출편

▶ LG는 울트라HD TV의 실감나는 표현기술을 홍보하기 위하여 실제 일반인을 대상으로 제품을 통해 몰래카메라를 연출하여 소비자에게 이색적인 체험을 하게 하여 인게이지먼트를 높임

③ “The Social” by Misereor

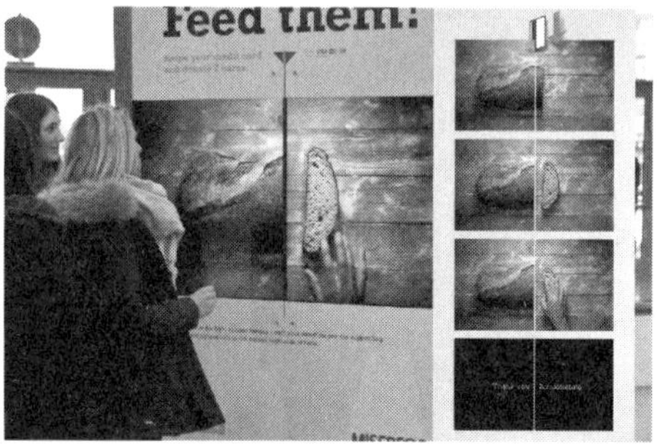

▶ 공항 안에 설치한 사례로 카드 결제를 통해 빵을 나누어주는 행위 혹은 아동폭력을 도와주는 행위를 하도록 유도하여 소비자로 하여금 기억에 남는 특별한 경험과 기부에 관한 시각을 바꾸어줌으로써 인게이지먼트를 높임

④ Mini get away ‘Stockholm’

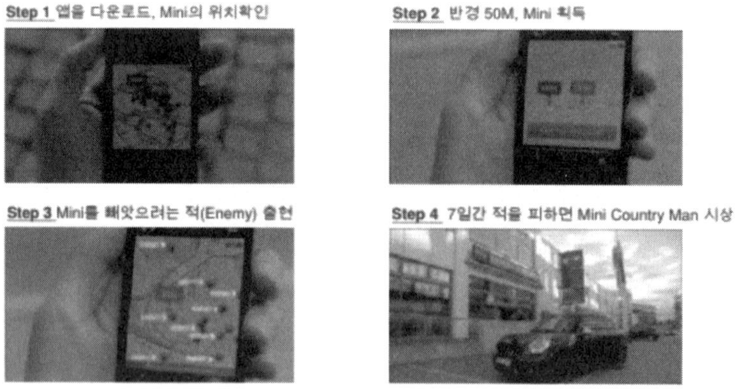

▶ BMW MINI에서 제작한 마케팅 광고로 모바일 앱을 다운받고 앱의 지도에 나온 가상 mini를 획득하여 탈취하려는 적을 피해 일주일간 도망 다녀서 성공하면 BMW MINI Countryman을 시상하는 켐페인

⑤ T-Mobile ‘Angry Birds" llive

▶ 스페인 바로셀로나에서 행사장에 방문한 방문자가 스마트폰으로 앵그리버드 게임을 하면 실제 사이즈로 제작된 세트에서 캐릭터가 날아가고 세트가 붕괴되며 게임 속 스토리를 현실세계에 재현한 사례임. 오락적 체험을 통해 방문자에게 긍정적인 경험을 제공함

⑥ Coke Hug me machine

▶ 일반적인 벤딩머신의 모습을 가지도 있으나 동전을 투입하는 대신 포옹을 유도하여 콜라는 제고하는 캠페인을 실시하였음. 이를 통해 소비자들은 행복과 즐거움을 주는 브랜드라는 차별화된 브랜드 스토리를 즐기고 오락적 체험을 통해 공유함

⑦ Starbucks Valentine day

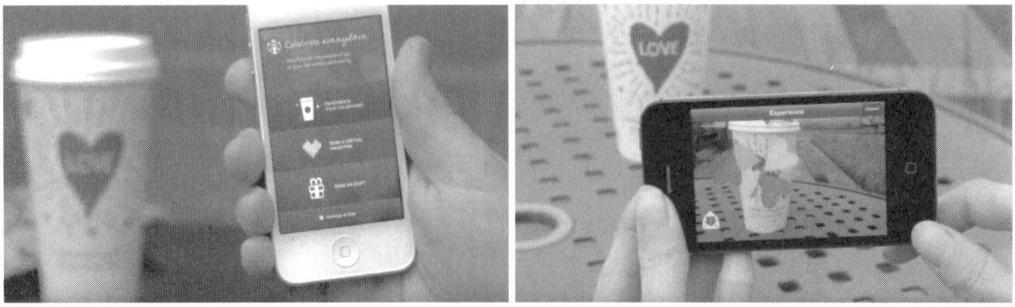

▶ 스타벅스는 밸런타인데이를 기념하여 모바일 앱을 활용해 컵을 촬영 시 증강현실(AR)로 구현된 새로운 메시지를 전달함

〈그림〉 인게이지먼트를 고려한 마케팅커뮤니케이션 사례

CHAPTER 4

새로운 소비자 커뮤니케이션 변화

1. 미디어매체 전략
2. 스마트 광고와 콘텐츠

1 미디어매체 전략

1) 마케팅전략의 인터랙티브 미디어 활용 : 어플리케이션

홈페이지가 처음 등장했을 때 기업의 가장 강력하고 혁신적인 매체로서 각광을 받았다. 그러나 최근에 와서는 모바일미디어 등장으로 인해 강력한 장점에도 불구하고 그 가치가 하락하고 있는 실정이다. 문제는 홈페이지의 매체적 강점은 그대로 있는데 반해 그 활용과 구현의 부족으로 인한 소프트웨어 문제로 그 가치가 훼손되고 있다는 것이다. 이를 개선하기 위해 모바일 미디어를 적극 활용한 어플리케이션이 등장하게 되었다.

먼저 기업의 마케팅 커뮤니케이션 도구로서 어플리케이션은 1) 시간적, 공간적 무제약성, 2) 쌍방향 커뮤니케이션의 가능성, 3) 저렴한 비용, 4) 표적집단에의 접근 용이성, 5) 방대한 정보 제공 가능성, 6) 주 이용자의 의견 선도자적 특성, 7) 직접 마케팅의 가능성 등 많은 장점을 가지고 있다.

마케팅 실무자가 활용할 수 있는 매체는 통제 가능 매체(controlled media)와 통제 불가능 매체(uncontrolled media)로 구분된다. 여기서 기준이 되는 것은 마케팅실무자 입장에서 메시지의 내용과 전달 시기 및 방법을 조정하고 통제할 수 있느냐 여부이다. 사보, 사내방송, 인트라넷, 사내 게시판, 각종 회의, 브로슈어, 연례 보고서, 회사 인터넷 홈페이지 등이 통제 가능 매체인 반면, 신문, 잡지, TV, 라디오, 위성 방송, 인터넷 신문 등은 일반적으로 통제 불가능 매체로 분류된다. 이러한 분류는 마케팅 실무자가 속한 조직에서 인적, 물적 자원을 동원하여 매체를 유지하느냐, 그렇지 않느냐의 여부로 결정된다는 측면에서 내부 매체(internal media)와 외부 매체(external media)로 불리기도 한다.

모바일 어플리케이션은 크게 6가지 분류로 정리될 수 있다. 1) 사용자가 원하는 정보는 전달하는 어플, 2)사용자가 정보를 생산, 가공, 수정하는 것을 도와주는 어플, 3) 실생활에서 쓰던 물리 기계를 대체해주는 도구 기능 어플, 4) 실생활에서 내가 직접 해야 하는 일을 도와주는 어플, 5)사람과 사람을 연결해주는 어플, 6)어플을 위한 어플이다.

1) 사용자가 원하는 정보는 전달하는 어플의 경우 사람에게 언제 어디서나 정보를 제공하는 역할을 하고 있고, 회사와 개인은 다양한 어플리케이션을 개발하여 사용자에게 필요한 정보에 쉽고 빠르게 제공한다.
2) 사용자가 정보를 생산, 가공, 수정하는 것을 도와주는 어플은 보들 텍스트, 이미지, 오디오, 비디오를 편집할 수 있게 하는 어플리케이션을 말하며 글쓰기, 이미지 편집,

소리편집, 비디오 편집, 작곡을 말할 수 있다.

3) 실생활에서 쓰던 물리 기계를 대체해주는 도구 기능 어플은 예로 들면 알람시계, 스탑워치, 나침반, 수평계, 자(Ruller), 손전등, 각도기, 거울 등을 스마트폰 속에서 볼 수 있다.

4) 실생활에서 내가 직접 해야 하는 일을 도와주는 어플은 기존에 직접 걸어가서 해야 했거나, 전화를 걸어 목소리로 해야 했던 일들이 점점 스마트폰에서도 가능하도록 스며들고 있다. 대표적으로 택시, 대리기사를 연결, 배달 서비스를 대행, 운전길 안내 네비게이션 등이 있다. 또한 브로콜리와 뱅크샐러드, 토스 서비스에서는 가입한 은행들의 정보를 전부 모으고, 다각도로 자산을 분석해준다거나, 신용 정보를 훨씬 쉽게 볼 수 있게 해주는 등 생활이 갈수록 편리해지고 있다.

5) 사람과 사람을 연결해주는 어플로 사람들과 커뮤니케이션을 이루도록 돕는 것이다. 카카오톡, 라인, 밴드 ,페이스북, 인스타그램 등이 대표적이라고 볼 수 있다.

6) 어플을 위한 어플로 대표적으로 백신(V3, AVG,AVAST, Kaspersky등) 이나, 최적화앱(Clean master 등)이 있다.

이러한 어플리케이션의 발달로 모바일 미디어가 더욱 확장되었고 사람들의 일상에서 쉽게 접근이 가능한 형태도 많이 이용되고 있다. 어플리케이션이 기존 인터넷을 이용한 홈페이지와의 다른 점을 살펴보면 아래와 같다.

첫째, 홈페이지는 접근성에 있어서 커다란 문제점을 가지고 있다. 우리나라의 인터넷 이용자는 국외 사용자와 달리 링크를 통한 검색을 선호한다. 특별하게 홈페이지를 접속하는 경우는 특정 이벤트나 클레임일 경우가 일반적이다. 그러나 어플리케이션을 포탈처럼 운영하고자 하는 실무자들은 소비자의 시선 높이에 맞는 목적지향이 분명한 접근 방식과 링크를 통한 경로를 제공한다. 예를 들어 현재 소비자에게 필요한 정보를 제공하는 어플리케이션을 제작함으로서 자유롭게 소비자들이 생활의 정보 등을 이용할 수 있도록 배치하여 이 안에 광고를 넣어 제품 및 서비스의 노출을 꾀하는 것도 일련의 한 방법으로 보인다.

둘째, 콘텐츠의 경우 어플리케이션의 콘텐츠는 신문과 같은 정보와는 다른 특성을 가지고 있다. 이용자가 원하는 바로 그 정보가 필요한 것이지 많은 정보가 중요한 것이 아니다. 이와 관련되어 어플리케이션의 콘텐츠는 유희적 요소를 포함하고 있어야 한다. 구체적인 정보 외에도 방문자들이 즐기고 영위할 수 있는 콘텐츠의 구비가 필요하나 현재는 인쇄매체를 웹상에 구현한 형태에서 벗어나지 못하고 있다. 이를 위해서는 최근 화제가 되고 있는 콘텐츠와 관련된 스토리텔링 기법을 사용하여, 특정 지역과 관련된 사진 자료들과 이야기를 제공하고, 고품질 고화질의 사진 영상을 제공하여, PC, 모바일 미디어에 사용할 수 있도록 이용자 중심의 콘텐츠를 구비해야 한다. 스토리텔링이 중요한 것은 단순한 사진의 나열도 스토리를 기초로 하여 공감과 감성을 이끌어 낸다면, 지속적인 방문자 확보 및 더 나아가 열성적 참여자로 발전도 가능하다는 것이다. 또한 콘텐츠에 대한 게시판을 운용하여 이용자끼리 콘텐츠를 공유할 수 있도록 하는 시스템을 고려해야 한다. 예를 들어 최근 인기드라마에 PPL을 하기 위한 경쟁보다는 드라마를 보고 소비자들의 탐색하는 정보이용 맥락을 읽어야 한다. "별에서 온 그대"라는 드라마에 PPL은 상당히 제한적인 소비자들을 대상으로 시장이 형성된다. 물론 브랜드의 잠재적 가치는 장기적으로 충족될 수 있으나, 많은 소비자들의 수요를 충족하기 위해서는 변형된 신데렐라 스토리를 계속해서 이용할 수 있도록 콘텐츠를 구비해야 하는 것이다. 이를 한시적 홈페이지에 제공하거나 자사 홈페이지에서 이용할 수 있도록 해야 한다.

셋째, 디자인의 경우 매우 혁신적인 형태로 제공되고 있다. 사용자로 하여금 학습을 요구하지 않는 직관적인 디자인을 추구하고 있다. 홈페이지의 경우 디자인적으로 보기에는 좋으나 보이기 위한 것에 치중한 것으로, 정보의 질, 속도 저하는 만족도를 저해한다. 또한 수용자와 대화할 수 있는 형태와 새로 업데이트된 정보에 대한 확인이 쉽지 않으나 어플리케이션의 경우 직관적으로 디자인을 함으로써 사용자의 노력이 요구되지 않는다.

넷째, 상호작용성은 매우 중요한 개념으로서 상호작용성이 높으면 높을수록 태도는 긍정적이다. 마케팅에서의 상호작용성은 1) 이미지를 향상시킬 수 있으며, 2) 소비자의 수집, 분석이 용이하며, 3) 사용자의 요구를 반영하는 의제(agenda)를 설정하고, 4) 기업의 신뢰감을 높일 수 있게 해 준다. 어플리케이션 운영 시 사용자와의 상호 작용성은 어플리케이션을 평가하는 직접적인 기준이 된다. 즉각적인 반응이 일어났을 경우 소비자들은 긍정적인 경험을 할 수 있다는 것이다.

어플리케이션의 콘텐츠 양질의 확보를 위해서는 최근 일반적인 소비자들과의 콘테스트 등의 프로모션도 좋은 해법이지만, 기존의 사이트와 연결된 협업 모델을 확보하는 것이 중요하다. 비영리 사이트와 연계를 통해 콘텐츠 수급의 안정성과 더불어 기존 콘텐츠 이용자들을 자연스럽게 방문할 수 있도록 하며, 이들이 다시 생활의 모습을 제공하여, 보다 생동감과 현실감이 있는 모습을 콘텐츠화 할 수 있다. 국내외 이용자들의 활용할 수 있도록 하여, 효용성을 느낄 수 있도록 해야 한다. 이를 통해 신속성과 원활한 정보 탐색이 가능할 것으로 생각된다.

기존 홈페이지가 상호작용성이 부족하였다면 어플리케이션의 경우 사용자의 상호작용성을 고려하여 제작된 것이다. 그러나 더욱 발전하기 위해서는 소셜미디어를 통한 소통방식이 매우 필요한 상황이다. 소셜 네트워크 사이트는 자신의 온라인 공간에 프로파일을 작성하고 다른 이용자들과의 연계를 통해 콘텐츠를 공유하거나 커뮤니케이션을 하는 소셜미디어이다. 소셜 네트워크 사이트는 온라인상에서 공통의 관심사를 가진 사람들 간의 관계형성을 지원하고, 이렇게 형성된 지인 관계를 바탕으로 인맥 관리, 정보 및 콘텐츠 공유 등 다양한 활동을 할 수 있도록 지원하는 서비스를 의미한다. 공통의 관심사를 지닌 사용자들이 특정한 공간에 모여 활동하는 온라인 커뮤니티 서비스와는 달리, 소셜 네트워크 서비스는 사용자 개개인의 관계가 모여 다른 사용자와 관계를 형성하고, 이러한 사용자들 간의 관계가 축적되어 더 큰 하나의 네트워크를 형성하게 된다. 이러한 네트워크에서 참여, 공개, 대화, 연결을 통해 상호작용성을 극대화 할 수 있으며, 초기 방문자들을 열성적인 참여자로 전환이 가능 할 것이다. 이를 통해 기업 이미지를 향상시킬 수 있으며, 사용자 여론의 수집, 분석이 용이하며, 사용자의 요구를 반영하는 의제(agenda)를 설정하고, 기업의 신뢰감을 높일 수 있게 해 준다.

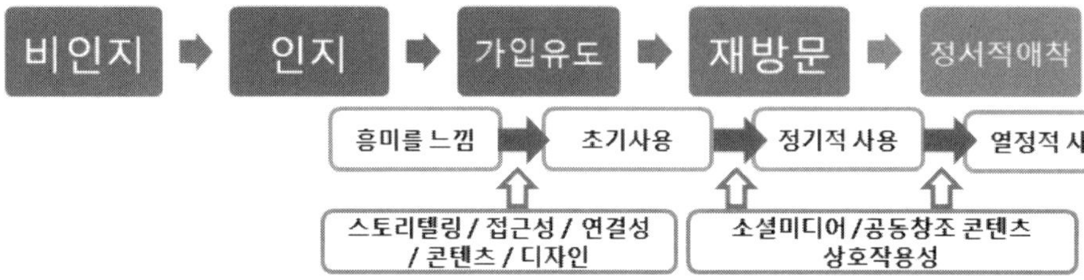

〈그림〉 웹서비스 라이프 사이클

위의 그림과 같이 웹서비스의 라이프 사이클의 형성에 있어서 앞서 제시된 개선방향과 스토리텔링과 소셜미디어의 효과적 운영을 통해 초기 비인지 집단을 단기간의 정서적 애착을 가진 수용자로 전환이 가능할 것이며, 이러한 정서적 애착을 가진 집단은 기업 이미지 개선에 활동적인 소비자로 전환될 가능성이 높다.

2) 스마트폰 모바일 광고 제대로 운영하기

모바일 미디어는 단순히 통신수단에 머무르지 않고 기존의 대부분의 미디어를 대체 할 수 있을 정도의 기술진화가 이루어지면서 정보공유 플랫폼으로서 자리를 빠르게 잡아가고 있다. 모바일 미디어 정보 기술의 발전을 기반으로 시공간의 제약에서 탈피하여 정보의 이동과 생활이 이루어지는 유비쿼터스 사회로의 진입이 가능하게 되었다. 이러한 모바일 미디어의 발전은 이제 '모바일 미디어 문화'라 불리는 새로운 삶의 양식을 만들어 가고 있다. 보다 개인화 되고, 즉각적인 생활의 모습이 등장하고, 상호소통이 중요한 가치로 자리매김하고 있다.

2017년도 정보통신정책연구원이 발표한 국내 한국미디어패널조사 통계에 따르면 휴대폰 보급률은 90%를 돌파한 2012년 이래 지금까지 0.6%~1%p 수준의 증가추세를 보이고 있으며 스마트 폰의 경우 계속적인 증가 추세를 보이며 2017년 3.2%로 증가한 84.8%를 기록하였다.

50대의 경우 스마트폰 보유율은 증가하였고 일반 폰의 보유율은 감소하는 것으로 나타났으며 60,70대의 경우 55.5%를 기록한 것으로 보아 중장년층에서 스마트폰 보급률이 점차 높아지고 있다는 것을 알 수 있었다. 또한 전체 연령에서 PC보다 스마트 기기를 더 자주 활용한다고 응답하였다. 이를 통해 스마트 기기의 보급이 확산되는 것을 확인할 수 있다.

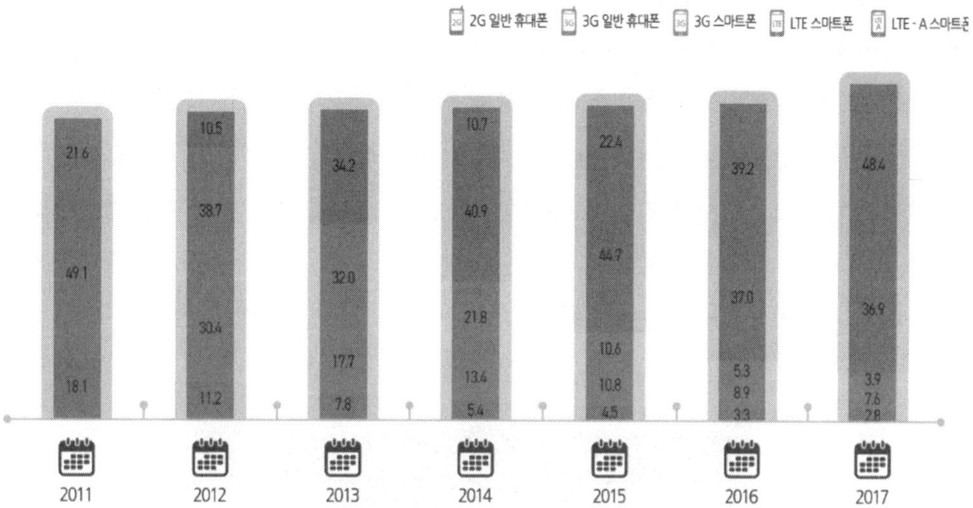

〈그림〉 휴대폰 유형별 보급율 변화

(출처: 정보통신정책연구원,2017)

모바일 미디어는 기존의 매스미디어와 인터넷이 통합되고 거기에 이동성, 개인성, 효용성 그리고 무선에 의한 연결성이 강조된 미디어이다. 사람들은 언제나 어디서나 모바일 미디어를 가지고 있으며 사소한 일이라도 모바일 미디어를 통해 해결하려한다. 기존의 휴대전화가 작은 액정화면과 인터넷접속시의 비싼 요금 때문에 통화와 텍스트 서비스에 기능이 몰려 있었다면, 모바일 미디어는 무선으로 인터넷에 연결된다는 가장 중요한 특성으로 인해 휴대전화의 기능을 뛰어 넘어 개인의 욕구와 필요를 충족하는 정보와 오락 그리고 사회적관계의 수립과 유지 및 강화를 제공하는 플랫폼으로서의 역할을 수행하고 있다고 보아야 할 것이다. 기존 미디어와 스마트 폰과 같은 모바일 미디어의 가장 큰 차이점은 다양한 어플리케이션을 다운 받아 사용자 자신의 필요를 충족한다는 것이다. 대부분의 사람들이 공통적으로 사용하는 어플리케이션 뿐만 아니라 개인의 필요성에 따라 특정 어플리케이션을 설치하고 이를 통해 세상과 커뮤니케이션 하는 것이다.

모바일 미디어를 통한 인터넷 접속이 일반 검색 등에 있어서는 유선 인터넷 접속과 유사할 수도 있지만, 유선 인터넷에서는 제공할 수 없는 어플리케이션에 의지하는 경우가 늘고 있다.

트위터, 카카오톡 그리고 실시간으로 제공되는 다양한 무선 서비스 등이 그러한 예라 할 것이다. 아직까지는 네이버 등을 이용한 유선 인터넷 광고시장 규모가 압도적 이기는 하지만 모바일 미디어를 이용한 검색광고도 하루에 1억 정도, 연간 400억 정도의 매출을 보이고 있는 것으로 나타나고 있으며, 2012년 말에는 유선 인터넷 검색광고 시장을 추월할 것으로 예상되고 있다. 모바일 미디어를 통한 광고는 텔레비전이나 유선 인터넷 등과는 다른 특성을 지니고 있다. 또한 일반 휴대전화를 이용한 광고는 받는 즉시 대부분 스팸으로 처리되지만 모바일 미디어 광고는 대부분 현재 사용하고 있는 어플리케이션을 이용하는 과정에서 접촉이 이루어진다. 유선 인터넷의 배너나 팝업 창을 이용한 광고의 형태는 모바일 미디어에서도 이루어지지만 모바일 미디어의 특성을 반영한 보다 다양한 형태의 광고가 등장하고 있다.

그러나 아래 그림에서와 같이 모바일 앱 광고 효과에 대해서 부정적인 결과 나타나는 것이 일반적이다. 이러한 문제점의 원인은 모바일 광고를 무료 어플리케이션과 연동하여 제공하는 등의 과거의 단순 노출 형태의 광고와 유사하기 운영하기 때문이다.

〈그림〉 스마트폰 어플리케이션을 통한 광고

이를 극복하기 위해서는 모바일 미디어에 자체에 대한 접근도 필요하지만 모바일 미디어 사용자에 대한 심층적인 이해가 필요하다. 모바일 미디어의 광고효과는 사용자와의 상호작용이 발생하지 않으면 기대하기가 어렵기 때문이다. 미디어 선택권한이 사용자에게 있는 만큼 사용자의 미디어 이용 동기와 충족과정 및 결과, 미디어 이용에 대한 심리적 상황에 따라서 모바일 광고의 효과는 다르게 나타날 수밖에 없기 때문이다. 따라서 우리는 모바일 미디어 이용자의 상호작용 측면에서 그들의 경험을 바탕으로 접근해야 한다.

세계적 모바일 기관인 Durlacher는 'Mobile Commerce Report'를 통해 모바일 인터넷의 특성을 본질적 성격인 1차적 특성과 부가적 성격인 2차적 특성으로 구분하였다. 1차적 특성에는 편재성(ubiquity), 접근성(reachability), 보안성(security), 편리성(convenience)이 있으며, 2차적 특성으로는 위치성(localization), 즉시 연결성(instant connectivity), 개인화(personalization)를 제시하였다(Durlacher Research, 1999).

이러한 모바일 미디어의 특성을 기반 한 개인적 특화요소들에 기반하여 사용자의 중심적 가치는 크게 두 가지로 나눠 볼 수 있다.

첫째, LBS와 상호작용을 중심으로 이용에 대한 편의성과 정보적 유용성, 그리고 경제성여부 등을 통해 광고로부터 고객이 얻을 수 있는 해택과 비용을 찾아냄으로써 정보적 혜택에 대한 가치정도가 중요하게 작용하는 것으로 보인다. 이러한 개념들을 이용하여 전통적인 마케팅커뮤니케이션 방식과 유사하며 현행의 모바일 광고는 적정한 것으로 보이나 앞서 제시한 한계에 봉착하고 있다. 이를 극복하기 위해서 최근 페이스북의 뉴스 서비스를 통한 모바일 광고 전략이다. 독자들을 관심사별로 나누어 그들에게 제대로 소구할 수 있는 뉴스를 골라 뿌려주는 이른바 '큐레이션(Curation)' 서비스를 통해 맞춤형 정보와 함께 광고제공을 하는 방식 등을 예로 들 수 있으나 이는 막대한 자본과 인접투자가 병행되어야지만 가능한 전략으로 일반화하기 어려운 문제점이 있다는 한계를 가지고 있다.

둘째, 모바일 미디어 이용자에게서 중요하게 해석되어야 할 부분은 사회적 연결 인식이라는 측면이다. 대인 커뮤니케이션 매체로서의 휴대 전화는 이미 단순한 단말기를 벗어나 다른 사람과의 소통이 발생되는 커뮤니케이션의 장을 제공하고 있다. 이러한 커뮤니케이션 환경의 변화는 이제 휴대전화가 사회적 관계를 구성하고 자신의 개성을 드러낼 수 있으며 자신만의 상호작용 방식을 고수 할 수 있는 도구가 되며 개인의 사회적 유대 관계를 매개할 뿐만 아니라 사회적 관계가 원활하게 유지되고 발전하도록 만든다. 구체적으로 사회적 현존감, 사회적 관계성 등을 들 수 있다.

예를 들어 사회적 현존감과 사회적 관계를 강화하는데 모바일 커뮤니케이션의 경우 이모티콘 등을 통한 자신의 감정상태나 표현에 대한 보다 구체적인 표현 등이 현존감 강화에 효과적인 영향을 줄 수 있을 것으로 보이며 이러한 사회적 관계를 지원하는 형태의 광고스폰서 형태의 마케팅 커뮤니케이션 전략 등의 여러 가지 시사점을 제공할 수 있을 것이다.

이용자의 사회적 상호작용에 대한 사례로 버거킹의 사례도 매번 언급되고 있는데 페이스북 친구 삭제하면(Sacrifice 10 Friends라는 표현을 사용) 와퍼를 무료로 주겠다는 이벤트성 어플리케이션(페이스북 연동 프로그램)을 제공하였는데, 이벤트의 이름은 Whopper Sacrifice

로 이벤트는 입소문을 타고 삽시간에 퍼져 20만 명 이상이 프로모션에 참여하게 되는 효과를 얻게 되었다. 페이스북의 차단으로 단기간에 프로모션은 종료 하였으나 이후 입소문을 타고 여러 매체를 통해 소개되는 높은 광고 효과를 얻게 되었다. 이는 앞서의 너무나 확장된 사회적 관계를 차단하면서 자신의 사회적 현존성을 확보하는 소비자의 심리를 읽은 탁월한 전략으로 여러 가지 시사점을 제공해 주고 있다

3) 모바일 서비스 미디어 제대로 이해하기 : 카카오톡

미디어는 'medium'이라는 라틴어에서 유래된 개념으로 '만남의 장소', '지정학적 중심'을 의미하며 '구별된 것을 종합하고 상호관계를 맺게 하는 것' 즉, 구분되어 있는 사람과 사람, 사람과 정보, 사람과 사물, 사람과 환경 등을 연결해서 상호작용할 수 있도록 하는 매개라는 의미를 갖고 있다. 목적을 성취하기 위한 매개라는 의미에서 유·무형의 '수단'을 의미하며 그 외형적 발현이 기기라는 기계적 인공물로 나타난다는 측면에서는 '도구'나 '인공적 생산물', '장차'를 뜻하기도 한다.

우리 생활과 밀접한 연관을 갖는 모바일 미디어는 사회와 인간에 의해 이용되는 과정에서 미디어 자체의 특성이 인간의 이용행태나 기술의 사회적인 맥락 자체를 바꾸는 특성이 나타난다. 예를 들어 카카오톡의 경우 무료문자 서비스라는 강점을 가지고 많은 가입자를 유치한 성공적인 비즈니스 모델이다. 그러나 이 성공적 서비스를 매개로 다양한 사회적인 맥락이 변화하고 있다.

우리가 일상적인 서비스로 사용해온 SMS 서비스의 대안으로서 카카오톡은 다양한 가입자를 대상으로 카카오 스토리와 게임을 운영함으로서 과거 싸이월드라는 나만의 가상공간과 아바타라는 개념을 모바일로 다시 불러들였다. 이는 과거 인터넷에서 한 때 성공한 사업아이템이 아닌 모바일이라는 즉시적 접속과 빠른 피드백을 통한 쾌적한 경험, 그 경험의 확대적 공유라는 측면에서 단순한 유행 이상의 의미를 지닌다. 또한 카카오 게임을 통해서 지속적인 게임 참여와 릴레이식 공유를 통한 공동작업(댓글 놀이)을 통한 집단지성의 활성화를 통해서 서비스의 확대 재생산성을 극대화 하였다.

이러한 흐름은 단순한 서비스의 다양화, 특정 사업자의 사업성 강화로만 끝나는 것이 아니라 인터랙티브 서비스를 기반으로 한 사용자의 변화에 초점을 맞춰야 할 것이다. 풀어 설명하지면 이미 모바일기기가 기술적으로 구현한 인간의 감각기관의 확장으로서 모바일을 통한 사용자간 연결이 카카오톡 서비스를 통해서 보다 구체화 된 것에 초점을 맞춰야 한다는 것이다.

과거 단순히 모바일 서비스를 통해 포탈등과 같은 정보 탐색을 통한 1차적 소비에서

이제 소비자는 모바일을 통해 정보를 공유하고 상시적으로 소통하며, 집단적인 의사소통을 하는 매개로서 모바일을 인식하게 되었다는 것이다.

이러한 변화는 나와 친밀한 개인 간 혹은 집단 간 상호작용을 위해서 카카오톡을 통해 소통이 보다 친근한 방식으로 자리 잡게 되었으며, 모바일을 통해 전달되는 전 분야의 트렌드에 빠르게 적응하기 위해서 비용을 지불하게 될 것이다. 이러한 흐름은 IFTV등과 같은 여타 다른 인터랙티브의 매체 이용과 유료구매에 대해서 긍정적으로 작용할 것으로 예상된다.

현재 카카오톡에서 제공되는 카카오스타일, 카카오페이지, 카카오플레이스 등은 <그림>에서 제시되는 바와 같이 사용자는 게임이나 스토리를 통해 이용자 간의 정보를 얻고 이를 매개로 대화가 지속 강화되는 구조를 가지고 있다. 사용자는 게임에 더욱 몰입하거나 정보를 통해 더욱 심층적인 정보를 탐색하게 되는 형태를 선순환 되어 자연스럽게 카카오톡 서비스에 몰입할 수 있도록 유도되는 특성을 가지고 있으며, 단순한 카카오톡 서비스를 하기 위한 이용이 아닌 동기를 유발하고 이를 확대 유지 시키는 측면에서 카카오톡의 성공사례를 접근해야 할 것이다.

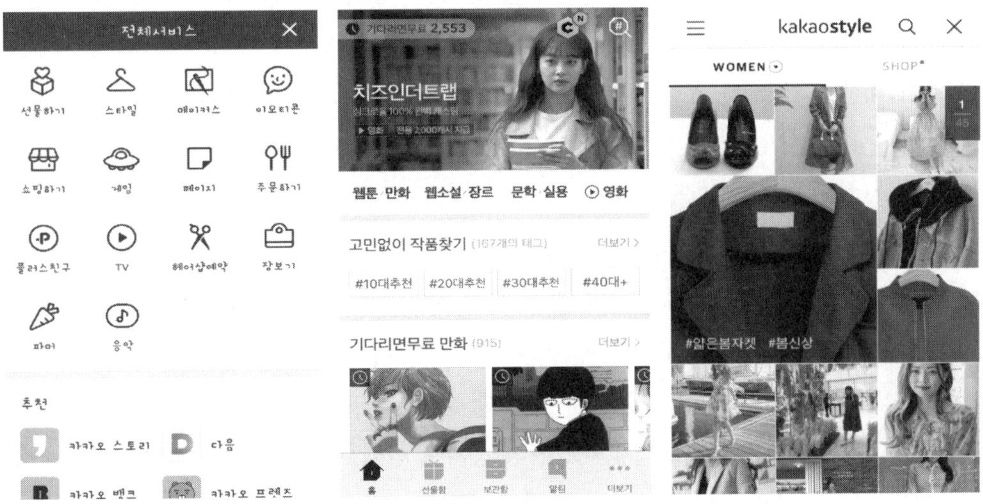

〈그림〉 카카오톡

이러한 변화의 양상에서 앞으로 인터랙티브 미디어를 통한 미디어와 인간, 사회 구성원 간의 관계를 이해하기 위해서는 미디어를 인간과 사회의 필요에 의해 만들어진 복합적 속성으로 보아야 한다. 이런 관점에서 모 바일 미디어를 도구가 아닌 복합적인 환경의 하나로 놓고 접근해야 한다는 '생태학적' 접근이 필요하다.

향후의 마케팅 비즈니스의 차별점과 가치는 기기적 관점에서의 모바일의 편리성이나 확장성이 아닌 이용자가 모바일 서비스로 얻게 되는 현존성은 이러한 관계의 형성 정도를 늘이게 될 것이다. 즉, 트위터나 페이스 북 등을 통해 매우 친근한 사이가 아니라도 관계를 유지하고 사용자의 동기 에 따라서 관계가 강화될 가능성을 보이고 있다. 이는 이 관계를 기반으로 하여 다양한 관계 확장과 강화가 될 것은 이미 과거 아이 러브 스쿨 등의 온라인을 통해서 우리 에게 시사하는 바가 크다.

향후 모바일세대에게 성공적인 마케팅접근을 위해서는 모바일 미디어를 단순한 기기나 도구가 아닌 역사 적 연속성을 지닌 복합적인 환경으로 보고, 모바일 미디어의 구조적 특성과 인간의 내면적 자아와 동기의 틀 을 연관 지워서 개인의 미디어 경험을 분석하고 그 변화과정을 기술하는데 초점을 맞추어 마케팅전략을 집행 해나가야 한다.

4) 스마트폰 모바일 광고 제대로 운영하기: 회피행동을 낮추는 방법

2007년 애플사의 아이폰 출시 이후 불어 닥친 스마트폰혁명은 과거 유선에 묶여 있던 인터넷 환경을 모바일 환경으로 확대하는 효과를 가져왔다. 특히 스마트폰 보급이 확대되면서 교통, 금융, 교육, 엔터테인먼트 등 다양한 형태의 모바일 앱(App)들이 확산되면서 모바일을 통한 웹 정보검색 또는 웹서핑 활용률도 88%에 달할 정도로 보편화되고 있다. 스마트폰이 이동통신 도구나 단순 웹 검색기기를 넘어서 생활전반에 없어서는 안 될 도구로 자리 잡은 것이다. 이러한 현상이 얼리어답터들이나 새로운 매체에 대한 호의적인 젊은 세대만이 아닌 전세대로 확산되고 있는 상황이다.

모바일 광고시장은 모바일 이용자들의 태도변화, 화면 크기의 변화, 사업자와 이용자 간의 상호작용성 그리고 산업 규제 정책과 같은 여러 변수들이 진화를 거듭하면서 더욱 확대될 것이고, 머지않아 신문이나 TV광고만큼이나 일상적인 광고형태로 자리 잡을 것이라는 견해도 나오고 있다. 이렇듯 모바일 광고가 성장 할 수 있는 긍정적 요인은 이동전화를 비롯한 모바일 보급률의 증가와 무선인터넷 이용자의 증가로 인해 모바일 광고를 접할 수 있는 소비자가 증가하였다는 점을 지적 할 수 있다. 이에 따라 모바일 광고시장에 대한 관심은 지속적으로 증가하고 있으며 광고주들도 효율적인 메시지 전달을 위해 점점 세분화되어 가고 있는 고객들에게 기존 4대 매체가 아닌 모바일을 통한 광고 집행을 꾸준히 늘려가고 있는 실정이다.

이러한 상황에서 최근 새로운 고객과의 1:1 마케팅 커뮤니케이션 채널로 떠오르고 있는 모바일 광고에 대하여 학계에서 뿐만 아니라 업계에서도 모바일 광고에 관한 여러 가지 연구를 활발히 진행하고 있다. 이에 대한 연구들은 주로 모바일 광고의 효과를 높이기 위한 크리에이티브 요인이나 광고기법, 형태와 내용, 사용의도(접속의도) 등에 관한 연구에 집중되어 있다. 그러나 어떠한 광고매체보다 능동적 성격이 강한 모바일은 콘텐츠에 대한 수용자의 선택권이 매우 높으므로 수용자들에 의해 광고에 대한 노출이 상당 부분 통제될 수 있다.

즉, 모바일 매체는 콘텐츠에 대한 자기선택성이 높은 만큼 타 매체에 비해 광고회피의 가능성이 높을 수 있는 것이다. 계속적으로 다양화되어가는 매체와 그에 따른 광고량의 증가는 수용자로 하여금 광고에 대한 무관심을 유발하거나, 짜증과 같은 부정적 감정을 불러일으킬 수 있다. 그리고 많은 광고로 인해 형성된 수용자들의 부정적 감정은 자연스럽게 광고를 피하고자 하는 행동을 유발하게 한다. 이처럼 수용자들이 광고메시지에 대한 노출을 피하기 위해 의도적으로 취하는 이러한 행동을 광고회피 현상이라고 하는데, 이러한 광고회피 현상이 발생하면 수용자에게 메시지가 노출되는 기회가 차단되므로 광고비 효율성이 떨어질 뿐만 아니라 메시지 제공을 통해 광고주가 추구하고자 했던 목표를 달성할 수 없게 된다. 현재 모바일 매체를 통해 광고를 접하는 수용자들은 광고메시지를 확인하지도 않은 채 지우거나 스팸설정 기능을 사용하여 광고 메시지가 전송되는 것을 차단시키고 있으며 대부분의 수용자들은 자신이 소유하고 있는 모바일 매체로 광고 메시지가 전송되는 것을 꺼려하고 있다. 그럼에도 불구하고 지금까지 모바일 광고의 회피에 대한 특별한 솔루션이 없이 집행되고 있는 것이 현재의 실정이다.

광고회피

광고회피(advertising avoidance)란 매체 이용자들이 광고 메시지에 대한 노출을 별도로 감소시키는 모든 행동들을 말한다. 예를 들어 TV시청 시 프로그램이 끝난 후에 광고가 방영될 때, 친구와 전화 통화를 함으로써 광고를 보지 않는 것을 광고 회피라 한다. 또한 Speck과 Elliot(1997)의 연구에서는 광고 회피를 비히클(차량) 노출과 이에 게재되거나 연결되는 광고에 대한 노출의 차이를 일으키는 모든 행동으로 정의하였다. 인지적 회피라는 용어는 Speck과 Elliot(1997)의 연구에서 처음 사용되었다. 이들은 광고 회피를 광고 무시(ads ignorance), 광고 거르기(ads flip or skip), 그리고 광고 제거(ads elimination)의 세 가지 유형이 결합된 행동으로 조작적 정의를 내리고 이들 세 가지 유형들 가운데 광고를 무시하는 행동을 인지적 회피라고 규정하였다. 또한 광고 거르기는 기계적 회피로, 광고 제거는 물리적 회피로 규정하였다. 이들은 사람들에게 얼마나 자주 잡지 혹은 신문광고를 무시하며, 광고가 방영될 때 얼마나 자주 텔레비전과 라디오 광고를 꺼버리는가를 질문함으로써 인지적 회피를 측정하려고 시도하였다.

■ 모바일 광고에 대한 수용의 태도: 지각, 동기와 이용능력, 침입성

모바일 광고에 대한 이용자의 지각은 크게 정보성, 오락성, 개인성을 중심으로 판단한다는 것은 기존의 여러 실험과 연구를 통해서 증명된 바가 있다. 모바일 광고 태도에서 정보성, 오락성, 개인성의 정도에 따라 성가심을 느끼는 정도나 정보의 신뢰와 몰입에 효과적으로 영향을 미친다는 것이다.

개인성이란 개개인의 욕구를 충족시킬 수 있도록 맞춤화된 제품이나 서비스, 정보 등을 제공하는 정도를 의미한다. 예를 들어 모바일 기기들은 음성 및 비주얼을 통해 시간 및 공간에 구애 받지 않고 이용자들은 세분화하여 그들에게 개인화된 메시지를 제공 할 수 있기 때문이다. 즉, 모바일 광고의 수용과정에서 개인성에 따른 소비자들의 인식이 다양하게 나타날 것으로 보인다. 모바일 광고에서의 효용성이란 '모바일광고를 이용함으로써 그 이용가치가 높다고 인식 혹은 인지하는 정도'로 정의할 수 있으며, 동기 측면에서는 소비자의 매체 이용의 동기에 따라서 광고에 대한 태도 및 이용정도가 달라지며, 소비자의 미디어 이용능력은 주어진 정보에 대한 처리수준을 제한하며 비교적 새로운 매체인 미디어는 그것을 사용하는데 있어 전통매체와 구별되는 능력이 필요하게 되는데, 미디어를 이용하는 능력이 높을수록 미디어에 대한 긍정적평가가 이루어진다는 것이다.

침입성은 최근 모바일광고에서 많이 일어나고 있으며, 이용자들의 자유로운 인터넷활동을 방해 하는 정도가 증가하며 프로그램이나 기사 등의 흐름을 방해하는 정도를 침입성이라 할 수 있다. 침입성에 대한 초기조사에서는 일반적으로 소비자들은 다양한 미디어콘텐츠를 처리하려고 할 때, 광고가 소비자의 정보처리를 방해한다면 소비자는 광고를 침입적인 것으로 간주하고, 짜증을 일으킬 수 있다고 제시하였다.

모바일 광고의 경우에도 휴대폰으로 광고가 수신되었을 때 광고에 주의를 하지 않고 무시를 하는 행동(인지적 회피)이나 휴대폰의 기계적인 수단(SPAM차단)을 통해 수신되는 모바일 광고를 거르는 행동(기계적 회피), 그리고 모바일 광고가 수신되었을 때 곧바로 제거하는 행동(물리적 회피)은 휴대폰 사용자들 모두에게서 흔히 일어나는 행동들이라 할 수 있다. 따라서 모바일 광고 회피 행동의 분류에 있어서도 기존 연구인 TV나 인터넷 회피에 관한 연구에서 사용된 세 가지(인지적, 기계적, 물리적)회피 행동의 분류를 적용해 볼 수 있을 것으로 생각된다.

2 스마트 광고와 콘텐츠

1) 광고 새로운 패러다임으로 변화

▶ 스마트광고의 마케팅 커뮤니케이션 과정의 이해

디지털과 네트워크 기술의 진보에 따라 미디어 환경 특히 광고시장에 괄목할만한 변화가 일고 있다. 최근의 미디어 환경 변화는 방송통신융합과 디지털방송전환으로 요약된다. 그동안 개별적으로 존재했던 방송과 통신이 융합되고 디지털 테크놀로지의 접목이 가속화됨에 따라 미디어의 쌍방향성과 편의성이 획기적으로 증대되었다.

최근에는 스마트폰에서도 광고가 구현되고 소셜 커머스 등의 광고 커뮤니케이션 환경이 새로운 국면에 접어들고 있다. 이렇듯 미디어 환경이 변화함에 따라 4대 매체를 중심으로 광고를 운용해온 기존의 관행으로부터 발상의 전환이 요구되고 있다. 마케터와 소비자 간의 양방향 커뮤니케이션에 중점을 둔 새로운 마케팅 틀에 대한요구가 증대됨에 따라 기존의 광고 역할과 기능도 새로운 패러다임에 대응하는 방향으로 재정립되어야 할 국면에 처하였다. 이러한 측면에서 스마트광고의 효과의 개념과 효과과정에 대한 이해가 있어야만 향후 마케팅 커뮤니케이션 과정에서 마케팅시행착오를 최소화 할 수 있을 것으로 보인다.

소비자는 스마트광고를 통해 원하는 것을 자유롭게 할 수 있다. 예를 들어, 시청자는 TV프로그램, EPG(Electronic Program Guide) 또는 광고를 시청하면서 TV 리모콘을 이용해 의도적으로 광고물을 선택하여, 브로슈어 카탈로그 등 추가정보를 요청하거나 상품의 견본이나 할인권 등 프로모션 활동에 참여할 수 있고, 직접 상품을 구매할 수 있게 된다. 즉, 과거와 달리 소비자는 자신의 의사를 전달하고 받을 수 있게 되었다.

스마트광고의 특성은 얼마 전에 많이 언급되었던 양방향 광고의 특징에서 찾아볼 수 있다. 기존 TV 광고에서는 불가능했던 상호작용성이 가능하다는 점이다. 기존의 TV 광고에서 광고주가 정한 광고메시지를 시청자는 일방적으로 보았지만 디지털 TV 광고에서는 시청자가 원하는 광고를 선택할 수 있게 되고, 광고내용을 탐색하는 등 적극적인 반응을 보이게 된다.

두 번째는, 특정 고객을 대상으로 하는 광고가 가능해졌다. 이것은 시청자 세분화가 용이해졌기 때문이라고 볼 수 있다. 인터랙티브 TV 가입가구 개개인이 어느 채널의 프로그램을 시청하고 어느 광고에 노출되고 어떠한 반응(상품문의, 주문 등)을 보이는 가에 대한 각종 행태는 셋톱박스에 의해 자동 저장되고 이 기록은 전화선을 통해 방송국의 가입관리자 시스템으로 전송되어 데이터베이스화 될 수 있다. 그리고 사전에 확보한 소비자의 데이터베이스를 기반으로 잠재적 고객층에게도 효율적으로 노출시킬 수 있다. 이에 따라 맞춤형 광고가 가능해져 소비자의 적극적인 반응을 이끌어 낼 수 있다.

세 번째는, 광고가 구현되는 위치와 형태가 기존 광고와 다르다는 점이다. 기존 TV 광고는 지정된 방송광고 시간대에만 방영되도록 한정되어 있다. 그러나 양방향 광고에서는 보다 다양한 시간대와 경로를 통해서 시청자에게 접근할 수 있게 된다. 예를 들면 프로그램을 안내하는 채널에 배너 광고와 동영상 형태로 광고할 수도 있고 방송 프로그램 내의 특정 장면에 연동하여 위치함으로써 시청자가 반응할 때 노출되도록 할 수도 있고, 독립적인 정보와 콘텐츠를 제공하는 데이터 채널에 배너 광고와 동영상 형태로 위치할 수도 있다. 또한 광고가 다층 구조의 형태를 가져 TV광고 속에서 또 다른 TV광고를 내보낼 수도 있다. 이렇듯 포맷에 얽매이지 않는 다양한 광고를 통해 소비자는 자기가 원하는 광고를 선택할 수 있게 된다.

네 번째는, 기존 광고보다도 다양한 용도로 활용될 수 있다는 점이다. 기존 TV의 주요 기능인 브랜드 인지 향상과 이미지 제고뿐만 아니라, 인쇄매체보다 다양한 정보제공, 판촉의 활성화, 시청자의 행사 참여, 시청자의 제품 구매 유도 등 다양한 목적으로 활용될 수 있다. 이제는 매체의 경계가 허물어져 통합적인 광고가 가능하게 되었다.

스마트 광고의 마케팅 활용 방법은 총 4가지로 나누어 볼 수 있다. 첫째, 브랜딩 및 상품의 정보 전달이 가능하다는 점이다. 광고주의 광고관련 추가영상 및 정보제공이 가능하고, 부가적인 메시지를 제공할 수 있으며, T-Catalog 등의 부가 제품 정보를 제공할 수 있다. 둘째, 프로모션이 가능하다는 점이다. 신제품 런칭 이벤트나 티켓팅 등을 통해 고객 응모기회를 확대하거나, 오프라인 매장방문을 유도하며, 신제품 샘플링 및 제품 경험의 기회를 확대시킬 수 있다. 셋째, 설문 및 리서치가 가능하다는 점이다. 고객 반응 조사, 고객 데이터베이스 수집, 광고 수용성 조사 및 선호도 조사나 브랜드 인지도 조사 등이 가능하다. 넷째, T-Commerce가 가능하다는 점이다. TV매체를 통한 직접 판매를 연계하거나 신상품이 출시되었을 때 예약 구매할 수 있으며, 제품 테스트 마켓이 될 수 있다.

스마트 광고는 광고의 목표점이 어디에 기반을 두느냐에 따라 '노출중심형'과 '선택중심형'으로 구분될 수 있다. 이때 노출중심형이란 광고를 노출하는 것 자체에 1차적인(primary) 목적을 두는 경우를 말하며, 선택중심형이란 이용자(소비자)가 원하는 광고 메시지를 스스로 선택하는 데에 목점을 두는 개념이다. 또 다른 기준으로, 스마트 광고는 정보의 고객 맞춤 수준에 따른 '고 개인맞춤형'과 '저 개인맞춤형'으로 구분된다. 고(High)개인맞춤형 또는 고개인화 유형의 경우 광고정보가 타겟팅된 고객의 욕구나 상황을 고려된 정도가 높은 것을 말하며, 저(Low)개인맞춤형이란 광고정보의 고객지향 정도가 낮은 경우를 말한다. 이러한 두 축을 중심으로 하는 네 가지 분류 틀은 광고의 소비 행태 및 정보의 소비자 지향성이라는 중요한 속성을 포함하였다는 점에서 다양한 스마트 광고 유형을 분류하는 유효한 분류체계로 기능할 수 있을 것으로 간주되었다.

2) 웹기반 인터랙티브 광고의 진화

고객 충성도를 높이기 위해 기업들은 각종 차별화된 서비스 전략을 도입하고 있으며 고객에 대한 개인화된 서비스는 더욱 중요한 과제로 받아들여지고 있다. 웹서비스를 지원하는 시스템은 이러한 각종 요건을 만족해야하며 고객의 충성도를 높이기 위해 차별화 되고 개인화된 서비스를 제공함으로서 만족을 극대화할 수 있어야 한다.

그러나 이러한 추세에도 불구하고 현재의 많은 시스템은 고객이 원하는 만족할 만한 수준의 서비스를 제공하고 있지는 못한 실정이다. 고객관계관리(CRM: Customer Relationship Management)는 고객을 기업의 활동에 있어 가장 중요한 요소로 고려함으로서 기업의 목적을 최적으로 달성하려는 것이다. CRM에서 중요한 요소 중에 하나는 고객에 대한 개인화 된 서비스를 제공하는 것이며 이는 고객이 만족할 만한 것이어야 한다.

이러한 측면에서 최근 화재가 되고 있는 보해 '월'의 인터랙티브 광고 사례는 시사하는 바가 크다. 인터랙티브 광고 웹사이트(www.bohaemoon.com) '보해월(月) 가상주점'에 방문하면, 배우 한가인이 방문자의 친구가 되어 소주 한잔을 기울이고 그녀가 추천하는 음악을 듣거나 이야기를 나눌 수 있어 이채롭다. 또한 친구에게 전화해 약속을 정하듯 한가인 휴대폰 번호로 사이트 방문을 유도하고, 페이스북과 트위터로 2차적인 소통을 할 수 있도록 타겟층의 유입 경로를 확대했다. '보해 월 가상주점' 내에는 벽 낙서, 타로 카드 등의 소비자 참여 콘텐츠들을 다양하게 마련해 재미요소를 경험할 수 있게끔 했으며 오픈 5일만에 '월 폐인'이라는 신조어를 만들었고, 하루 만에 방문자 수 5만 명 달성에 한달 방문자 수 140만명, 현재는 누적 방문자 수 193만 여명에 이르고 있다.

이 캠페인은 ATL매체를 집중적으로 사용하지 않음에도 불구하고 소셜네트워크 통해 급격하게 확산 되었으며, 인터넷과 모바일의 적절한 연결 고리를 유지함으로서 지속적으로 캠페인에 노출될 수 있도록 배치하여 한정적인 소비자의 관심에 지속적으로 위치할 수 있었다. 이러한 성공은 현대인의 외로움을 힐링해주는 감성서비스를 매체 특성별로 어떻게 구축하느냐에 따라 마케팅커뮤니케이션 성공할 수 있음을 보여주고 있다. 사용자가 일종의 개인화된 감성 커뮤니티 서비스에 접속하여 사용자의 DB에 부합하는 서비스 환경에서 인터넷 감성

커뮤니티 서비스를 제공받는 과정을 살펴보면, PC나 모바일 기기로 접속해 자신의 기분과 상태에 따라 몇 번의 클릭을 통해 광고모델인 한가인과 술을 마시고 이야기를 나누는 등 직접적이고 구체적인 스토리와 구성을 가지고 주체적으로 이용할 수 있다. 이는 현실에서 우리가 경험했거나 경험하고 싶은 상황과 그 속에서 일종의 역할 모델이 발생하게 된다. 한가인이 일상적인 대화 속에서 자신의 선택에 반응하는 과정을 통해서 인터랙티브가 발생하고 이러한 반응이 지속화되면서 몰입하게 됨으로서 소주 월에 대한 구체적이고 실제적인 태도가 형성하게 되는 것이다. 이는 인터랙티브 광고를 통해 타겟팅, 성과 책임 및 이의 개선에 대한 요구가 증가에 대한 충족과 동시에 광고 효과 측정 및 광고 관련 비즈니스 모델의 가능성에 대해서 실질적으로 접근할 수 있는 사례이다.

인터넷상에서 이용자가 커뮤니티에 접속하여 서비스를 사용할 때 언제나 똑같이 고정적인 서비스 환경을 접하는 것이 아니라 접속한 사용자의 정보를 기초로 한 콘텐츠 사용 환경을 제공하여 따라 선택 할 수 있게 하여, 개인화를 통한 웹사이트 서비스의 차별화가 가능하다. 개인별 타겟팅 및 세분화된 타겟팅이 모든 미디어에 걸쳐 널리 수행될 것으로 예상되며, 이러한 광고 유형은 기존 모바일, 인터넷 포털 등의 콘텐츠 서비스로 새로운 파트너쉽을 필요로 할 것이다. 또한 틈새 또는 프로모션 메시지를 통해 목표 고객과 접촉하기 위해 인터랙티브 광고 및 캠페인의 수를 크게 늘려야 할 필요성도 제기된다.

마지막으로 가장 핵심요소로는 콘텐츠로 기존의 개인화의 기준을 정성적인 감성을 힐링 등의 요소를 적정하게 활용할 수도 있으며, 제품의 브랜드의 성격을 극대화 하는 콘텐츠의 고려함으로서 인터넷 사용자의 충성도를 높일 수 있을 것이다. 그러나 핵심은 흥미를 자극할 수 있고, 인터랙티브 반응을 통한 DB구축과 그에 대한 적절한 반응을 통해 몰입이 발생할 수 있도록 하는 콘텐츠와 기술의 밸런스가 중요할 것이다.

3) 새로운 마케팅 커뮤니케이션의 장 멀티플렉스 극장광고

우리나라는 선진국 진입의 발판이라는 1인당 국민소득 2만 달러 시대에 접어들면서 여가에 대한 인식 및 가치관의 변화와 함께 국민들의 다양한 여가 생활 수요가 증대되어지고 있다. 실례로 영화진흥회(2010)가 실시한 영화소비자보고서에 따르면 외부에서 여가시간을 보낼 때 비용대비 가장 만족하는 여가수단으로 극장영화관람(24.9%), 체육활동(23.3%), 외식(14.5%)순으로 나타났다. 또한 최근 1년간 극장 영화 관람률은 93.7%로, 2009년 조사 결과(86.7%) 대비 7%상승하였다. 이렇듯 영화 관람률이 높아지면서 영화산업 상승세와 함께 극장광고 산업도 자연스레 성장하고 있다.

특히 CJ(CGV), 오리온(MEGABOX), 롯데(롯데시네마) 등의 대기업이 극장산업에 뛰어들면서 관람객을 위한 극장의 위치 및 교통시설은 물론 한 건물 안에 다수의 상영관과 식당, 카페, 쇼핑 타운 및 각종 오락시설을 갖춘 멀티플렉스화로 인해 극장시장의 체계화 및 극장광고 매출에 또 다른 활로를 마련해주고 있다.

또한 각 해당 기업들은 디지털 기술을 기반으로 제작, 전송, 상영 및 분석 시스템의 도입, 과학적인 단가 책정 및 효과 측정시스템을 도입하여 기존 극장광고 산업이 지녔던 한계들을 탈피하였다. 뿐만 아니라 전통적인 매체로는 도달하기 어려운 세분화된 시장에 메시지를 전달하는데 효과적일 수 있다는 차별적 매체 특성을 지닌 광고 수단으로서 인식되어짐에 따라 극장광고를 활용하려는 기업들이 점차 늘어가고 있다. 이에 따라 최근 극장광고는 TV에서 방영되었던 그대로 방영하는 방식에서 벗어나 극장광고 매체나 환경적 특성을 반영하는 새로운 극장광고 포맷들이나 극장광고 전용 CF 등을 제작하여 본 영화 상영 전에 롱타임 이미지 광고 또는 에티켓 관련 광고 등으로 활용되어지고 있다. UP communications(2009)가 실시한 CGV이용객 1,025명을 대상으로 극장광고 효과를 조사한 결과를 살펴보면 관람객의 41.9%가 극장광고가 TV광고보다 더 낫다고 응답하였으며, 극장광고에 대한 선호도와 주목도도 더 높게 나타났다.

극장광고는 타 매체광고에 비해 임팩트가 높으며 상대적 이점들을 많이 지니고 있다. 첫째, 극장광고는 영화상영전에 앉아 있는 관객을 대상으로 집행되어 다른 광고매체와 비교해 높은 주목도와 전달력을 확보할 수 있다는 차원에서 매우 효과적이다. 다시 말해 이미 일정한 금액을 지불하면서 선택한 영화를 보러온 관객들은 상영 직전 어두운 공간에서 오직 스크린만을 응시할 수밖에 없는 소비자들이기에 이들을 대상으로 집행 되는 광고는 주의가 분산될 여지가 거의 없기 때문이다. 둘째, 극장광고는 TV광고를 보완하는 차원에서 보다 자세한 내용을 도달하기 어려운 세분화시장에 메시지를 전달하는데 효과적일 수 있으며, 집행시기, 집행 지역, 영화의 성격에 따른 탄력적인 집행이 가능하기 때문이다. 마지막으로 현재의 한 극장 안에는 보통 10개 정도의 스크린이 있어 그에 따라 다양한 영화를 선택할 수 있게 되었다. 즉 극장의 멀티플렉스화는 극장과 스크린의 수를 증가시켰으며 관객의 입장에서도 다양한 영화를 접할 수 있으며 굳이 영화를 보기 위해 멀리 가지 않아도 되는 환경이 조성되었다. 또한 극장은 단지 영화를 관람만을 위한 공간이 아니라 식사를 하면서 영화를 관람하거나 영화를 보기 전에 간단한 쇼핑과 오락을 함께 즐길 수 있는 문화공간으로 변모하고 있다. 이런 공간적인 변화는 극장을 '복합문화공간'으로 변모하게 했으며, 이를 통해 더욱 많은 관객들을 끌어들이고 있다.

스크린 광고는 TV광고의 15초의 한계를 벗어나 다양한 방식으로 진행되고 있다. 예를 들면, 극장 상영을 사전에 염두에 두고 제작된 통타임 이미지 광고라든지, 극장 이용 상황에서의 에티켓 관련 광고라고 할 수 있다. 여기서 에티켓 광고는 극장광고의 변화에 있어 가장 주목할 만한 부분인데, 극장과 광고주의 공동마케팅 차원에서 관람객이 영화 관람 시 쏙 지켜야 할 에티켓을 광고와 결합하여 제작함으로서 관람객의 참여를 유발하고 기업의 사회적 책임을 부각시켜 제품과 기업의 이미지 상승을 유도하고 있다.

스크린 광고는 극장 내 명화가 상영되는 스크린을 통하여 광고 메시지가 노출되는 형태로 극장광고의 대표적인 광고형태이다. 스크린 광고가 지니는 특성은 높은 해상도, 큰 화면, 풍부한 색감, 우수한 사운드 시스템은 물론 편안한 의자, 조용하고 어두운 분위기 등으로 인해 관람객들이 몰입한 상태에서 광고에 노출되어진다.

국내 디지털 스크린 광고의 유형은 극장마다 세부적인 기준에 따라 차이는 있으나 대부분 크게 네 가지 유형으로 분류된다. 첫 번째는 '일반형 스크린 광고'로 1구좌 당 30초로 구성되어있다. 이러한 일반형 스크린 광고는 영화 예고편(약 2분)이 완료되고 상영되는 스크린 광고로 일반적으로 10구좌로 편성되어 있다. 두 번째 스크린 광고의 유형은 '프리미엄형 스크린 광고'이다. 이는 일반형 스크린 광고가 끝나고 영화가 시작되기 전까지 다음 예고편이 방영될 때 마다 상영되는 프리미엄형 스크린 광고로 단계에 따라 '프리미엄 1', '프리미엄 2', '프리미엄 3'으로 구성된다. 이들 프리미엄 스크린 광고는 각각 5구좌, 1구좌, 1구좌로 편성된다. 이러한 일반형 스크린 광고와 프리미엄형 스크린 광고는 브랜딩 차원에서 효과가 높으며 특히, '프리미엄 3'으로 갈수록 구좌수가 줄어들어 광고 혼잡도가 낮아 광고 효과는 그만큼 높은 것으로 알려져 있다. 세 번째 스크린 광고의 유형은 '스크린 Spot' 광고이다. 이는 '프리미엄 2'와 '프리미엄 3'이 시작되기 전에 하는 광고로 5초의 2구좌로 구성되어 있다. 일반적으로 5초의 정지화면에 음성메시지가 노출되는 형태로 광고의 주목도를 높이는 특성이 있다.

2000년대 이후부터 본격적으로 진행되고 있는 극장 시스템의 개선과 관련된 일련의 시도들은 극장환경에 대한 양적, 질적 변화를 초래하고 있다. 관련 업계를 중심으로 그 동안의 노후화된 극장 시스템을 과학적이고 체계적으로 바꾸고자 하는 시도들 즉, 극장의 프랜차이즈화, 대형 멀티플렉스화 극장의 환경적 특성을 감안 한 전용 CF의 제작, 광고의 제작, 송출, 모니터링 등을 체계적으로 할 수 있는 디지털 시스템의 도입, 집행 결과에 대해 신뢰성 있는 데이터를 제공하는 효과적인 광고 측정방식의 도입 등은 관객들에게 보다 유쾌하고 편리한 극장 환경을 경험하게 하는데 도움을 주고 있다. 2009년 한국은 인구 1인당 연평균 3회 극장에서 영화를 관람하고 있다. 미국은 연평균 5회를 방문 한다고 한다. 한국 국민이 최대 미국국민만큼 영화를 좋아하게 된다는 가정 하에 관람객 수는 1.6배 정도 늘어날 수가 있고 이에 따라 극장 광고도 연간 1,600억 원 수준까지 늘어 날 가능성이 있다.

2009년 1월 국내 대표적인 5대 멀티플렉스 극장의 디지털 시스템화는 'CGV'가 98%로 스크린 디지털화 구축에 가장 적극적이며, 다음으로 '씨너스'가 35%에 이르고 있다. 2009년 말에는 대부분의 멀티플렉스 극장이 디지털 시스템을 완비하였다

디지털 스크린 광고는 아날로그 스크린 광고에 비해 크게 세 가지 차원에서 큰 장점을 가지고 있다. 첫째 광고 타겟팅 차원에서 기존 스크린 광고는 영화별, 지역별 타겟팅이 불가능하였으나 디지털 스크린 광고는 광고주가 원하는 지역, 영화, 관객 등 세분화하여 타겟팅이 가능하여 매우 효과적인 광고 전략을 수립할 수 있다. 둘째, 광고 집행 및 운영 차원에서의 장점을 가지고 있다. 아날로그 스크린 광고 방식은 기존에 패키지로 묶인 스크린 중에서 무작위로 상영되어 개별 극장 상황에 따른 명확한 집행이 불가능하나 디지털 스크린 광고에서는 원격제어를 통해 소재 교체나 일별 광고 효과 레포팅 등의 명확한 스케줄 관리가 가능하다. 셋째, 디지털 스크린 광고는 광고 효과 측정에 있어 순수 관람객을 기준으로 광고 도달률, GRPs, 빈도 등을 산출하여 실시간으로 광고 효과에 대한 결과를 볼 수 있다.

극장용 광고의 시초는 'NG 장면'을 활용한 것이었다. TV로 볼 수 없었던 NG장면이 화제가 된 덕에 관객들 이 좌석을 채우는 일이 벌어졌다. 이후 TV용 CM에 '영화 재미있게 보세요' 멘트를 넣는 등의 '극장용 편집본'이 앞다퉈 나왔고 2009년에는 아예 극장에서만 운영하기 위해 제작한 '극장전용 CM'도 등장했다.

사례 - 맥심 T.O.P TV용 CM에서 원빈과 신민아 입술이 닿을 듯 하지만 극장용에서는 닿고 있다. TV와 극장간 상호 연상 및 상승작용을 유도한다.

대림산업에서는 북극의 장관과 함께 환경보호 메시지를 담은 임팩트 있는 1분 영상물을 기업PR 광고로 운영하고 있다. 극장의 물리적 특성(대형화면, 고출력 사운드)과 심리적 특성을 활용한 사례이다. 2009년 한국광고대상 SP부분 우수상 수상작이다.

이렇듯 타 매체광고가 지니지 못한 극장광고만의 차별적인 특수성을 인식하고 이를 크리에이티브 과정에 적절히 활용하여 영화 관람객에게 메시지를 전달한다면 극장광고의 독특하고 긍정적인 경험을 통하여 극장광고 전반에 대한 긍정적 태도를 형성하게 될 것이다. 그리고 앞으로 3D영화의 등장으로 3D 극장광고가 등장하여 소비자의 관심을 끌게 될 것이다. 이는 지금까지 경험하지 못한 마케팅 커뮤니케이션으로써 소비자가 극대화 된 브랜드 경험을 느끼게 할 것이다.

4) 간접광고를 통한 마케팅 커뮤니케이션 전략의 고려사항

(1) 간접광고(PPL)의 집행 형태

간접광고를 가장 공격적으로 그리고 소비자의 경험을 방해하지 않는 선상을 잘 유지했던 사례로 SBS드라마 "시크릿 가든"의 사례를 살펴보면 소비자에게 어떻게 접근해야 할지에 대한 기초적인 해답을 얻을 수 있다.

〈그림〉 드라마 "시크릿 가든" PPL 광고

간접광고 허용이후 가장 성공을 거둔 것으로 평가 받고 있는 드라마 시크릿 가든의 경우 주인공의 재벌 2세라는 배경에 부합될 수 있도록 '마임그룹', '리솜 리조트', '롯데백화점'을 배경으로 배치하였고, 'BMW' 경우 주인공의 사연이 숨겨있는 오픈카로, '카페베네'는 남녀 주인공과 조연들의 이야기를 전개해나가는 주요 배경으로 스토리 전개에 활용하는 모습들을 볼 수 있었다.

인기리에 종영한 예능프로그램 TvN "꽃보다청춘", "삼시세끼"의 경우 연예인들의 라이프 스토리를 배경으로 두고 자연스럽게 제품을 예능프로그램의 배경에 사용할 수 있었다. 한국

탄산수 트래비를 남녀노소 누구나 즐길 수 있는 생활음료로 보이며 브랜드를 알리기 시작했고 그 결과 2013년까지 시장점유율은 3위 브랜드에 머물다가 2014년부터 1위로 치고 나가기 시작했다.

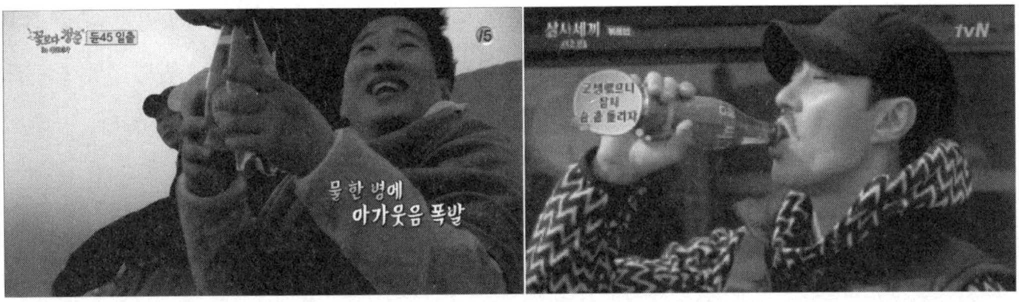

〈그림〉 "꽃보다 청춘, 삼시세끼" 속 PPL 광고

두 프로그램의 간접광고는 성공적인 것으로 평가받을 수 있을 것 같다. 우리의 질문은 어떻게 해야 간접광고효과를 거둘 수 있었을까? 라는 측면에서의 고민을 해야 한다.

(2) 간접광고(PPL)의 효과 개념

광고에 노출된 소비자들에게 영향을 미치고자 하는데 일차적인 목표를 두고 시행된다. 즉, PPL 실무자들은 PPL을 통해 제품이나 브랜드에 대한 인식의 증대와 태도의 호의적인 변화, 구매의도 및 구매증대의 효과를 기대하고 있다. PPL 효과에 대한 구체적인 개념은 다음과 같다.

■ 회상(제품명을 떠올릴 수 있는가의 여부)의 영향

PPL과 관련한 중요한 이슈 중에 하나는 시청자들이 영화 속에 배치된 제품이나 브랜드를 주목하거나 회상할 수 있는가에 대한 문제이다. 제품 혹은 브랜드 회상과 관련한 대부분의 연구는 PPL이 상표 회상에 긍정적인 영향을 미친다는 결론을 도출하고 있다. 즉각적 회상을 측정했다든지, 영화의 전체가 아닌 일부만을 보여 주었다는 단점이 있기는 하나, Vollmers&Mizerski 학자의 1994년 연구는 PPL된 제품에 대해 95.8%라는 매우 높은 회상률을 보인다는 결과를 보여 주었다. 미국의 Associated Film Promotions(AFP)도 영화 PPL의 효과에 대해 조사한 바 있는데, '록키 3(Rocky 3)' 영화를 관람한 관객 1600명에게 관람 후 3~5일 사이에 전화 인터뷰를 한 결과, 응답자의 60%가 주인공이 먹은 제너럴 밀스(General Mills)사의 휘티스(Wheaties) 시리얼을 회상하는 것으로 나타났다.

이러한 회상률에는 PPL 대상 제품에 대한 소비자들의 친숙성이 매우 중요한 요소로 작용한다. Ong&Meri의 1994년 연구에서 즉각적 회상 측정을 위해 출구 조사를 실시한 결과, 현저한 특징을 지닌 친숙한 브랜드인 콜라의 경우 응답자의 78% 가 정확하게 회상한데 반해 친숙하지 않은 브랜드의 경우 40% 정도만 회상을 한 것으로 나타났다. 또 회상 정도는 화면에 등장한 수준, 언급 정도, 노출 시간, 배치 유형에 따라서도 크게 달라지는 것으로 나타났다. 따라서 이미 많이 알려진 브랜드의 경우 PPL 효과를 수월하게 누릴 수 있는 반면 신규브랜드의 경우 제품을 인식시키는 데에는 다소 어려움이 따른 다고 생각해 볼 수 있다. 따라서 현재 집행되는 드라마 PPL에 참여에 있어 현재 각사의 브랜드 인지도라는 측면에 대해서 검토가 성행되어야 할 것이다.

■ 태도의 영향

영화나 TV 프로그램에 PPL을 할 때 기업이나 마케터의 주된 관심사는 관객이나 수용자로 하여금 PPL 제품을 기억하는 것뿐만 아니라 제품에 대한 호의적인 태도 형성을 기대한다. 따라서 마케터들은 긍정적인 감성적 경험을 자사 제품과 연관시킬 수 있는 영화 속 특정 장면이나 사건을 탐색하여 이러한 장면이나 사건이 자사 제품에 대한 긍정적 태도 유발로 이어질 수 있도록 노력한다.

그러나 PPL이 제품 태도에 미치는 많은 학자들의 연구 결과, 일반적으로 광고를 통한 소비자들의 제품 태도는 광고 자체에 대한 태도로부터 영향을 받고, 광고에 대한 태도가 호의적일수록 실제 광고되는 제품의 광고에도 호의적인 태도를 나타낸다고 할 때, PPL에 대한 소비자들의 태도에서 응답자의 약 70%가 제품배치를 반대하지 않는 것으로 나타났기 때문에 PPL된 제품에 대해서도 긍정적인 태도를 지닐 수 있다고 유추해 볼 수 있다. 그러나 무엇보다도 PPL이라는 것이 광고처럼 직접적인 설득이 아니라 간접적이며 프로그램의 등장인물이나 배경과 연계되어 그 효과를 유발한다는 점을 고려할 때 지나친 노출이나 프로그램의 분위기나 성격과 조화를 이루지 못하는 PPL은 오히려 소비자의 브랜드 태도 형성에 부정적일 수 있다는 점을 간과해서는 안 될 것이다. 이는 프로그램의 스토리에 부합되지 않는 노출이나 소비자들의 극의 몰입을 방해하고 침입되었다는 인식이 들지 않는 수준에서 노출이 이루어져야 한다는 것이다. 따라서 너무 낮은 노출이나, 카메라에 의미 없이 노출 시간을 지속시키는 기법들은 오히려 제품에 대한 광고태도를 반감시킬 수 있다는 측면에서 검토해야 할 것으로 보인다.

■ 구매 의도의 영향

광고가 수용자에게 노출되고 난 후 구매행동에 이르기까지의 과정을 정보처리 관점에서 설명하고 있는 것이 광고정보처리모형이다. 이 모형에 의하면 소비자들은 광고에 노출된 후 그 광고에 대한 지각을 하게 되면 상표의 속성에 대한인지와 광고에 대한 태도형성이 동시에 일어나고, 그 결과 구매의도가 발생하여 실제의 구매행동이 나타나게 된다. 영화나 TV 프로그램 속에 제품을 배치하는 기업의 목표는 PPL 제품이나 브랜드에 대한 호의적인 태도형성이다(Vollemers · Mizerski, 1994). 그러나 궁극적인 목표는 호의적으로 형성된 태도가 구매의도를 유발하여 최종적인 구매를 이끌어내는 것이다. 하지만 PPL의 궁극적인 지향점인 구매 의도 향상에는 연구 결과가 엇갈린다. Baker · Crawford(1995)의 연구에서 PPL이 구매 의도에 미치는 효과를 살펴본 결과, 피험자들이 평소 좋아하는 브랜드보다 배치된 제품에 대한 구매 의도가 약 16% 정도 높은 것으로 응답하여 PPL이 단기 구매 의도에 영향을 미치는 것으로 나타났다는 연구와 이와 반대로 브랜드에 대한 태도와 구매의도에 있어서 차이가 없는 것으로 나타났다. 이러한 결과는 PPL이 새로운 고객 점유를 확보하는 데에서는 여러 가지 이견을 있을 수 있음으로 알 수 있으며, 앞서 기억이나 인식에 있어서의 영향력은 검증되었다고 볼 수 있으나, 매출효과로서의 영향력은 검토해 봐야 할 것으로 보인다. 또한 매출이 상승도 이러한 상승이 장기적인 시장점유가 될 것인가 드라마의 종영과 더불어 소멸하는 것인가에 대해서 범례를 가지고 검토해야 할 것이다. 드라마 인기에 부합된 반짝 소비자가 종영과 동시에 비구매자로 변환되는 측면이 과연 제품의 수명과 기업에게 어떠한 영향을 줄 것인가를 깊게 고심해야 할 것이다.

(3) 간접광고(PPL)의 커뮤니케이션 의사결정의 핵심 고려사항

앞서 논의를 기반으로 하여 간점광고 집행에 있어서 제품의 인지도 측면을 검토하여야 할 것을 권장한다. 신규브랜드의 경우 단기간에 회상 능력이 높을 것으로 생각되나 기존의 마케팅커뮤니케이션의 미비한 제품의 경우 회상만 높아질 뿐 구체적인 인지도 개선은 어려운 상황에 처할 수 있다. 이러한 경우 추가적인 마케팅활동을 진행하는 것을 고려해야 할 것이다.

두 번째로, 드라마의 맥락과 스토리 진행상에서의 소비자들의 침입성 인식이라는 측면에 대해서 깊게 고심해야 한다. 앞서의 두 드라마에서 경험적으로 확인할 수 있었던 것처럼 간접광고에 대한 태도는 그 상황에 따라 다르다. 극의 흐름과의 일치성이 높을 경우에는 자연스럽게 제품의 태도와 매출효과 또한 기대할 수 있는 반면에 간접광고에 노출되었음에도 불구하고 심리적인 회피를 하는 경우들이 발생하고 있다. 극의 구성에서의 배경 소품의 기능이 충실히 수행 되었는가 제품의 맥락과 드라마의 맥락과의 연결성이 얼마나 일치하는가를 검토해야 할 것이다.

향후 간접광고에 대한 광고주간 경쟁은 더욱더 극심해 질 것이고 광고비 또한 천정부지로 오를 것이다. 이는 부정적인 것이 아닌 드라마의 재원을 확보하여 보다 높은 퀄리티의 콘텐츠를 만듦으로서 시청자들의 만족과 콘텐츠 경쟁력을 갖춘다는 점에서 긍정적인 변화라고 볼 수 있다. 그러나 앞서의 개념을 고려하지 않고 자본에 의한 간점광고 선점이나 자본을 이용한 파워 게임으로 치닫는다면 시청자들은 콘텐츠를 보는 것이 아닌 또 하나의 피하고 싶은 광고를 보는 경험을 갖게 될 것이다. 현재 간접광고 시행의 초기 단계에서 소비자들의 반작용이 나타나고 있지 않으나 시간에 흐름에 따라 과도한 간접광고의 경우 오히려 역풍을 맞을 수 있다는 것을 고려해야 한다. 앞서 논의에 다양한 측면에 대한 깊은 검토가 있어야만 광고주와 방송제작사, 시청자들이 모두 만족할 수 있는 성공의 장이 될 수 있을 것이다.

5) PPL 진화, 콘텐츠와의 재조합

마케팅 커뮤니케이션의 담당자가 항상 고심하는 부분 중의 하나가 소비자에 대한 노출 문제일 것이다. 특히 광고의 경우 소비자들이 광고를 보아야 한다. 하지만 소비자들의 입장에서는 자신들이 원하는 드라마나 뉴스와 같은 프로그램만을 시청하고자 하며 가급적 광고를 회피하려고 한다. 이러한 광고의 회피, 특히 TV 시청에서의 광고 회피(zapping) 현상은 광고의 효율성을 떨어뜨리고 광고 효과를 감소시키므로 광고회사나 기업들은 광고를 회피하기 어려운 위치에 배치하거나 분산시킴으로써 광고 회피를 최대한 막아보려고 하고 있다. 그러나 이러한 방법 은 과도한 노출 혹은 시청자가 원하지 않은 노출로 인해서 오히려 제품에 대한 부정적 인식이 두드러질 수 있다는 측면을 고려하지 않을 수 없다. 이러한 딜레마를 해소하기 위한 새로운 형태의 PPL 기법에 대해서 제안하고자 한다.

PPL은 영화산업의 소품에서 시작되어 1980년대 본격적으로 등장하였는데 방송 프로그램 안에서 상품을 소품으로 활용하여 그 상품을 노출시키는 형태의 광고를 의미한다. PPL은 간접광고의 한 유형으로서 광고주로부터 금전적 대가를 받은 후 TV 프로그램이 나 영화 속에 상업적 제품이나 서비스를 소비자에게 노출시키는 행위로 볼 수 있다.

이러한 PPL의 판매 방식은 노출 수준에 따라서 분류되는데 낮은 수준의 '레벨 1'부터 높은 수준의 '레벨 5'로 구성되며, '레벨 5'는 배경, 인물, 브랜드 뿐만 아니라 에피소드나 스토리텔링 구성까지 가능하다. 또한 기간에 따라 장기판매(Upfront) : 6개월 이상의 장기판매는 시간대별 고정 편성 프로그램(띠물), 아침드라마, 오락 등(자체제작 위주)에 대해 개별 협상하여 품목별 독점판매와 단기판매(Scatter) : 월 단위 및 1회 단기판매는 PPL 허용이 가능한 모든 프로그램에 대해 개별 협상하여 일반판매 혹은 품목별 독점판매, 참여자가 많은 경우 경매방식으로 판매된다.

PPL 유형은 표현 양식(mode of presentation) 및 현저한 정도(level of prominence)로도 나누어 볼 수 있는데, 표현양식은 시각적, 청각적 그리고 시청각적 양식으로 다시 나눌 수 있다. 현저한 정도는 두드러진 배치방식과 모호한 배치방식으로 나뉜다. 두드러진 배치는 스크린상의 크기 및 위치를 기준으로 장면의 중심에 놓인다거나, 혹은 주인공이 사용하거나 중요한 장면에서 노출시킴으로써 제품 및 브랜드를 뚜렷하게 배치하는 형태를 말한다. 한편 모호한 배치는 크기가 작거나 시각적 주의를 받지 못하는 중요하지 않은 장면에서 배경소품으로 사용되는 경우를 말하며 두드러지지 않게 보이는 배치 형태를 말한다.

인물형, 배경형, 상품형으로 구분할 수 있으나, 실제로는 이 세 가지 유형이 서로 결합되는 복합적인 형태를 띠게 된다. 이는 기존 광고와는 달리 단순 상품광고나 브랜드 노출의 차원을 넘어서 주인공의 캐릭터나 정체성, 스타일 등을 구성하는 중요한 요소로 부각 되며, 주인공이 거주하는 주택이나 사무 공간 등도 단순 배경의 차원이 아니라 스토리 전개 의 중요한 모멘텀이나 모티브로 인식된다.

이러한 PPL광고의 효과가 기대되는 이유로서 다음과 같은 것을 들 수 있다. 하나는 PPL을 통해 광고되는 제품은 드라마의 소품으로 등장하며 내용의 일부로 받아들여지므로 시청자들은 이를 의도적인 광고로서 인지하지 못한 채 반복적으로 접하게 된다. 또한 PPL로 등장하는 제품이나 브랜드를 주연 배우가 사용하거나 언급함으로써 해당 제품의 이미지를 높여주기도 하고 제품의 사용상황을 제안하기도 한다. 마지막으로, PPL로 등장한 제품이나 브랜드는 정보의 현저성이 높아지므로 제품 카테고리 내에서 상대적으로 두드러지는 효과를 얻는다.

그러나 이러한 높은 효과가 기대되는 PPL의 경우도 무분별한 사용과 콘텐츠의 흐름과 시청자의 맥락을 고려하지 못하는 방식으로 전개되어 마케팅효과가 반감되는 경우다 빈번하게 일어나고 있다. 이러한 PPL의 가치를 재활성화 하는 방법으로 최근 도입되고 있는 PPL 사례를 소개하고자 한다.

'마임 그룹'의 배경형 PPL의 경우 주인공 김주원과 사촌역 오스카의 자택 주인공 김주원과 사촌역 오스카의 자택 세트로 활용된 마임 비전 빌리지는 두 주인공의 상류층 이미지와 고급스러운 배경이 어우러져 드라마 제목인 '시크릿가든'을 연상시키는 데 기여하였으며 시청자로 하여금 배경에 대한 호기심을 통해 협찬리스트와 검색까지 하도록 하여 마임 그룹의 브랜드 가치형성에 긍정적 효과를 제공하였다. 그러나 이러한 방식은 드라마의 스토리 배경과의 적절성으로 인한 것으로 PPL효과의 일부 충족의 개념으로 볼 수 있다. 'GALANTRY'의 PPL은 콘텐츠의 재조합을 통한 단순한 배경에서 벗어나 광고 측면에서 새로운 시도를 꾀하였다.

이 캠페인의 경우 최근 TV조선 인기 예능 <아내의 맛>에서 홍현희 부부가 부모님을 모시고 여행을 떠나는 편에서 선보인 아이크림 및 주름 패치는 많은 사람들의 관심을 끌었다. 다소 진부할 수 있는 형식의 광고는 소비자의 뇌리 속에 저장되어 있는 홍현희가 가진 친근하지만 강렬한 이미지를 뇌에서 인출시키면서 강력한 재인식을 할 수 있도록 유도한다는 점에서 높은 마케팅 커뮤니케이션 효과를 기대 할 수 있다.

〈그림〉 TV조선 예능 '아내의 맛' 홍현희 주름개선 패치

최근 많은 화제를 몰고 있는 드라마를 활용한 방식으로 드라마 〈응답하라 1998〉, 〈라이프〉의 경우 높은 시청률과 화제성으로 인해서 소비자의 머릿속에 항상 높은 자리를 차지하고 있는 드라마 콘텐츠의 상황을 그대로 광고상황으로 재현한 전략이다.

시청자에게 친숙한 드라마 콘텐츠의 배경과 인물 관계를 그대로 광고 속으로 옮겨와서 단순한 상품노출을 넘어서서 주인공의 직업 및 활동과 연계된 정체성 구성효과를 갖게 된다. 이를테면 광고를 보지만 드라마의 한 장면을 보는 듯한 착각을 불러일으킴으로서 드라마 시청자의 경우 강력한 회상과 기억의 지속성이 발생할 수 있다는 측면에서 높은 효과가 발생 할 수 있으며, 드라마에서의 배우들이 가지고 있는 유쾌한 관계가 브랜드에 자연스럽게 전이된다. 또한 현재 드라마에 집중적인 PPL이 실행되었을 경우 극대화된 효과를 기대할 수 있을 것이다.

이 캠페인이 PPL로 규정되는 데에 있어서 여러 가지 이견이 있을 수 있으나 과거의 배치

위주의 PPL의 난립으로 인해 소비자의 불만이나 콘텐츠 제작과정에서의 부정적 영향에서 진일보한 방식으로 생각해 볼 수 있다.

단순 상품 배치에서 주요 장면의 배경 또는 등장인물의 특징, 스타일, 이미지 정체성을 구성하는 요소에서 상품형, 배경형, 인물형이 서로 결합하면서 복합적인 광고 효과를 발휘함과 동시에 스토리텔링과도 밀접한 연계 효과 창출할 수 있으며, 드라마 스토리의 전개를 위한 중요한 모멘텀이나 모티브를 제공하여 스토리텔링의 구성요소로서 인식될 수 있다는 측면에서 PPL 진화는 현재진행형 이라고 할 수 있다.

6) 마케팅 커뮤니케이션의 새로운 방향 브랜디드 콘텐츠

새로운 기술 및 미디어의 출현 그리고 이전에 만나지 못한 전혀 새롭고 다양한 욕구의 소비자들의 등장은 마케팅 환경을 새로운 변화를 이끌어내고 있다. 앞서 말했듯이 소비자들은 더 이상 모든 정보를 받아들이지 않고 능동적으로 정보를 처리하며 그들이 선호하는 내용을 선택하는 능동적인 소비자로 변하고 있다. 이에 따라 기업들은 적극적이고 흥미로운 콘텐츠를 제작하는 것을 중요하게 여기고 있다. 최근 이러한 변화에 따라 양방향미디어를 토대로 한 웹 3.0을 기반을 둔 능동적 소비자와 상업적 메시지의 홍수 속에서 브랜디드 콘텐츠의 등장은 필연적인 변화의 방향이라고 볼 수 있다.

브랜디드 콘텐츠는 소비자의 능동성의 증가, 관계 관점의 중요성 증대, 마케팅 커뮤니케이션 과정의 감정적인 면의 증대 등 현재 마케팅 환경 변화를 반영하는 커뮤니케이션 수단으로 활발하게 이용되고 있다. 또한 브랜디드 콘텐츠는 소비자와 브랜드를 연결하는 방법으로 단순히 제품을 노출하는 형식에서 벗어나 각종 엔터테인먼트 장르와 연결시켜 스토리 속에 브랜드 이미지를 투영시키는 방식을 통하여 소비자의 관심을 유도하는 마케팅 기법이라고 볼 수 있다. 이러한 브랜디드 콘텐츠는 소비자의 흥미를 유발하여 스스로 바이럴마케팅을 하고 싶은 욕구를 끌어낼 수 있을 뿐 아니라 브랜드의 제품이 아닌 콘텐츠 가치에 대한 공감을 이끌어냄으로써 브랜드에 대한 인지를 돕는 마케팅 방법이라고 볼 수 있다.

(1) 미디어 콘텐츠와 브랜디드 콘텐츠

지금까지의 마케팅커뮤니케이션은 콘텐츠와 분리되어 있는 지시적이고 직접적인 상업메세지에 노출에 전략의 초점을 두고 있었다. 그러나 브랜디드 콘텐츠는 광고를 콘텐츠 안에 통합한 것을 의미하며 이러한 광고 안에는 브랜드 메시지가 녹아들어간 형태로 존재한다. 브랜드 메세지는 영화, 음악, 스포츠, 문화 등 여러 스토리와 협업을 통한 비상업적 콘텐츠와 상업적 콘텐츠의 융합을 통해서 만들어진다.

브랜디드 콘텐츠의 중요한 요소는 일방적인 메시지 전달이 아닌 소비자의 자발적인 참여를 통한 주도적인 콘텐츠라는 것이다. 즉 소비자 중심으로 변화함에 따라 기업은 소비자와 브랜드 간의 친밀한 관계를 만들기 위해 상품이 가지고 있는 장점을 활용하여 '공감'하고 '소통'하며 관계를 만들어가는 것이 마케팅의 중요한 부분이라고 볼 수 있다(KB금융지주경영연구소, 2016). 예를 들어, 래퍼 서바이벌 프로그램 쇼미더머니7에 등장한 '마미손'이라는 래퍼의 영상은 1000만 명을 돌파하였다. 그는 매드클라운이라는 자신의 본명을 숨기고 '마미손'이라는 가명을 이용하여 복면을 쓰고 방송에 출연을 한 것이다. 이러한 행위는 사람들의 흥미를 자극하였고 그가 누구인지 알지만 모르는 척하는 놀이를 이어나갔다. 그 후 방송 속에서 만든 캐릭터를 적극 활용하여 SK텔레콤에서 제작한 인공지능 음성인식 NUGU와 협업하여 '복면 안에 누구인가?' 라는 타이틀로 광고를 내보내었다. 이는 기업의 브랜드와 그가 만든 캐릭터와 일맥상통한 것이다. 이러한 광고는 네티즌 사이에서 큰 이슈를 끌었고 젊은 고객의 인지도를 높이게 되었다.

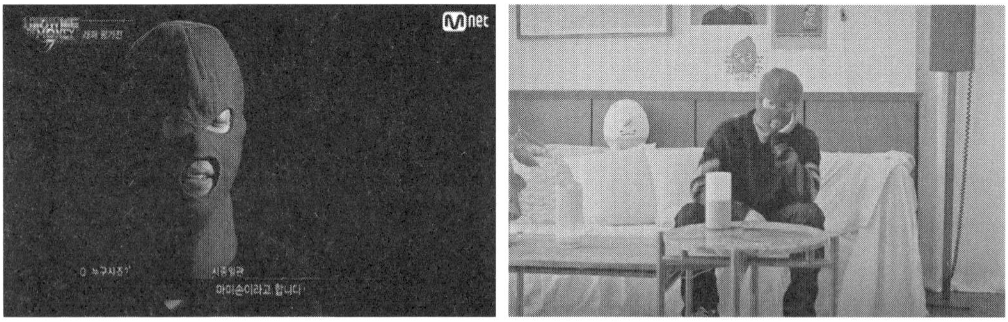

〈그림〉 쇼미더머니7 '마미손'과 SK텔레콤의 협업 광고

이처럼 일반적인 상업적 메시지만의 콘텐츠가 아닌 소비자들이 스스로 찾아보고 즐길 수 있도록 하는 일반적인 콘텐츠 수준을 능가하여 엔터테인먼트와 컬라버레이션을 통한 다양한 콘텐츠의 규모와 질을 가진 것을 말한다.

브랜디드 콘텐츠는 앞서의 사례에서 볼 수 있듯이 단순히 제품을 노출하는 형식에서 벗어나 각종 엔터테인먼트 장르에 접속시켜 스토리 속에 브랜드 이미지를 투영시키는 방식을 통하여 소비자의 관심을 유도하는 마케팅 기법으로 정의할 수 있다. 최근 온라인, 소셜미디어에 있어서 브랜디드 콘텐츠가 가장 많이 진행되는 유형은 브랜드와 웹툰, 브랜드와 웹드라마, 브랜드와 1인 미디어 등으로 구분할 수 있다. 이는 기존에 존재하던 콘텐츠에 브랜드를 홍보하는 것부터 새로운 콘텐츠를 제작하는 등의 다양한 제작을 이루고 있다.

〈그림〉 웹툰 4버디스와 임페리언 브랜드의 협업

그러나 단순히 브랜드를 위해 특별히 제작된 콘텐츠의 개념을 넘어서서 최근에는 PPL의 단순 제품을 배치하는 수준을 넘어서서 프로그램의 주요 스토리 전개 구성요소로 제품이나 브랜드를 활용하는 적극적인 전략이 시행되고 있다. 미국의 TV프로그램 'Mad Man'의 경우 하이네켄 맥주를 전개에 배치를 넘어서 광고전문가인 주인공이 광고대행으로 하이네켄 맥주 캠페인을 수행하는 에피소드를 주요 스토리를 구성하는 주요 요소로 활용하는 등 일련의 흐름을 볼 수 있다.

〈그림〉 Mad Man

브랜디드 콘텐츠 가장 넓은 의미의 영역은 방송이나 오락 같은 엔터테인먼트 콘텐츠와의 결합을 넘어 문화, 예술, 스포츠 등 다양한 콘텐츠와의 결합으로 확대된 스폰서쉽 개념으로 기업이 기획단계에서부터 적극적으로 개입하여 문화, 예술, 스포츠와 공동으로 프로젝트나 이벤트를 진행시켜 나가는 것을 생각해 볼 수 있다. 즉, 문화와 콘텐츠 각 분야의 브랜드에 스토리를 넣어 사람들의 관심과 흥미를 유발시키고 판매 촉진으로 연결시키는 스토리텔링을 의미하는 것이다. 그 중 한 예로 예술과 브랜드의 컬라버레이션인 '아트마케팅'을 들어볼 수 있다. 이는 예술의 아우라 효과를 이용하여 기업의 제품이나 브랜드를 친근하게 접근시키는 마케팅 방식이다. 기업의 입장에서는 유명한 예술가나 그들의 작품을 활용하여 브랜드이미지를 고급화하는 감동마케팅 전략이고, 소비자 입장에서는 유명예술가의 작품을 접하는 가치체험 기회이기도 하다.[3] 다시 말해 예술을 활용한 광고가 소비자의 문화적 욕구를 만족시키는 동시에 일련의 감성마케팅으로 활용되며 현대인의 문화적 감성을 충족시켜줄 뿐만 아니라 고급문화를 누림으로서 차별화된 문화를 즐긴다는 만족감을 느끼게 해주는 등 소비자들의 심리를 그대로 반영하는 것이라고 할 수 있다.

〈그림〉 아트마케팅 사례(신세계 SSG광고, ABSOLUT 제품 디자인)

이러한 전략은 결국 최근 마케팅 커뮤니케이션에서 화두가 되고 있는 브랜드 인게이지먼트[4]를 상승시켜 자발적이고 역동적인SOM(Share of Mind)을 확보하는 효과가 있는 것으로 기대되고 있다. 이는 소비자의 오락성 욕구를 자극하고 새로움 추구 동기를 충족할만한 참신성을 가진 광고의 형태라고 볼 수 있다. 즉, 광고를 통해 주목을 이끌고 매스미디어와 달리 공감을 획득하는 형태이다.

3) 김정재, 아트인퓨전 광고효과에 관한 연구. 동아대학교 대학원 경영학과 박사학위논문, p 37, 2009
4) IAG(Intermedia Advertising Group)리서치의 바바라잭(Barbara Zack)[4]은 인게이지먼트를 미디어 인게이지먼트(미디어 특성 자체에 소비자가 가지고 있는 관여도), 토픽(Topic) 인게이지먼트(광고의 적절한 타겟팅), 광고 제작물 자체의 크리에이티브 임팩트의 3가지 구성되어졌다고 보고 있다.

소비자들은 브랜디드 콘텐츠를 통해 개인적인 차원에서 브랜드 스토리를 접하고 다양한 감각적 경험에 노출하게 되며, 이는 궁극적으로 몰입시키고 적극적인 참여지향으로 움직인다. 이러한 참여는 궁극적으로 몰입과 블로그, 카카오톡, 라인, 트위터, 페이스북 등 1인 미디어를 통해 확산함으로 소비자들과의 관계를 강화하게 된다.

과거 노출중심의 반복적인 광고는 점차 본연의 효과를 기대하기 어려워지는 것이 현실이다. 결국 이러한 방향 속에서 소비자들이 원하는 욕망의 결과물인 콘텐츠화를 통해 소비자들이 관심과 브랜드에 대한 관여가 높아질 수 있도록 하는 것이 최대의 과제로 떠오를 것이다.

(2) 브랜디드 콘텐츠의 광고모델속성

브랜디드 콘텐츠의 가장 큰 영향을 주는 것은 광고 안에서 메시지를 전달하는 사람이다. TV뉴스에서는 앵커나 아나운서, TV 홈쇼핑에서는 쇼 호스트가 그 역할을 하는 것이다. 브랜디드 콘텐츠 안에서 광고모델은 잠재적인 소비자의 브랜드, 제품태도 그리고 구매의도를 높이기 위한 메시지를 전달하는 정보원이다.

이들은 정보원으로서 '전문성'이란 메시지를 전달하는 특정 메시지의 주제에 대하여 올바른 해결방안이나 정확한 판단을 제시할 수 있다고 수용자가 지각하고 있는 정도를 의미한다. 광고와 같은 설득 메시지나 주제나 이슈에 대해 정보원이 올바른 해답이나 정확한 판단을 제시할 수 있다고 소비자들이 인지하는 것이다.

그리고 이들은 신뢰성을 가지고 있어야 한다. '신뢰성'이란 정보를 제공하는 정보원이 특정 이슈와 관련된 지식이나 기술, 경험을 가졌고 편견 없는 의견과 객관적인 정보를 제공해 줄 것이라고 믿는 소비자의 인식 정도이다(Blech & Blech, 1994)

〈그림〉 전문성과 신뢰성을 가진 모델을 활용한 방송 사례

마지막으로 매력성을 가진 모델을 이용하여야한다. '매력성'이란, 소비자들이 정보원에 대해 신체적인 매력과 심리적인 매력을 지각하는 정도를 말한다(Ohanian, 1991). 매력성에서 소비자가 느끼는 신체적 매력은 소비자가 지각하는 모델의 매력성, 세련미, 섹시함, 성적 매력 등 여러 가지 특성을 포괄하는 개념이다. 반면에 심리적 매력은 넓은 의미에서 모델의 지적수준, 성격, 라이프스타일, 가치관, 출신배경 등을 의미하는 포괄적 개념이다(양종아, 김현철, 2016). 브랜디드 콘텐츠에서 모델은 관련 정보를 전달하는 정보원으로서 전문성, 신뢰성, 매력성을 느낄 때 소비자들은 긍정적인 감정을 가진다는 것을 고려하여야한다.

결과적으로 최근 다양한 기술의 발전으로 인해 소비자들은 능동적으로 매체를 선택하고 이를 통해 소비자가 원하는 콘텐츠를 선택하는 것이 가능해졌다. 이에 따라 광고는 다양한 형태를 보이고 있으며 브랜드의 정체성을 형성하기 위해 다양한 분야와의 협업을 이루고 있다. 그러나 이러한 시점에 소비자들이 광고 긍정적으로 인식하고 있는 지에 관한 고민이 이루어져야할 것이다. 광고 콘텐츠의 태도를 형성하는 데 있어 광고신뢰성, 광고인지, 광고주에 대한 태도, 분위기와 같은 요인의 영향을 받는다는 것을 염두하고 제작이 이루어져야할 것이다. 또한 브랜드를 인지하기 위해서는 상품에 관한 인지만을 요구할 것이 아니라 감정적 요소를 제공하여 광고를 경험하는 느낌이나 분위기를 형성하여야 할 것이다. 이는 친숙한 브랜드뿐만 아니라 친숙하지 않은 브랜드에도 긍정적인 영향을 미칠 것이다.

7) 스토리텔링을 통한 브랜드 정체성 형성

오늘날 정보사회의 문제는 너무 많은 정보가 스트레스를 야기하고 혼란스럽다는 것이다. 이제 사람들은 원하는 정보가 아닐 경우에는 메시지를 완전히 무시해버리기 시작한다.

우리는 필요한 모든 것보다 훨씬 더 많은 것을 가지고 있지만 이러한 물질적 풍요를 구가하고 있음에도 불구하고 소비자들은 이상하게도 항상 불만족스러워 한다. 현대사회는 우리가 필요로 하는 것은 시간, 장소에 구애받지 않고 구할 수 있다. 하지만 우리는 오히려 모든 것이 이처럼 너무나 복잡하게 얽히기 이전시대에 대한 향수를 버리지 못하고 무엇을 갈망하고 있다. 우리는 온몸으로 감동을 느끼고 감성적으로 강하게 연결되기를 희망한다.

경험 경제시대의 브랜드는 고객이 상품이 아니라 그 상품에 담긴 이야기를 사도록 하는 것이다. 상품의 스토리텔링은 브랜드와 고객과의 관계를 친화적으로 하는데 긍정적인 영향을 주며 이러한 관계를 기본으로 한 내러티브의 형성은 고객을 즐거운 경험으로 이끌고 친밀함을 가지게 한다. 즉 스토리텔링을 통해 소비자에게 총체적인 경험을 제공하기 위해서도 개별 유형의 적극적 융합이 필요하다. 소비자가 제품을 사고 그것에 대한 만족 결과는 소비자가 가장 선호하는 감성적인 경험을 제공하는 정보를 구성하고 이를 기본적으로 적극적인 관계형성을 통한 정보의 폭을 확장, 제공하는 것이 스토리텔링이라 말할 수 있다.

스토리(story:이야기)와 텔링(telling:말하기)을 결합한 스토리텔링은 '이야기하기'의 의미를 가지고 있다. 19세기 후반, 유치원 창시자로 유명한 독일의 교육학자 프리드리히 프뢰벨(FriedrichFroebel)이 스토리텔링을 교육학에 접목하였다고 한다. 이때의 스토리텔링은 동화나 옛날이야기를 이용해 언어와 몸짓, 표정 등을 섞어가며 어린이들에게 지식을 전달하는 방식을 의미했다. 스토리텔링은 아이들에게 지식을 주입하는 것이 아니라 이야기의 세계에 자연스럽게 몰입하고 동참하도록 만든다는 장점 때문에 유아교육에 적극적으로 도입되었다 고한다. Digital Storytelling 대해 미국 영어교사위원회(Natiord Coundl off eache is off inglish)에서는 스토리텔링을 음성(voice)과 행위를 통해 청자들에게 이야기를 전달하는 것이라고 정의한다.

어떠한 이야기를 듣거나 읽었을 때 청자나 독자는 그 장면으로 끌어당겨지고 등장인물이 느끼는 감정을 느낀다. 사람들은 개인적 경험으로 가지고 있는 유사한 경험이나 배경으로 이끌려진다. 왜냐하면 이야기는 시각적 심상과 감정을 둘 다 환기시키기 때문이다. 이 부분이 마케팅커뮤니케이션에 시사하는 바가 크다.

일반적으로 광고의 목적은 제품의 이미지를 부각하고 고객의 관심을 끌어 궁극적으로 구매를 자극하여 판매를 진작하는 데 있다. 그런데 요즘의 광고는 이미 생산된 상품의 판매를 촉진하려는 목적만 추구하진 않는다. 정보를 직접적으로 전달하는 이성 광고에서 이미지 위주의 감성 광고로 이미 전환했다. 나아가 해독하기 어려운 이미지의 나열에만 그치는 것이 아니라 이야기를 만들어 그 속에 자연스럽게 제품의 정보와 가치가 녹아들도록 만든다.

최근 브랜드 가치의 중요성을 인식한 기업들은 기업의 브랜드 자산을 강화하고 브랜드 가치를 전달하기 위한 광고의 소구방법으로 스토리텔링 장치를 적극적으로 활용하고 있다. 브랜딩 차원에서 기업의 브랜드 이미지 구축과 브랜드 가치를 소비자에게 강하게 어필 하는 스토리텔링 장치가 광고효과를 극대화하는 방법론으로 부상하고 있기 때문이다. 광고의 소구방법이 기업과 제품의 전략적 정보를 제공하고 브랜딩을 구축하는 경제적 가치 기반의 일차적 기능에서 벗어나 스토리 기반의 스토리텔링 장치를 활용하여 소비자의 감각적 체험과 정서적 경험에 소구하는 소비자의 공감각적 기능을 자극하는 영역으로 확장하고 있다.

스토리텔링의 핵심장치인 공감각적 기능이란 소비자의 감각적 체험과 정서적 경험을 바탕으로 기업의 브랜딩을 구축하는 효율적인 방법도구이다. 소비자의 오감에 호소하는 광고 브랜드의 시각기호는 감각적 체험을 유도하는 매개 역할을 수행하고 있다. 또한 참여자의 심상과 흥미를 순간적으로 잡는 것이며 계속적인 학습을 추구하는 자극을 주는 것이다.

CHAPTER 5

새로운 세상

1 미래 마케팅 커뮤니케이션과 소비자의 진화

1) 미래 마케팅 커뮤니케이션의 전망1

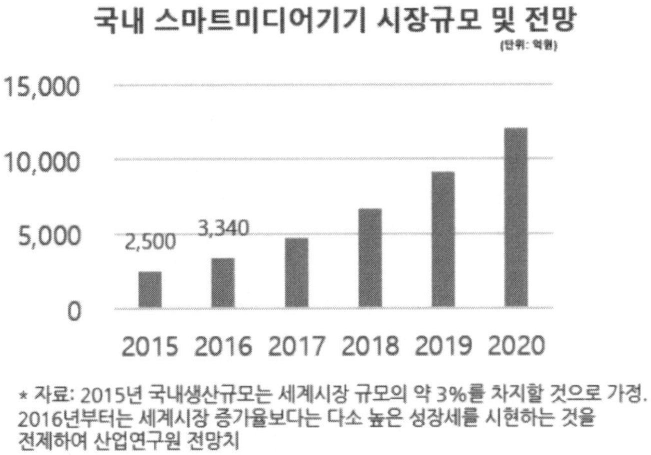

〈그림〉 스마트미디어 시장 규모

이러한 흐름은 더욱더 거세질 것으로 판단되고 있다. 국내 스마트폰, 태블릿 PC, PC 노트북을 통한 콘텐츠 이용의 급격한 증가이다. 시장의 전반적인 흐름은 합리적인 서비스 가격 설정과 양질의 콘텐츠의 지속 확보가 중요해지고 있다. 음악, 게임, 방송콘텐츠의 앱 서비스가 확장되고 있으며 미국, 남미 등 43개국 서비스 높은 성장 잠재력을 가지고 향후 미디어 산업의 패러다임을 이끌 것으로 예측된다.

미디어의 라이프스타일에 보고서에 따르면 TV, 인터넷 등의 고정형 단말기의 따른 대체이용 패턴도 보이나, TV 시청과 모바일 이용시간은 약보합세를 보인 반면에 스마트폰, 태블릿 등 이동형 단말기를 통한 인터넷 이용시간은 큰 폭의 증가세를 보이는 것으로 나타났다.

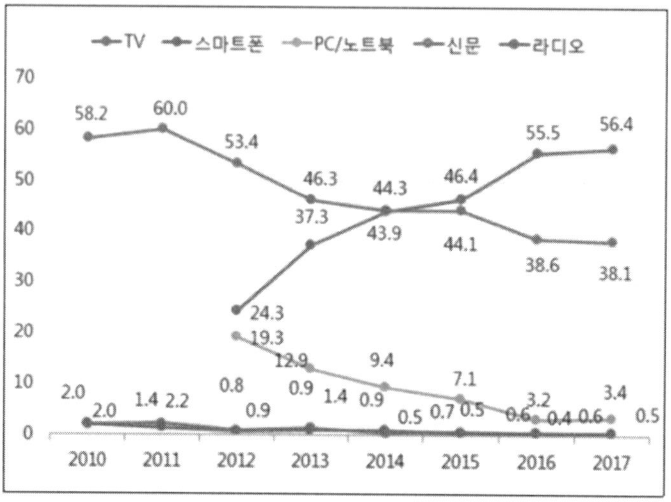

〈그림〉 일상생활 필수매체 인식 추이

(출처: 방송기술저널, 2018)

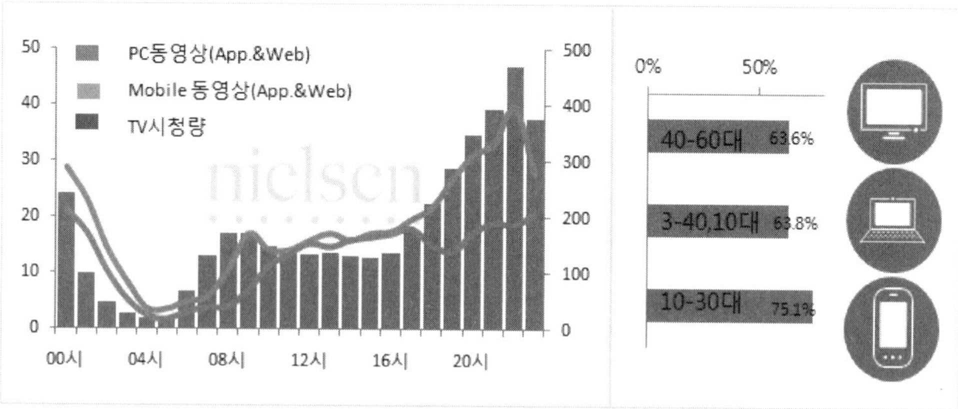

〈그림〉 3-Screen별 이용 시간

(출처: Nielsen Koreanclick & TV Behavioral Data, 2013.06/2013.12)

이를 소비자의 라이프 타임 싸이클에 적용하여 조사한 결과를 토대로 분석해 보면 위의 그림과 같이 미디어를 병행하여 이용하는 패턴이 관찰되고 있다. 이 내용이 시사하는 점은 텔레비전 콘텐츠를 소비하는 소비자들이 같은 내용을 소비하는 집단과 커뮤니케이션을 통해 콘텐츠를 집단의 지향에 따라 소비한다는 것이다. 예를 들어 SNS 및 커뮤니티를 통해 자신이 보고 있는 드라마를 보도록 독려하거나 극 중의 스토리, 또는 배우의 및 배경 소품 등에 이르기까지 다양하게 커뮤니티에 논의함으로써 집약적인 재소비화가 이루어진다는 것이다. 결국 이는 단순한 노출의 수준을 넘어 높은 수준의 콘텐츠 이용이 이루어지게 되는 것이다.

결국 분화된 집단에 따라 개인화된 차별적 콘텐츠 소비가 가능해지고 있음을 국내 외 사례에서 목격되고 있다.

이러한 변화는 미디어 기술의 발달로 1인 미디어가 확산되면서 미디어 이용행태의 개인화로 인해 나타나는데, MP3, DMB, 와이브로 등의 1인 미디어를 통해 이용자들은 언제 어디서나 자신이 원하는 멀티미디어 콘텐츠를 이용할 수 있게 됨으로써 개인화된 미디어 문화가 형성되고 있다. 모바일 미디어의 발전에 따라 모호해진 공적 공간과 사적 공간을 넘나들면서 미디어 이용이 가능해짐에 따라 미디어 이용의 개인화는 더욱 심화되었다. 또한 스마트폰과 같은 이동형 미디어를 중심으로 미디어 이용시간의 분절화가 발생하고 있다. 같은 공간 확장의 이동형 미디어들은 대형화면의 고정형 TV에 비해 이용 시간이 분절화 되는 경향을 보이고 있는데 특히 스마트 환경에서는 어플리케이션 또는 콘텐츠 단위의 미디어·방송 이용이 증가함에 따라 분절화 경향은 심화 될 전망이다. 이러한 결과로 인해서 미디어 수용자들의 멀티플랫포밍 행위는 더욱 강화될 것으로 보인다.

결과적으로 융합시대 소비자들의 미디어 이용 행위는 하나의 미디어 이용에 국한되지 않고 다른 미디어와의 복합적 이용을 추구하게 되었다. 소비자들은 다양한 미디어를 이용하면서 각각의 미디어를 동시에, 또는 시차를 두고 넘나들면서 이용하는 등 복합적인 이용행태를 보이고 있는 것이다. 방송에 있어서 멀티 플랫포밍의 확산은 OSMU(One Source Multi Use)로 나타나며 중립적인 콘텐츠기반 경쟁으로 방송시장의 경쟁이 나타나게 될 요인으로 작용하며 콘텐츠 경쟁력을 보유한 사업자에게 유리한 현상이 되어가고 있다.

〈표〉 스마트화에 따른 광고 특성의 변화

	Ad1.0	Ad2.0	Ad3.0
Why	Attention	Engaement	+
When	On time	Real time	Multi time
Where	Limited	Ubiqutious	+
Whom	Mass	Individual	Social
What	Information	Contents	Story
How	One-way	Interactive	Collaboration

(출처: 박정래, 2010)

결국 기존의 Mass형 광고는 주 TV 시청시간대에 주 시청 계층 대상을 중심으로 광고를 집행하거나 신문의 주요 구독자들을 대상으로 취향이나 라이프 스타일에 대한 고려 없이 광고가 집행되었다. 이에 따라 광고가 매체별로 분화되는 현상(TV 및 신문광고는 30~40대 이상의 장년층, 인터넷은 10~20대의 청년층을 대상으로 함)을 보였으며 광고품목 역시 분화되는 현상을 보이고 있다. 스마트 환경에서는 이용자 개인에게 특화된 또는 타겟팅된 광고가 주로 집행될 것이기 때문에 광고 타겟의 다양화가 예상된다.

이러한 스마트미디어의 성장은 무엇보다도 시간과 장소에 구애됨이 없이 매우 양질의 정보를 다룰 수 있는 스마트폰이 중심에 있으며, 특히 최근 급격한 사용자의 증대를 보이고 있는 SNS서비스가 140자 이내의 제한된 문자시스템으로서 모바일 환경에 적합한 커뮤니케이션 방법으로서 스마트폰과 결합되어 새로운 마케팅 커뮤니케이션 문화를 만들고 있다.

스마트미디어를 통한 커뮤니케이션은 스마트미디어를 활용하는 사용자들 간에 관심과 친분을 기반으로 한 신뢰관계와 몰입(engagement)을 형성하고, 언제 어디서나 쉽고 빠르게 정보를 전달한다는 점, 저렴한 비용으로 활용할 수 있다는 점, 다양한 매체를 동시에 활용할 수 있다는 점 등으로 인해 기업의 커뮤니케이션 도구로 매우 유용하게 활용되고 있다.

ABI리서치는 스마트미디어를 이용한 위치기반 광고 시장은 2015년까지 1.5억 달러까지 성장할 것으로 전망하였으며 향후 스마트미디어의 지속적인 성장은 LBS(위치기반서비스) 기능과 SNS(소셜네트워크) 서비스, 소셜커머스 등이 결합되어 다양한 형태의 지역기반, 위치기반광고 비즈니스와 서비스를 제공할 것이라고 전망하였다.

스마트미디어 시대의 도래는 지난 15년 동안 일컬어 온 Ad2.0 시대를 전혀 다른 Ad3.0 광고시대로 이끌게 된다는 점을 예고하고 있다. 최근 일련의 스마트화 과정을 짚어 보다 보면 이제까지 정보를 담당하던 미디어 플랫폼들의 역할이 축소되고 트위터, 블로그 등 소셜미디어라고 불리는 개인미디어(personal media)가 보다 빠르고 간편하게 정보를 공유하고 전파하는데 매우 중요한 역할을 담당하고 있음을 알 수 있다.

한편 스마트미디어를 통한 마케팅 커뮤니케이션 과정에서는 커뮤니티를 활용한 광고, 바이럴 마케팅을 활용하는 커뮤니케이션 활동 등이 보다 적극적으로 활용하여야 한다. 또한 파워블로그, 위치기반서비스(LBS), QR코드(quick response curve), 추천광고(Referralad), 스마트미디어의 사용을 촉진하는 어플리케이션 등이 종합적으로 검토되어야 한다. 이와 같은 상황에서 스마트미디어의 확산 및 발전 정도에 따라 변화하는 기존 광고미디어의 가치와 역할을 진단하고 이를 기반으로 기존 광고미디어 플랫폼과 병행하여 이루어지는 스마트미디어 마케팅 커뮤니케이션의 효과적인 추진방향을 검토해 보아야 한다. 아래 그림은 향후 미디어 환경 속성변화와 마케팅커뮤니케이션 변화 방향에 대한 대략적인 방향성을 정리하여 제시하였다.

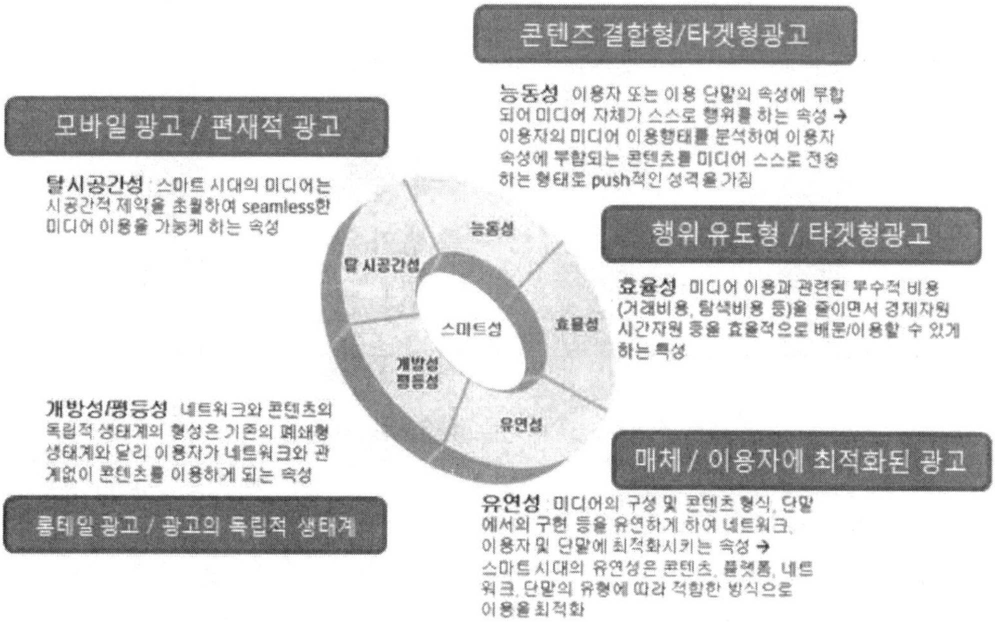

〈그림〉 미디어 환경 속성변화와 마케팅 커뮤니케이션 변화 방향

2) 미래 마케팅 커뮤니케이션의 전망2

미디어 환경 변화에 따라 불특정 다수에 대한 노출을 기반으로 하는 기존 소수 전통 매체는 다매체 · 다채널 미디어, 더 나아가서 쌍방향 커뮤니케이션 광고 수단을 이용할 수 있는 스마트 미디어로 이행하고 이에 따라 광고환경이 급격히 변화하고 있다. 또한 광고와 커머스가 융합된 하이브리드형 광고의 확산 현상이 기업의 마케팅 및 광고, PR 활동에 미치는 영향을 분석하고 광고주 관점에서 환경 변화를 예측할 필요성이 제기된다. 또한 다매체 환경이 보편화됨에 따라 광고시장을 대상으로 미디어 시장경쟁이 발생하고 있으며 스마트 미디어가 도입됨에 따라 광고시장 생태계의 변화가 예상된다. 특히 이러한 변화 속에서 마케팅 커뮤니케이션 산업에 대한 전체광고비 상승이 매체간의 영역경쟁으로 인해 각 매체사나 광고 대행사는 더욱 운영에 어려움을 겪는 것이 현실이다. 이러한 흐름 속에서 대형광고 대행사를 필두로 '광고'라는 영역을 버리고 컨설팅이나 솔루션 회사로 변화를 꾀하고 있는 실정이다.

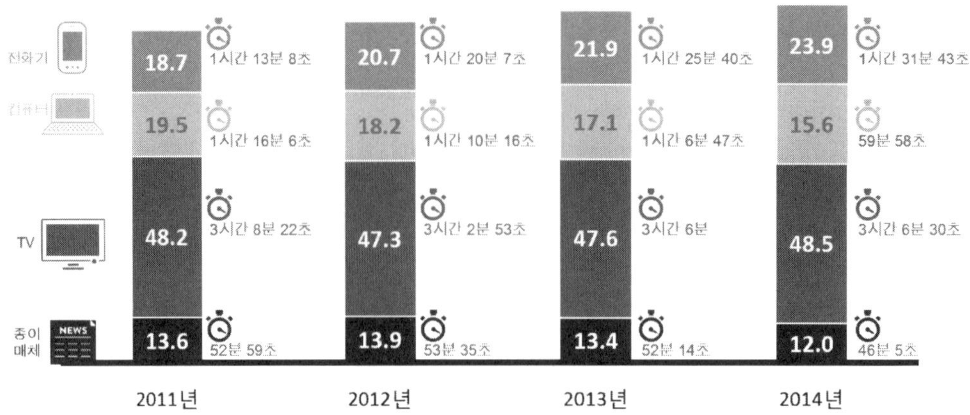

〈그림〉 이용자의 미디어 이용행태 변화

이러한 변화는 미디어 기술의 발달로 1인 미디어가 확산되면서 미디어 이용행태의 개인화가 심화되고 있는데, MP3, DMB, 와이브로 등의 1인 미디어를 통해 이용자들은 언제 어디서나 자신이 원하는 멀티미디어 콘텐츠를 이용할 수 있게 됨으로써 개인화된 미디어 문화가 형성되고 있다. 모바일 미디어의 발전에 따라 모호해진 공적 공간과 사적 공간을 넘나 들면서 미디어 이용이 가능해짐에 따라 미디어 이용의 개인화는 더욱 심화되었다. 특히, 스마트폰과 같은 이동형 미디어를 중심으로 미디어 이용시간의 분절화가 발생하고 있다. 같은 공간 확장의 이동형 미디어들은 대형화면의 고정형 TV에 비해 이용 시간 이 분절화 되는 경향을 보이는데 특히 스마트 환경에서는 어플리케이션 또는 콘텐츠 단위의 미디어 방송 이용이 증가함에 따라 분절화 경향은 심화 될 전망이다. 이러한 결과로 인해서 미디어 수용자들의 멀티플랫포밍 행위는 더욱 강화될 것으로 보인다.

결과적으로 융합시대 소비자들의 미디어 이용 행위는 하나의 미디어 이용에 국한되지 않고 다른 미디어와의 복합적 이용을 추구하게 되었다. 소비자들은 다양한 미디어를 이용하면서 각각의 미디어를 동시에 또는 시차를 두고 넘나들면서 이용하는 등 복합적인 이용행태를 보이고 있는 것이다. 방송에 있어서 멀티플랫포밍의 확산은 OSMU로 나타나며 망 중립적인 콘텐츠기반 경쟁으로 방송시장의 경쟁이 나타나게 될 요인으로 작용하며 콘텐츠 경쟁력을 보유한 사업자에게 유리한 현상이 되어가고 있다.

이러한 흐름은 미디어 융합에 따른 효율성과 능동성, 탈 시공간성으로 인해 가능해지는 것이며, 광고 시장은 비용대비 효과가 낮은 전통적 Mass형식의 일방 노출 중심 시장에서 검색 중심의 인터넷 기반 광고 시장으로 최근 스마트미디어 중심의 스마트 광고시장으로 변화하게 만들고 있다.

결국 기존의 Mass형 광고는 주 TV 시청시간대에 주 시청 계층 대상을 중심으로 광고를 집행하거나 신문의 주요 구독자들을 대상으로 취향이나 라이프스타일에 대한 고려 없이 광고가 집행되었다. 이에 따라 광고가 매체별로 분화되는 현상(TV 및 신문광고는 30대 이상의 장년층, 인터넷은 10~20대의 청년층을 대상으로 함)을 보였으며 광고품목 역시 분화되는 현상을 보였다. 스마트 환경에서는 이용자 개인에게 특화된 또는 타겟팅된 광고가 주로 집행될 것이기 때문에 마케팅 커뮤니케이션 타겟의 다양화가 예상된다.

〈표〉 최근 5년 이내 WPP와 Publicis의 합병 인수(2010년 기준, 단위: 백만 달러)

인수기업	인수대상기업	인수시점	규모	사업분야	비고
Publicis	Razorfish	2009년	530	디지털 마케팅 에이전시	디지털 마케팅 분야 및 E-commerce 강화
	Performics	2008년	53	더블클릭의 온라인 마케팅 서비스 공급자	검색능력 강화
	Digitas	2007년	1,323	디지털 마케팅 에이전시	디지털 마케팅 분야 강화
WPP	TNS	2008년	2,125	시장조사기관	시장조사 능력 확보를 통해 시너지 효과 기대
	24/7 Real Media Inc.	2007년	649	행동타케팅, 플랫폼 통합, 검색 경매 등	미디어 바잉 능력 제고를 위한 기술력 증대

(출처: ING Research: Datastream: 2010 해외 콘텐츠시장 조사 재인용)

변화에 대한 증거로 해외 디지털마케팅 분야 합병과 인수 상황을 살펴보면 2010년 기준으로 최근 5년 이내 WPP와 퍼블리시스의 인수는 디지털 관련 기술을 보유했거나 관련 시장에서 지배력을 가지고 있는 업체를 대상으로 공격적으로 이루어졌다.

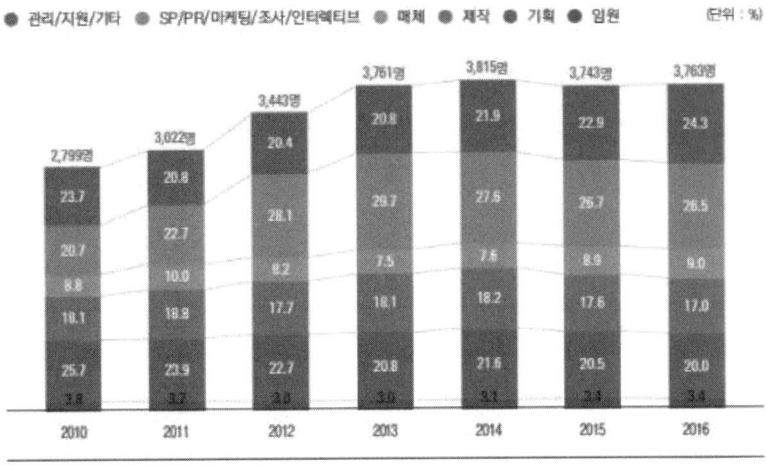

* 10대 광고회사 중 오리콤 인원 현황은 제외됨

〈그림〉 브랜디드 콘텐츠 외주 회사 비율

광고정보센터 매거진 조사 자료에 따르면, 브랜디드 콘텐츠의 외주제작사 형태와 관련, 두 가지 특징을 발견할 수 있다. 먼저 전통적인 광고 제작의 비율이 줄어든 반면, PR 및 마케팅 회사의 비율이 증가한 것을 알 수 있다. 두 번째로 인터랙티브에 대한 조사와 지원관리가 지속적으로 나타나고 있다. 이는, 디지털 미디어 플랫폼의 기술 혁신과 다변화에 맞추어 브랜디드 콘텐츠 전략이 진화하고 있음을 예상할 수 있다.

커뮤니케이션 산업에서의 합병과 인수 현황 그리고 각 기업의 연간 보고서를 통해 나타난 경영전략의 주요 이슈는 디지털 미디어 생태계에 맞춘 기업들의 노력이다. 기업마다 방식은 조금씩 다르지만, 최종 목표는 자사의 경쟁력 확보를 위해 디지털 미디어 생태계를 정확히 이해하기 위한 노력을 하는 것이다. 경쟁력 확보를 위한 가장 기본 전략으로는 디지털 미디어와 관련된 기술력이 있는 회사들을 인수하거나 업무를 제휴하는 것이다. 구체적으로 디지털 미디어 및 소비자 행동 패턴 등에 대한 보다 정확한 이해를 돕기 위해 미디어랩을 신설하거나 기존 조직들을 통합하여 서비스의 질을 높이려는 노력을 하고 있다.

예를 들어, 빅데이터를 바탕으로 한 타겟 오디언스에 대한 정확한 마케팅 전략을 실행하기 위해 데이터베이스 운영에 대한 투자를 늘리고 관련 회사를 인수하거나 업무 제휴를 맺는 것이다. 또는, 개인 미디어의 발달과 더불어 고객사에 대한 소비자의 인게이지먼트를 향상하기 위한 콘텐츠 생성, 배포 등에 관한 광고 마케팅 전략에도 관심이 증가하고 있다. 이를 정리하면 아래 제시된 그림처럼 소비자의 능동성을 유도하는 콘텐츠 결합형 타겟형 마케팅커뮤니케이션 전략과 더불어 매체 이용자에게 최적화되고, 행위 유도형 마케팅 커뮤니케이션을 위한 조직의 형태로 변화되어야 하며, 이를 위한 기업운영 방식의 전환이 필요한 시기이다.

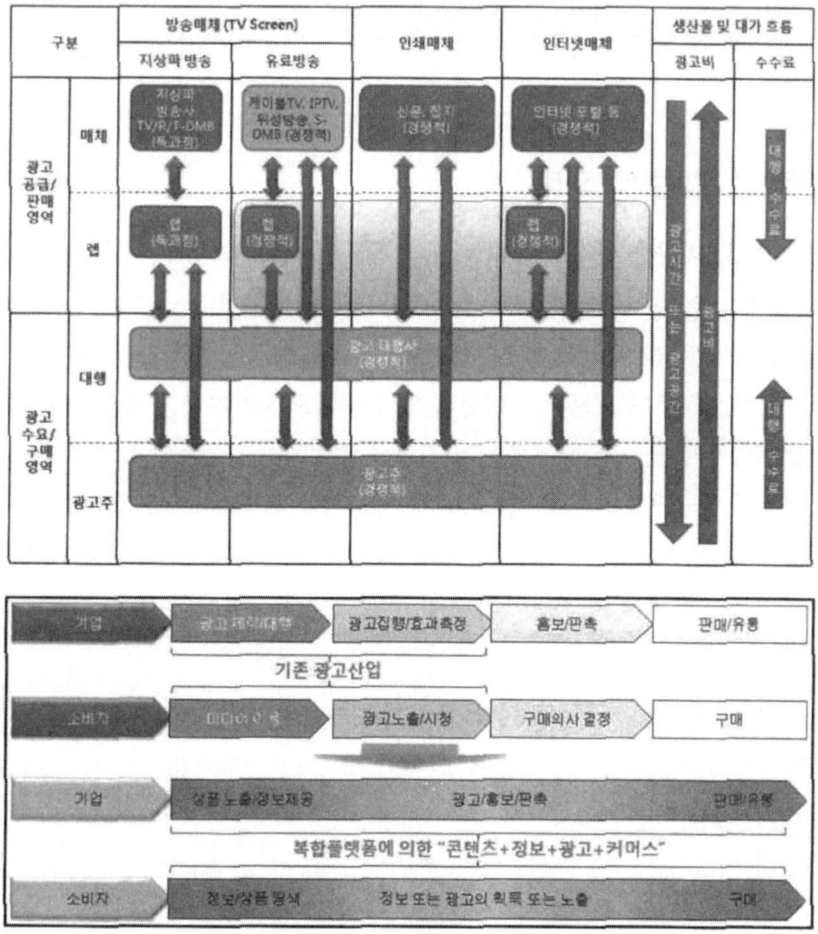

〈그림〉 미디어변화와 그에 따른 마케팅 커뮤니케이션 시장변화

2 소비자가 결합한 O2O 콘텐츠 진화

1) 인터랙티브 콘텐츠의 의미

기술의 발전은 다양하고 새로운 미디어의 등장을 가속화하였고, 사용자들은 미디어를 통해서 커뮤니케이션을 하게 되었다. 최근에는 다양한 모바일 서비스와 SNS 미디어의 확산으로미디어의 변화가 가속화되었다. 이를 통해 사용자들은 공간에 설치되어있는 미디어와 커뮤니케이션을 하게 되었으며, 커뮤니케이션 방법 중에서도 사용자들은 직접적인 조작을 통해 체험하여 참여의 가치를 즐길 수 있게 되었다. 이와 같이 디지털 기술의 발전은 미디어 환경속에서 사용자에게 양방향커뮤니케이션을 할 수 있는 인터랙티브매체로 확장되고 있다. 이에 따라 체험을 할 수 있는 공간에서 디지털 인터랙티브 미디어가 제공하는 콘텐츠 역시 사용자와 상호작용이 가능하게 하여 사용자와 사용자의 흥미를 유발하여 참여할 수 있는 형태로 변화하고 있다.

이제는 보는 광고에서 하는 광고로 변화하기 시작한 것이다. 즉, 소비자의 상호작용성이 중요해진 것이다. 다양한 뉴미디어의 등장은 기존의 미디어매체를 대체하는 형식이 아닌 상호보완적인 형태를 지니며 소비자의 적극적인 참여를 더욱 강화한 것이다. 온라인, 오프라인 할 것 없이 미디어가 서로 상호 협력하며, 광고 속 내용이 한가지의 버전에 머무르는 것이 아닌 여러 과정에 맞춰 스토리가 전개된다. 또한 소비자의 반응에 따라 광고 내용이 수정되기도 하는 등 상호작용한다. 이것이 바로 인터랙티브이다.

다시 말해 이제 TV, 라디오로 방영되는 프로그램도 이용자가 전체 줄거리를 선택하고 결말을 결정할 수 있는 시대가 되고 있다는 것이다. 이른바 인터랙티브(interactive) 콘텐츠의 등장으로 미디어 콘텐츠 이용자들은 가만히 앉아 자신이 원하는 내용을 선택하고 이를 통해 콘텐츠의 전체 스토리를 마음대로 바꿀 수 있게 된 것이다. 그야말로 인터넷 네트워크와 스마트 기기의 힘이 결합된 콘텐츠 혁명이 일어나고 있다.

이와 같은 인터랙티브는 4차 산업혁명의 기술 동향에 따라 진화되어왔으며 인공지능의 개념이 빠질 수 없다. 콘텐츠 분야에서 이러한 인공지능은 인간의 기획 · 창조력을 향상시켜 누구나 참여 가능한 콘텐츠 기획을 가능하도록 지원해주는 기술이다. 경제적이고 효율적으로 콘텐츠 제작이 가능할 뿐만 아니라 철저한 유통검열 능력을 향상시킴으로써 안전하고 투명한 콘텐츠가 유통가능하다. SNS를 통한 콘텐츠의 생산과 소비를 용이하게 하는 큐레이션 서비스의 확대 또한 이러한 변화의 연장선으로 볼 수 있다. 인공지능 기술은 사물인터넷, 빅데이터,

클라우드 컴퓨팅 등의 기술과 융·복합을 통해 발전하고 있다.

인터랙티브 콘텐츠에 관한 예로 넷플릭스를 살펴볼 수 있다. 넷플릭스는 빅데이터를 활용한 추천 알고리즘으로 가장 효율적이고 혁신적인 사례라고 볼 수 있다. 이는 머신러닝을 활용하여 소비자에게 가장 효율적이고 욕구를 충족시킬만한 영상을 추천하여 제공하였으며. 이를 통해 학습된 인공지능은 현재 방대한 양의 데이터를 보유하여 소비자 취향분석과 추천시스템을 갖춘 성공적인 모델이라고 볼 수 있다. 또한 넷플릭스는 여기에서 그치는 것이 아닌 인터랙티브 콘텐츠 분야에서도 가장 먼저 이슈를 선점하였다. 넷플릭스는 2016년 6월 <장화 신은 고양이>와 <어쩌면 봉투>를 아이들을 대상으로 콘텐츠를 제작하였다. <장화 신은 고양이>를 살펴보면 전체 스토리의 각 장면마다 이용자가 스토리를 선택하도록 구성하였다. 이는 전체 스토리의 플롯을 이용자가 구성하는 것으로 이용자의 선택에 따라 스토리가 짧게는 18분 길게는 39분이나 걸리도록 구성하였다. 이를 통해 소비자들은 직접 콘텐츠에 참여하게 됨으로써 통제성, 반응성, 개인화, 실재감의 욕구를 충족하게 된 사례라고 볼 수 있다.

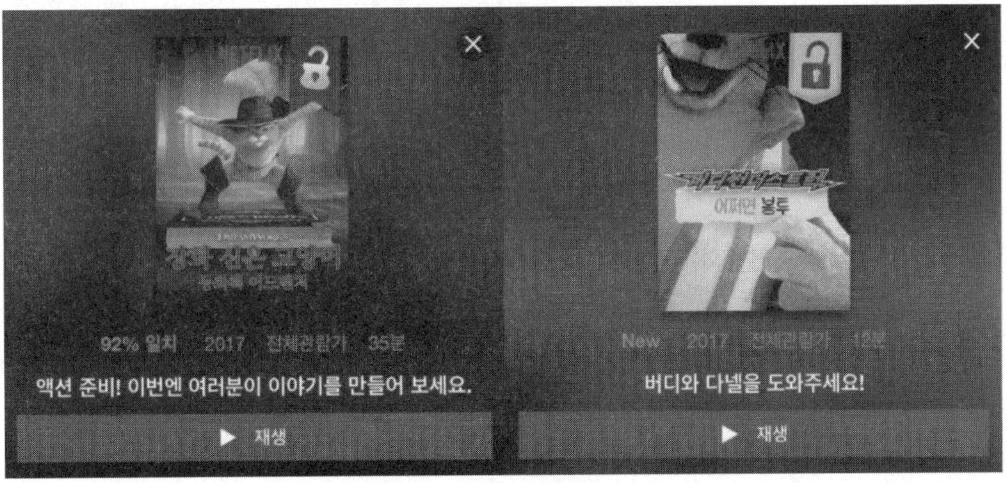

〈그림〉 넷플릭스 '장화신은 고양이', '어쩌면 봉투' 인터랙티브 콘텐츠

이처럼 빅데이터를 기반으로 한 추천 알고리즘은 적은 콘텐츠를 효율적으로 사용할 수 있는 광고효과로 실무자 입장에서도 잠재 고객에게 더 잘 도달할 수 있다는 점에서 의미가 있는 것이다. 가상 공가에서 가상의 인물과 서로 상호작용하는 광고 유형 등 미디어와 미디어가 서로 연결되고 광고 내용을 소비자가 직접 완성함으로써 그 의미가 더욱 부각되는 것이다. 즉, 수동적으로 보았던 콘텐츠에서 소비자 스스로가 찾고 즐기는 문화예술 콘텐츠가 되었다.

인터랙티브 콘텐츠의 등장으로 인해 드디어 콘텐츠의 내용에 이용자가 직접 개입하고 전체적인 스토리나 플롯의 구성에도 관여하는 진정한 형태의 양방향 미디어가 확산되기 시작한 것이다. 이용자가 원하는 콘텐츠를 얼마나 빠르고 정확하게 제공하느냐는 콘텐츠를 제공하는 기업들에게 중요한 요소가 되었다. 그 연장선상에서는 이용자의 적극적인 참여로 완성되는 인터랙티브 콘텐츠가 향후 활발한 개발이 이루어질 것으로 예상된다.

2) 인터랙티브 콘텐츠의 목적

소비자들에게 있어서 공감은 중요한 요소이다. 광고를 보면서 소비자들은 공감을 형성한다. 이전의 광고는 경제적 정보를 제공하는 것에 목적을 두었다면 최근 광고는 '사회친화적'인 욕구를 충족하는데 중점을 둔 광고의 형태를 띄고 있는 것을 확인할 수 있다. 소비자와 광고 소비자와 광고 속 모델의 관계를 단순히 정보원의 형태로 보는 것이 아니라 심리적 인간관계를 형성하는 것이라고 볼 수 있다. 이는 광고를 보는 소비자와 콘텐츠 간의 관계 중심적인 현상인 공감 경험이 발생하는 것을 의미한다. 이론적으로 공감은 정서의 친숙성과 유쾌함의 정도에 따라 달라진다. 소비자들은 더욱 친근하고 유쾌한 정서를 느낄수록 긍정적인 감정을 느낄 가능성이 크다. 이러한 긍정적인 감정은 정서적 공감 형성을 도모하며, 이를 형성하게 되었을 경우 공유와 경험을 하게 되는 것이다.

(1) 인터랙티브 콘텐츠의 목적-공유성

오프라인 플랫폼을 통해 공유해 자생적으로 확산시켜 나가면서 소비자-소비자, 소비자-기업 등 다각적이고 보다 진화한 인터랙티브 커뮤니케이션을 유도하는 것이 특징이다. 과거의 단순히 보고, 들으며 즐기던 콘텐츠 소비가 소비자들이 직접 참여해 '함께 만들고', '함께 노는' 형태로 변화하고 있으며, 기업들은 이를 반영해 소비자가 함께 즐길 수 있는 '놀이의 장'을 마련하기 위해 발 빠르게 움직이고 있다. 이러한 플랫폼의 핵심은 소비자의 공감 경험이다. 공감 경험은 크게 두 과정을 통해 나타날 수 있다. 인지적 공감으로 우리는 타인의 입장에서 타인이 처한 상황을 이해하고 타인의 역할을 취해보며 공유되는 것을 말한다. 즉, 타인이 느끼는 정서가 어떤 사건으로부터 발생했는지의 그 상황, 원인에 대한 정보는 사람들의 인지적 공감 과정을 도우므로, 광고에 모델이 느끼는 정서의 원인이 제시되는지는 광고를 보는 동안 소비자가 경험하게 되는 인지적 공감 경험에 영향을 줄 것이다. 예를 들어, 최근 박카스는 '수능', '육아', '재수', '직장생활' 등, 일상생활에서 일반 소비자들이 경험하는 고된 일들을 광고를 통해 보여주었다. 그런 힘든 일상 속에서 박카스 한 잔으로 피로를 풀고, 다시 다음 하루를 준비하는 우리의 모습 그대로를 보여줌으로서 모델이 가진 상황을 이해하여 공감을 이끌어낸 사례라고 할 수 있다.

〈그림〉 박카스 광고

다른 두 번째로는 정서적 공감이 있다. 이는 타인의 정서표현을 그대로 모방하는 과정을 통해 타인과 같은 감정을 느끼는 경우를 의미한다. 공감을 인지적인 과정만을 통해서가 아닌 비인지적인 상황에서 타인의 목소리, 자세, 움직임, 표정 등을 모방하는 과정을 통해서 공감을 이끌어낸다는 것이다. 이러한 특성에 따라 실제 광고에서도 특정 정서를 표현하기 위해 가장 많이 사용되는 것이 모델의 얼굴표정이다. 즉, 모델의 정서가 표현된 얼굴표정이 정서적 공감을 일으키는 대표적인 광고요소라 할 수 있을 것이다. 예를 들어, 라면 광고를 볼 수 있다. 광고모델이 라면을 먹는 행위를 보는 순간 나도 모르게 라면을 먹고 싶다는 생각이 들어 반사적으로 생체 반응이 일어나는 공감의 형태라고 볼 수 있다.

〈그림〉 짜파게티 광고

(2) 인터랙티브 콘텐츠의 목적 - 경험

공감성 외에 소비자들에게 긍정적인 경험을 제공하는 것 또한 중요한 요소이다. 이러한 경험을 제공하는 요소로는 유희성, 상징성, 공유성, 유익성이 있다. 소비자들의 목적이 쾌락적이냐 혹은 실용적이냐 따라 다른 경험을 가지게 된다. 실용적인 경험을 추구하는 소비자들은 유희성을 제외한 요소에 큰 영향을 받을 것이고 쾌락적인 경험을 중요시하는 소비자의 경우 유희성을 가장 중요한 요소로 생각할 것이다. 또한 긍정적인 경험은 재경험의도를 제공한다는 연구들도 있다. 이처럼 소비자에게 있어서 광고의 경험은 정서적 반응의 가장 중요한 요인이라고 볼 수 있다. 예를 들어 리복, 지하철 펌프 대결을 하는 사례를 볼 수 있다. 스포츠 브랜드 리복은 지하철 스크린도어를 활용한 흥미로운 인터랙티브 디지털 광고를 만들어 냈다. 지하철 펌프대결이라는 콘텐츠로 대한민국 직장인의 74%가 운동 부족이라는 점과 그런 직장인들의 이동수단이 지하철이라는 점에서 착안했다. 지하철을 기다리는 사람들은 이를 통해 반대편에서 지하철을 기다리는 사람과 대결을 하게 된다. 이처럼 게임이라는 오락성과 리복의 브랜드 스토리텔링을 제공함으로써 긍정적인 경험을 제공한 사례라고 볼 수 있다.

〈그림〉 리복, 지하철 펌프 대결(Subway Pump Battle)

이처럼 인터액티브 콘텐츠에 있어서 공유와 경험이 중요한 요소로 나타나고 있따. 이는 양방향적이고 개인화된 특성을 이용해 소비자의 공감을 얻고 경험을 창출한다는 것을 의미하는 것이다. 앞으로의 인터랙티브 콘텐츠에 있어서 앞서 말한 두가지 요소는 필수로 작용될 것으로 보인다.

3) 미래 인터랙티브 콘텐츠 전망

최근 각광받고 우리생활을 변화시킬 것으로 기대하고 있는 기술 중에 '증강현실(Augmented Reality, AR)'이나 '가상현실(Virtual Reality, VR)'기술이 화재가 되고 있다. 여기서 더 나아가 현실 세계와 가상세계 정보를 결합해 두 세계를 융합시키는 공간을 만들어내는 기술을 '혼합현실(MR)'이라고 한다. 혼합현실(MR)은 현실 세계와 가상세계의 정보를 결합한 것이 특징이다. 최근에 이러한 일련의 융합들은 인간이 신체적 한계를 넘어서서 세계를 탐구하고자 하는 부분과 다시 현실에서 초월적 경험을 느끼고자 하는 욕망이 구현된 과정이라고 볼 수 있다. 이러한 큰 변화의 흐름 속에서 사람들이 가상공간 안에서 관계를 맺는 것은 더욱 확장되었다. 최근 이용자의 성격과 특성은 SNS를 통한 가상공간 안에서 활동이 읽기와 보기에서 더 나아가 정보를 확산하는 등의 행동을 하는 수준으로 변화하였다.

이는 인터넷 안에서 형성된 놀이 공간을 의미하고 그들은 가상현실에서 다른 사람들과 상호작용하면서 실재감을 경험한다. 즉, 개인적 자아가 공적으로 표현되는 공간으로 정보의 확산을 통해 소비자 간의 커뮤니케이션을 이루고 자발적으로 확산되는 구조를 가지는 공간인 것이다. 그러나 이러한 가상세계는 온라인에서만 이루어지는 것이 아니라 오프라인의 경험을 통해 온라인으로 유입되는 것이다. 예를 들어 오프라인에서 이루어진 경험을 사진을 찍거나 글을 써서 올리는 행위 등을 통해 온라인에 자신만의 공간스토리텔링을 생성하는 것이다. 또한 이들은 이것을 공유하는 행위를 함으로써 실제공간은 브랜드 이미지를 구축하고 자유로운 공유가 확산됨으로써 그 공간은 정체성을 확립할 수 있는 것이다. 다시 말해 온라인의 활동들은 현실세계인 오프라인 공간과 유기적으로 연결되어있으며 확산이 이루어지는 형태라는 것이다. 온라인에서 형성되는 생성 및 공유를 허용함으로서 모바일 스마트폰을 통해 촉발된 비개방적 영역에서 공공적 영역으로 확산을 유도하고 이러한 확산으로 인해 개인의 경험과 서비스의 경계가 모호해진 것이다. 즉, 경험 소비에 있어서 일상화된 가상성과 물리성의 혼재를 초래한 것이다. 특별한 경험을 부여함으로써 공간과 사용자는 관계를 맺고 의미를 형성하기 위해 다양한 모바일 기기를 통해 확산을 이루는 것이다.

혼합현실은 디지털 공간의 사용자 공감 또는 반응 요소를 현실공간에 인출하는 디지털과 물리적 공간의 연결을 이끌어 내는 것을 의미한다. 여기서 소비자들이 느끼게 되는 것이 바로 프레즌스(Presence)이다. 이것의 사전적 정의는 존재, 현존, 실재 등을 뜻한다. 프레즌스(Presence)는 가상공간에서 일어나는 심리적 반응이나 상태를 말하는 것으로 수용자가 매체를 통한 경험을 마치 실제로 경험하는 것처럼 지각하는 현상을 말한다.

미디어와 관련한 프레즌스의 연구에서는 미디어 소비과정에서 사용자의 경험, 즉, 미디어의 매개를 망각하고 매개된 내용을 실재라고 지각하는 경험인 것이다. 따라서 디지털을 활용한 공간에서 매체와 사용자의 상호작용은 소비자의 심리적 경험을 자극하는 것으로 사용자의 경험과 몰입을 줄 것이다.

최근 다양한 모바일 기기의 발전에 따라 사람들은 소셜미디어를 통해 네트워크를 형성하게 되었고 그들은 SNS와 같은 네트워크 서비스나 소셜미디어를 통해 타인과 함께 존재함을 느끼며, 이렇게 인식된 타인과 상호의존적인 언어, 비언어 및 행동들을 주고받으며 마음속의 사회적 공간을 형성하고 그 안에서 활동하게 된 것이다. 즉, 소비자들이 네트워크 공간 안에서 공존을 하게 되었으며 타인과 함께 존재하고 있다는 경험을 할 수 있게 된 것이다. 그리고 이러한 공존의 느낌이 있을 때 비로소 소통이 가능해진다. 다른 사람의 존재를 인식하고 함께임을 느끼며 소통한 후 공감이 이루어질 때 비로소 소통되었다고 할 수 있다. 이에 대한 이해를 돕기 위해 아래 사례를 통해 설명하겠다.

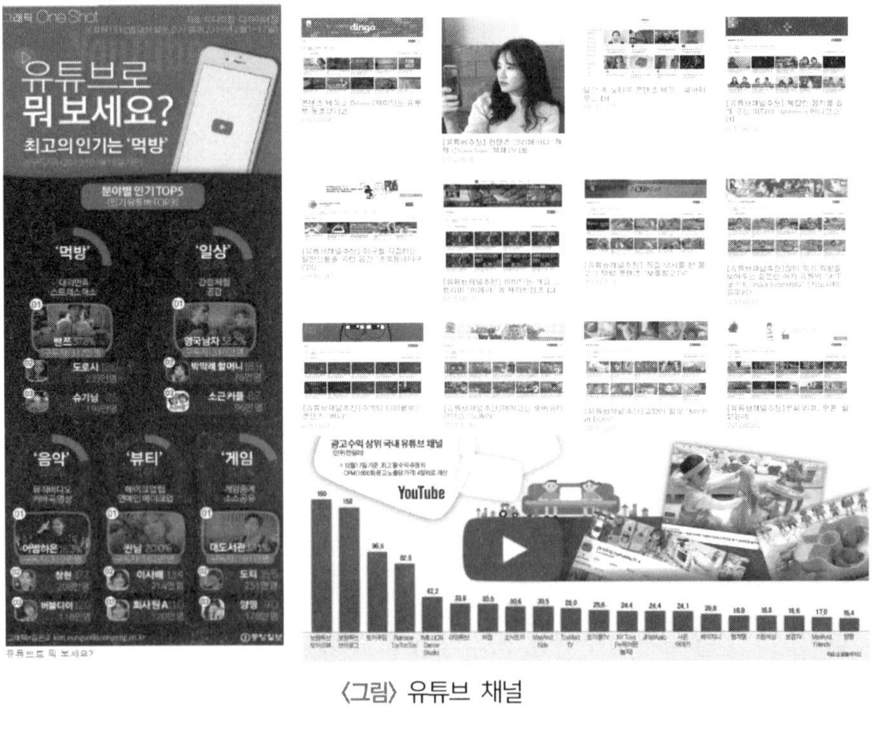

〈그림〉 유튜브 채널

미디어 내에서 프레즌스를 경험하는 것의 예로 유튜브 채널을 볼 수 있다. 다양한 유형의 콘텐츠를 보유하고 유튜브 플랫폼은 소비자가 원하는 콘텐츠를 능동적으로 선택하여 시청하는 것으로 상호작용성이 뛰어난 사례이다. 이것은 다른 사람과 네트워크로 연결되어있어 마치 1인 미디어 창작자인 인플루언서와 상호작용을 하고 있다는 감성을 느끼도록 도우며 간접적으로 그들과 같은 공간에 있다는 간접경험을 제공한다. 뿐만 아니라 자신이 관심 있는 콘텐츠를 소비함으써 나를 대변하는 역할로서 수행하는 형태라고 볼 수 있다. 예를 들어 소비자가 여행에 관심이 있을 경우 여행과 관련된 콘텐츠를 시청함으로써 다음에 접속하였을 경우 연관 콘텐츠들이 정보를 주기 위해 구성될 것이다. 이것은 소비자의 이용행태를 분석하여 그들에게 맞는 정보콘텐츠를 제공하는 연결성을 통해 이용 편의성을 제공할 수 있을 것이다.

인터넷을 기반으로 형성된 가상공간은 기술의 발전과 디지털 기기의 다양화를 통해 빠르게 확산되고 있다. 인터넷을 기반으로 한 가상 공간 속에서 소비자들은 다양한 역할을 부여받게 된다. 온라인에서 역할의 특징은 한가지 역할에 고정되어 있지 않고 소비자들이 상황과환경에 따라 다른 역할로 이동할 수 있다는 점이다. 이러한 역할을 수행하는 사례중 팬덤을 사례로 볼 수 있다. 그들은 연예인과 네트워크를 통해 상호작용하며 프레즌스를 극적으로 느끼는 경우라고 볼 수 있다. 또한 이들은 기존 세대 오빠 부대, 2세대 온라인 커뮤니티가 특징이었던 팬덤 문화가 3세대에 이르러 SNS 계정을 팔로우하며 스타와 소통하더니, 이제 4세대에 진입했다. 팬덤 4.0 시대의 팬들은 단순한 추종자 입장에서 제품을 구매하고 향유하는 양태에서 벗어나, 새로운 문화 창조자가 돼 기업과 적극적으로 소통한다. 다시 말해 자발적으로 형성된 팬은 해당 브랜드의 홍보 · 마케팅 활동은 물론, 제품 · 서비스 개발에까지 관여하며 진화하는 추세다. 단순한 추종자 수준을 넘어 새로운 '콘텐츠 생산자'이자 '문화 창조자'로서 트렌드를 주도하는 형태로 변화하게 된 것이다. 이러한 팬덤은 연예인만을 의미하는 것을 넘어 다양한 브랜드나 제품의 팬들이 자발적으로 콘텐츠를 제작하는 형태도 가능하다. 예를 들어 국내의 팬클럽을 확보하고 있는 배달의민족은 최근 자체 브랜드 '배민문방구' 신제품 개발을 팬과 함께 했다. 기업과 소비자들이 네트워크를 형성하고 있으며. 자발적으로 2016년 스스로 '배짱이(배민을 짱 좋아하는 이들의 모임)'라는 이름의 팬클럽을 결성해 활동 중이다. 이에 따라 배짱이들은 배민문방구의 여행용캐리어에는 '짐캐리', 지우개엔 '흑역사를 지우개', 포크숟가락은 '찍먹'이라는 기발한 이름을 붙여 제안했다. 기업에서는 이러한 아이디어를 받아들여 제품으로 제작하였다. 즉 과거에는 '입소문 마케팅'에 머물렀던 팬심이 이제는 자발적 마케팅으로 확장되고 있는 것이다.

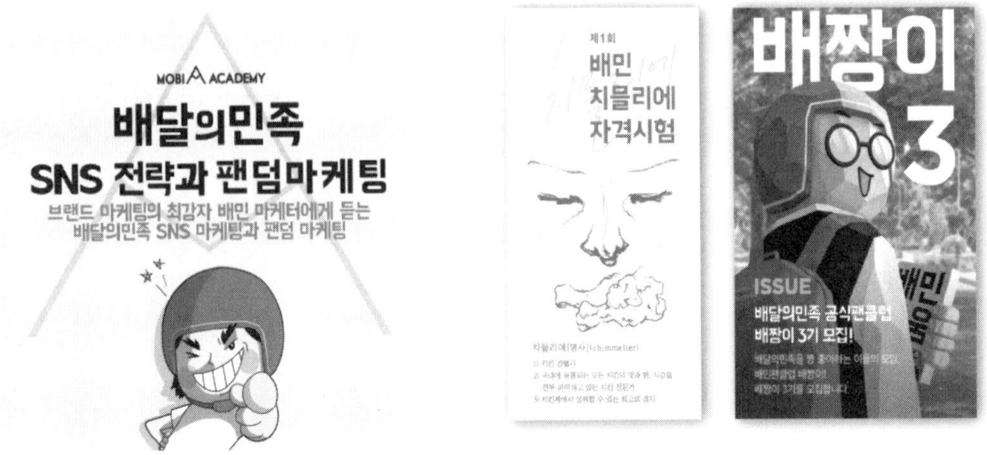

〈그림〉 배달의 민족 '배짱이'

이처럼 팬으로 불리며 이들 브랜드를 열성적으로 지지하는 소비자들의 공통점은 자발성이다. 스스로 재미를 느끼며 마치 놀이하듯 브랜드를 즐긴다. 기업 입장에선 마케팅 효과를 극대화하면서도 충성도 높은 고객을 결집시키는 효과를 기대할 수 있다. 소셜미디어 시대에 접어들어 많은 기업들이 팬덤 만들기에 주목하는 이유다.

〈그림〉 틱톡(TicTok)

이 외에 네트워크 연결성을 활용하여 하나의 놀이문화를 만든 사례로 틱톡을 볼 수 있다. 이것은 중국업체가 만든 콘텐츠로 최근 10억 명의 유저를 보유하고 있으며 이는 15초의 짧은 동영상을 공유하는 플랫폼이다. 틱톡은 15초짜리 즉흥적인 영상으로 반복 시청할 수 있고 내가 만든 영상을 페이스북이나 카카오톡 등 다른 SNS로 공유할 수 있으며, 앱 내에서 댓글로 소통하고 하트를 눌러 '호감'을 표시할 수 있다. 1020세대를 타겟으로 한 플랫폼으로, 자신을 표현하는 데 익숙한 10대들은 이러한 플랫폼을 활용하여 자신을 표현하고 그들의 관심사를 놀이문화로 공유하는 것이다. 다시 말해 틱톡에서는 그들이 15초의 콘텐츠를 제작하고 그들만의 문화를 만들어서 서로 참여하고 서로 따라 하면서 놀이문화를 만들어 나간 사례라고 볼 수 있다. 참여자의 역할을 수행함으로써 전 세계 사람들이 하나의 콘텐츠를 통해 네트워크를 형성한 사례라고 볼 수 있다.

맺음말

〈그림〉 방탄소년단 사례

변화한 소비자들은 이제 공감적 설득을 원한다. 우리의 일상을 돌아보자 우리는 끊임없이 미디어를 통해 이야기를 듣고 싶어 하고 이야기가 만들어 내는 세계속에서 자신을 탐닉하고 있다. 우리가 만나는 소비자들은 제품이나 서비스가 주는 영감와 아이디어에 열광한다. 그리고 그러한 흐름은 개인에서 그치지 않고 집단지성을 만들어내고 증폭화 시킨다. 우리는 기존의 지식과 정보를 가지고 제품의 형태로 전환하여 선택받기를 원해왔고 어느 정도 성공을 거두었다. 그러나 이제는 변화를 직시해야 한다. 기존의 지식과 정보를 입체화하고 하나의 공감적 스토리를 가진 콘텐츠를 만들어야만 커뮤니티를 만들고 CONSUMER PARTY라는 현상이 일어나게 된다. 앞서 제시한 방탄소년단의 사례를 보면 콘텐츠를 통한 접근이 얼마나 중요하며, 언어 문화의 할인효과를 극복하는 방식 등 그들의 일상적인 활동과 콘텐츠들이 일종의 혁명적 결과물을 만들어내는 것을 볼 수 있다. 앞으로의 변화에 대해서 두려워할 것도 호들갑 떨일도 아니다. 앞으로 펼쳐지는 4차 산업혁명의 시대에서 소비자에게 접근하는 방식을 다시 재구성하는 생각의 전환이 필요할 것이다. 공감할 수 있는 이야기와 정서 - 경험을 연결하는 고리에 대해서 깊이 고민하는 사람이 되어야만 한다. 그것이 핵심이다.

참고문헌

CHAPTER 1

J.F. Engel, R.D. Blackwell(1982), Consumer Behavior, 4rd ed" Illinois* The Dryden Press, p.189

Lazer W.(1963), "Life Style Concepts and Marketing", Stephen A. Greyser, Toward Scientific Marketing, AMA p.113

Plummer, J.T.(1974), "The concept and application of Life Style segmentation," Journal of Marketing, 38(Jan.), 34.

이호영(2008), 웹 2.0시대 디지털 콘텐츠의 사회적 확산경로 연구, 정보통신정책연구원, 84~85

최민재(2009), 소셜미디어의 확산과 미디어 콘텐츠에 대한 수용자 인식연구

주창윤(2010), 놀이공간으로서 인터넷 문화의 형성과정, 현상과인식, 34(3), 279~298

신일기. 이수범(2010), 미디어를 통한 기업의 사회공헌활동 사례 분석, 224-254

신일기(2010), 소셜미디어 활용을 통한 사회공헌 브랜딩 전략과 사례, 25-30

정보통신정책연구원(2013), 웹 3.0 정보 서비스의 사례와 시사점

유민태, 박태원(2015), 복합쇼핑몰의 구성요소가 몰링(Malling)체감에 미치는 영향 분석, 국토계획50(8), 115-134

디지털 소비자 및 한국인의 디지털 라이프스타일 보고서(2015), 소비자 인사이트 보고서, DMC Report

나은영, 나은경(2015). 미디어 공간 인식과 프레즌스. 한국언론학보, 59(6), 507-534.

문화체육관광부(2016), 국민여가활동조사

삼성경제연구소(2016), 솔로이코노미, 1인가구의 부상

통계청(2017), 1인가구 소비 규모

문화체육관광부(2018), 국민여가활동조사

유승철, 신일기(2018). 디지털사이니지 미디어 크리에이티브: 매체 유형화와 광고 크리에이티브 전략. 광고학연구, 81-108

디스플레이콘텐츠연구소(2019), G-Tower 명소화를 위한 콩코스홀 미디어아트 마스터플랜

CHAPTER 2

Bahary, J., & Fielding, R.(2005). Are you experienced? The development of an engagement based planning approach in print. 12th Worldwide Readership Research Symposium, Prague.

Ephron, E.(2006). Media planning: From recency to engagement. India . The ICFAI University Press.

Goffman, E.(1974). Frame analysis. New York: Harper and Row.
Kilger, M., & Romer, E.(2007). Do measures of media engagement correlate with product purchase likelihood. Journal of Advertising Research, 47(3), 313~325.
Russell, C. A., Norman, C. T., & Heckler, S. E.(2004). The consumption of television programming: Development and validation of the connectedness scale. Journal of Consumer Research, 31(1), 150~161.
Wang, A.(2006). Advertising Engagement: A Driver of Message Involvement on Message Effects. Journal of Advertising Research, 46(4), 355~368.
Witmer, B. G., & Singer, M .J.(1998). Measuring presence in virtual environments: A presence questionnaire. Presence: Teleoperators and Virtual Environments, 7(3), 225~240.
광고정보센터(2005), 다중 매체 소비시대 효과적 마케팅을 위한 OOH 미디어
김재휘(2008). 크로스미디어와 모바일 매체의 광고효과, 광고정보.
DMC(2012), 크로스미디어 광고 캠페인의 활성화를 위한 요건
김운한, 신일기(2010), 크로스미디어 광고 개념의 실무적 고찰, 광고PR실학연구, 3권 2호, 72~92
전종우, 문성준(2010), 크로스미디어 및 결합상품별 광고효과분석 연구, 한국방송광고공사
신일기(2011), IMC의 시작 크로스미디어 마케팅 커뮤니케이션 전략, 한국마케팅연구원
안해익(2012), 크로스미디어 광고 캠페인의 활성화를 위한 핵심요건의 연구, 브랜드디자인학연구, 10권 1호, 245~256
ARF(2015). http://www.thearf.org/assets/research-arf-initiatives-defining-engagement
신지혜(2014). KT미디어허브, 옥외광고 연동 '매칭형 크로스미디어 광고'서비스 출시, http://www.etnews.com/20141001000038
신한중(2015). 사물인터넷(IoT) 시대, 옥외광고 환경 변화에 주목하라!
양윤직(2007), 인게이지 먼트: 소비자 관심의 정성적 측정, 월간 광고정보, 12월호, 101-103.
마켓캐스트(2017). http://www.marketcast.co.kr/1209 [디지털마케팅 커뮤니케이션 전략 트렌드 마켓캐스트]
커넥팅랩(2015), 모바일 트렌드 2016 : 모바일, 온디맨드의 중심에 서다.

CHAPTER 3

Gartner(2003), 정보조자분석서
IBM Business Consulting Services analysis(2004), IBM Institute for Business Value analysis
유재욱(2006), 국내 문화콘텐츠 제공 웹사이트에 관한 평가
김평수, 윤홍근, 장규수(2007), 문화콘텐츠 산업론, 커뮤니케이션북스
미래 IT 융합기술 연구 위원회(2010), "시장 · 고객 중심의 IT 융합기술 미래 플래닝"

방송통신위원회(2011), 플랫폼, 어플리케이션 산업의 진흥방안 연구
김민구(2015), 『경제상식사전』, 길벗
KT경제경영연구소(2013), 대신증권 리서치센터
김대건(2014), O2O(Online-To-Offline) 동향과 시사점, 제26권 22호 통권 590호
한국인터넷진흥원(2015), 성장 속도 높이는 국내 O2O 플랫폼
미래창조과학부(2015). 디지털사이니디지털사이니지 산업 활성화 대책(안).
이정은(2014), "모바일 유저 데이터 활용시 옥외광고 집행효과 200% 증가" SP투데이.
http://www.sptoday.com/bbs/board.php?bo_table=article&wr_id=54588&sca=%C7%D8%BF%DC%BC%D2%BD%C4&sop=and&p=1.
양윤직, 인게이지먼트, 소비자 관심의 정성적 측정, 광고정보
커넥팅랩(2015), 모바일 트렌드 2016 : 모바일, 온디맨드의 중심에 서다
정보통신정책연구원(2016), O2O비즈니스 확산에 따른 시장 변화 및 정책 방안 연구
최지윤, 정윤재(2017), 뷰티 인플루언서 마케팅 활용 전략 : 매스미디어와 소셜미디어의 비교를 중심으로, 제28권 4호, p.47-72
스트라베이스 스냅샷(2018), 소비자 행동에 대한 통찰력을 제공하는 감정 분석 기술 4가지
와이즈앱(2018), 동영상 앱 사용자 동향
정보통신정책연구원(2013), 소셜 미디어 서비스 현황 및 활용
방영선, 양승목, 전혜린, 이다니엘(2018). O2O 서비스 기반 전통시장 주문 모바일 어플리케이션의 설계 및 개발. 한 국디지털콘텐츠학회 논문지, 19(9), 1689-1697
김진형, 김헌(2018). O2O 서비스의 경험 가치 요인 연구. 한국디자인문화학회지, 24(1), 155-167.

CHAPTER 4

Durlacher Research(1999), Mobile Commerce Report
이려정(2011), 문화마케팅 전략으로서의 BPL을 통한 관광지인지도와 관광지이미지, 방문의도 간 영향관계, 관광연구, 3 - 26
DMC(2012), 광고 매체별 광고회피 수준과 요인에 관한 연구
양윤식, 조창환(2012), 광고 매체별 광고회피 수준과 요인에 관한 연구, 광고연구, 92호
정보통신정책연구원(2012), ICT 패러다임 변화와 중장기 정책과제
정보통신정책연구원(2017), 휴대폰 유형별 보급률 변화
김기민, 신일기(2017)콘텐츠의 크리에이티브 요소와 지각된 콘텐츠 속성 따른 비교효과 연구 OOH광고학연구, 제14권 3호
오영선, 임유명, 염동섭(2018), 브랜디드 콘텐츠 특성에 관한 탐색적 연구, 한국심리학회지: 소비자 · 광고, 19(4), 703-720.

오승환(2008), 에듀테인먼트 체험전을 위한 인터랙티브 콘텐츠 개발 연구, 디지털디자인학연구, 8(2), 117-126

ING Research(2010), Datastream

한국정보화진흥원(2011), 미디어패러다임 변화에 따른 정부의 소셜미디어 커뮤니케이션 방향

심성욱, 심운한, 신일기(2011), 인터랙티브광고론

두경일, 김성훈(2012), 체험형 미디어 공간에서의 인터랙티브 전시영상 활성화 방안 연구, 디자인지식저널, 24, 214-223

주창윤(2010). 놀이 공간으로서 인터넷 문화의 형성과정. 현상과인식, 34(3), 279-298.

서구원, 민형철(2009). 복합문화공간형 유통매장에서의 체험과 소비자 태도. 서울도시 연구, 10(4), 143-158.

김여진, 이윤재, 남양희(2015). 공간적 파라텍스트로서의 모바일 혼합현실 스토리텔링. 한국HCI학회 논문지, 10(2), 57-64

찾아보기

■ ㅇ

■ ㅈ

| 저자소개 |

신일기 교수

신일기 교수는 가톨릭대학교 경영학과를 졸업하고 한양대학교 언론정보대학원에서 광고학 석사(M.A)를 그리고 광고학 박사(Ph.D)학위를 받았다. 2013년부터 인천가톨릭학교 문화예술콘텐츠학과에서 전공 교수로 재직 중이다. 그는 박사 학위 취득 후 2011년 부터 한국옥외광고센터 정책연구실 차장으로 일한 바 있다. 제도 정책분에 관심이 높아 총리실, 행정안전부, 산업자원부, 인천시, 등에서 자문위원을 역임하였으며, 그 공로로 규제개선분야 2017년 행정안전부 표창, 옥광광고산업 분야 공헌으로 2018년 대통령표창을 수여받았다. 그의 관심분야는 콘텐츠전략, 공간명소화, 디지털옥외광고 등이다. 저서로는 '인터랙티브광고론', '디지털사이니지와 공간마케팅'이 있다.

CONSUMER PARTY:
참여할 것인가? 밀려날 것인가?

2019년 6월 20일 | 1판 1쇄 인쇄
2019년 6월 24일 | 1판 1쇄 발행

지 은 이 | 신일기
발 행 인 | 김은중
발 행 처 | 서울경제경영출판사
북 디 자 인 | (주)우일미디어디지텍

주 소 | 03767 서울특별시 서대문구 신촌로 205, 506호
전 화 | 02)313-2682
팩 스 | 02)313-8860

등 록 | 1998년 1월 22일 제5-63호

ISBN 979-11-6282-051-3 93320 정가 20,000원

※ 잘못된 책은 바꾸어 드립니다.